croix de Libération — *Larousse-Arthus-Bertrand*

médaille militaire — *Larousse-Arthus-Bertrand*

ordre national du Mé·· (officier) — *Larousse*

·erre — *Larou* — *Larou*

croix du Combattant — *Larousse*

Mérite maritime (officier) — *Larousse*

Arts et Lettres (chevalier) — *Larousse*

Palmes académiques (officier) — *Larousse-Arthus-Bertrand*

Mérite agricole (chevalier) — *Larousse-Arthus-Bertrand*

D0497973

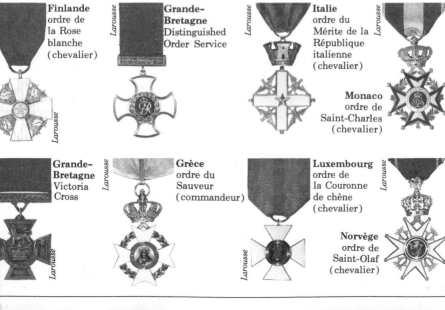

Finlande ordre de la Rose blanche (chevalier) — *Larousse* — *Larousse*

Grande-Bretagne Distinguished Order Service — *Larousse*

Italie ordre du Mérite de la République italienne (chevalier) — *Larousse*

Monaco ordre de Saint-Charles (chevalier)

Grande-Bretagne Victoria Cross — *Larousse*

Grèce ordre du Sauveur (commandeur) — *Larousse*

Luxembourg ordre de la Couronne de chêne (chevalier) — *Larousse*

Norvège ordre de Saint-Olaf (chevalier)

LE SAVOIR VIVRE

guide pratique des bons usages d'aujourd'hui

LECTURE-RÉVISION :
Monique Bagaïni,
Isabelle Dupré,
Madeleine Soize

MISE EN PAGES :
Danielle Jourdran

DESSINS :
Pierre Ménanteau

PHOTOGRAPHIES :
Yves Lanceau

FABRICATION :
Annie Botrel

COMPOSITION :
Michel Vizet

L'éditeur adresse ses remerciements
aux boutiques Blanc-Ansel et Curiel
du **Louvre des Antiquaires** qui ont
bien voulu lui prêter des objets en
argent pour l'illustration de l'ouvrage.

LE SAVOIR VIVRE

guide pratique
des bons usages
d'aujourd'hui

Sabine Denuelle

17, RUE DU MONTPARNASSE - 75298 PARIS CEDEX 06

SOMMAIRE

LE SAVOIR-VIVRE QUOTIDIEN

LES ÉVÉNEMENTS FAMILIAUX

LA VIE DANS LE MONDE

LE
SAVOIR-VIVRE
QUOTIDIEN

LA POLITESSE
DES APPARENCES

Le savoir-vivre d'aujourd'hui,
même s'il édicte encore quelques règles dans des occasions
précises, n'enferme plus l'individu comme autrefois dans
un carcan de prescriptions et de conventions. Il veut surtout
aider à trouver le ton juste dans les circonstances imprévues
et « huiler » les relations quotidiennes ; c'est avant tout
un art d'adaptation et de souplesse grâce auquel chacun
apprend à tirer au mieux parti de ses dons et même de
ses bévues. À la politesse des apparences – tenue, aisance,
maintien, gestes – se juge le degré de culture et d'éducation
de quelqu'un, indépendamment de son rang social et de
son niveau de fortune ; les coutumes peuvent varier d'une
région ou d'une classe sociale à l'autre, mais la délicatesse
de la personne et l'aisance des manières ne connaissent
pas de frontières.

PROPRETÉ, HYGIÈNE

Les soins du corps. La politesse des apparences
commence par la propreté. La propreté exige des soins
quotidiens. Quels que soient les éléments sanitaires dont on
dispose, salle de bains, douche ou lavabo, l'eau courante fait
partie du confort de presque tous les foyers de France : on
n'en est plus aux pratiques du XIX\ :superscript:`e` siècle où l'on préférait aux
ablutions quotidiennes l'usage de « chemises de corps » qui
épongeaient la crasse ! L'eau procure bien-être et détente, et
la pollution des villes rend nécessaire une toilette soir et matin.
La netteté du corps s'apprécie grâce à quelques importants
détails : ongles soignés, dents brossées soir et matin et, si
possible, après chaque repas, peau épilée pour les femmes,
cheveux propres et coiffés et déodorants pour tous. Se laver

les mains avant de préparer ou de prendre le repas fait partie des plus élémentaires règles d'hygiène. La plus chère des eaux de toilette ne remplacera jamais un morceau de savon.

La netteté du corps s'apprend dès l'enfance. Longtemps, elle a semblé être l'apanage des femmes, dont la séduction n'admettait point la négligence. Les hommes considéraient que ces préoccupations portaient atteinte à leur « virilité ». Les temps ont changé et l'hygiène masculine obéit à des lois aussi strictes que l'hygiène féminine – barbe rasée ou soignée quotidiennement, frictions du corps et des cheveux, talc, déodorant, mains nettes... L'homme invité à dîner devrait pouvoir trouver le temps de se raser et de changer de chemise.

Les soins du linge. La netteté du corps, c'est aussi la netteté du vêtement : bannis les épingles et les rafistolages provisoires, les boutons qui pendent ou qui manquent, les collants filés, les chaussures crottées. On pardonne un accroc à un vêtement dû à un accident, mais pas une tache. À la ville, particulièrement, que polluent les gaz d'échappement, le linge doit être renouvelé, sinon quotidiennement, du moins plusieurs fois par semaine : aux cols, poignets, chaussettes, mouchoirs, sous-vêtements se juge le soin de chacun.

LES VÊTEMENTS

Toutes les leçons de savoir-vivre pourraient se résumer en une seule : l'apprentissage de l'aisance. L'aisance et le charme ne dépendent ni de l'âge, ni de la beauté, ni de la fortune, mais d'un certain rapport juste entre la spontanéité et l'éducation, qui bannit aussi bien la sophistication excessive que les impulsions incontrôlées : harmonie du vêtement à l'âge, du geste aux circonstances, de la vie physique à la vie psychique. Avoir de bonnes manières n'est pas faire des manières : l'aisance a besoin du naturel, mais elle ne signifie pas non plus le relâchement, pas plus que la détente ne permet le laisser-aller. Ainsi, dans le domaine du vêtement, le confort, qui est une condition de l'aisance, ne doit pas dériver en tenues informes et négligées.

L'élégance n'est pas forcément une affaire de mode, mais plutôt une adéquation harmonieuse du vêtement aux circonstances, au style et à la personnalité de chacun. Ainsi le « jean » moulant importé des États-Unis, sport et désinvolte, apparaît déplacé dans bien des situations. Tout dépend du moment et du mode de vie. Pratique pour la vie à la campagne, les vacances ou le sport, le jean a moins de raison d'être à la ville. À chacun de juger ce qui lui convient. La mode a besoin d'être interprétée, et ce sont les nuances qui font le goût et l'élégance.

Première et unique règle : s'habiller selon son âge et sa conformation physique. Presque tout est permis en matière de toilette avant vingt-cinq ans. Entre vingt-cinq et quarante ans, la personnalité s'affirme et trouve naturellement ce qui lui convient. Après cinquante ans, le goût et l'ingéniosité permettent de remédier aux atteintes de l'âge, mais il est impératif, au-delà d'un certain âge, de savoir renoncer aux couleurs et aux formes provocantes, de rechercher des

---

FAUTES DE GOÛT

Il faut éviter, comme des manquements au goût, les décolletés profonds et les tissus scintillants au début de la journée, les hauts talons aiguilles qui déséquilibrent la démarche, les vêtements si serrés qu'ils boudinent, les modes excentriques qui ne conviennent qu'à de très jeunes femmes ou à des mannequins : le ridicule tue encore aujourd'hui. On ne fait pas son marché en manteau de vison. On ne se produit pas comme un « objet érotique » dans la vie en société, ce qui n'interdit d'ailleurs pas de mettre en valeur ses charmes ; mais on ne traîne pas non plus toute une journée en robe de chambre.

Une femme évite le short court, lors de visites à des personnes âgées ou formalistes – sauf en vacances. Elle renonce, à partir d'un certain âge, au maillot de bains deux pièces et, si elle déjeune en compagnie, au bord de la mer ou d'une piscine, elle revêt une chemise ou un paréo. D'une façon générale, plus l'âge avance et plus le corps vieillissant doit s'effacer sous le vêtement : il faut apprendre à plaire d'une autre manière. Bien sûr, on peut se moquer du qu'en-dira-t-on, mais il faut alors en accepter les conséquences. Quant à la jeunesse, elle a beaucoup de droits à condition de ne pas heurter la pudeur lorsqu'elle côtoie d'autres tranches d'âges.

harmonies discrètes, dans le sombre ou le clair ; un maquillage violent vieillit et des cheveux naturels ou légèrement avivés éclairent mieux un visage que des teintures tapageuses.

L'aisance implique certes le contrôle du corps et du vêtement, mais, paradoxalement, aussi leur oubli : il faut accepter ses petites disgrâces – qui n'en a pas ? – et en tirer parti au lieu de vouloir à tout prix les cacher, ce qui généralement produit l'effet contraire ; un vêtement un peu grand et un peu flou camoufle mieux les rondeurs qu'un vêtement serré.

L'élégance masculine obéit aux mêmes règles que l'élégance féminine : aisance, goût, nuances. La mode moderne en a assoupli les règles en lui accordant un soupçon de fantaisie. Les chemises et vestes de sport admettent des couleurs plus gaies ; la cravate peut être remplacée en certaines circonstances (dîner à la campagne) par un foulard noué dans le col de chemise ; mais, lors d'une invitation à une réception ou à un repas qui n'est pas intime, lors d'une visite à un supérieur hiérarchique et dans toute situation un peu conventionnelle, mieux vaut s'en tenir à un costume classique, gris, bleu, brun, plus ou moins sombre selon l'heure du jour. À partir d'un certain âge, la tenue débraillée est à proscrire. Une tenue raffinée est celle qui harmonise les couleurs de pochette et de cravate ; les chaussettes courtes qui laissent voir le mollet sont inélégantes. Dans les réceptions les plus formalistes, le costume trois-pièces convient parfaitement.

Le vêtement de ville. Une tenue élégante est une tenue adaptée à une situation. Les règles d'aujourd'hui sont beaucoup moins contraignantes que celles d'autrefois, qui prescrivaient des formes et des couleurs selon l'heure du jour et la couleur du temps. La femme de l'an 2000, accaparée par tant d'occupations professionnelles et ménagères, ne passe plus son temps à se changer. Elle doit même, avant de partir pour son bureau, prévoir une tenue pratique, adaptée à toutes ses activités de la journée, et pouvant inclure un dîner en ville. Ce tour de force, impossible pour nos grands-mères, est facilité par la mode actuelle qui admet le « sport habillé », la fantaisie et les grands sacs où se rangent des instruments de maquillage, des accessoires, voire des collants et des chaussures de rechange. Le tailleur bien coupé, un deux-pièces et un chemisier soyeux constituent pour les femmes le numéro passe-partout d'une garde-robe de ville, qu'une pochette, un foulard assortis raffinent et égaient.

L'art de l'habillement est d'attirer le regard sur ses points forts et de faire oublier ses points faibles : l'éclat d'un bijou fantaisie, un peigne dans les cheveux, un tour de cou en soie ou n'importe quoi d'autre éclipsent une jupe un peu fripée par plusieurs heures de position assise. À chacun son style ; il suffit d'une note personnelle, romantique, exotique ou humoristique pour plaire, sans tomber dans une excentricité déplacée.

Les tenues de réception. Le carton d'invitation que vous recevrez porte souvent une indication qui vous guidera dans votre choix : *cravate noire* indique une tenue habillée, smoking pour les hommes, robe très élégante pour les femmes. Quelquefois la maîtresse de maison ajoute *cravate noire, robe longue*, donnant ainsi un degré de plus à la solennité de la réception. La mention *smoking* indique bien sûr le smoking pour l'homme et la robe très habillée pour la femme, longue ou courte (selon la mode). La mention *tenue de soirée* désigne en principe l'habit pour les hommes et une robe en conséquence pour la femme, mais le smoking est aujourd'hui admis. L'habit se loue dans certains magasins spécialisés. *Tenue de ville* signifie tenue habillée (mais ni smoking ni robe longue), tenue de cocktail en fin de journée ou, s'il s'agit d'un déjeuner, robe ou ensemble tailleur ; l'homme portera un costume sombre, une chemise blanche, des chaussettes noires et une cravate sobre ou un nœud papillon. Ces conseils valent pour des milieux formalistes : il est évident qu'une réception dans les milieux du cinéma ou de la télévision permet plus de fantaisie qu'une réception dans les milieux de la haute finance !

Si aucune mention ne figure sur le carton, il s'agit sans doute d'une tenue habillée (tenue de cocktail) ; l'heure d'invitation et le type de carton peuvent vous fournir alors une indication plus précise : un carton imprimé, une heure tardive de dîner supposent un certain apparat. De toute manière, vous pourrez très bien vous renseigner auprès des maîtres de maison pour éviter les impairs.

De façon générale, mieux vaut porter une tenue un peu moins habillée qu'un peu trop, car on peut toujours mettre la première sur le compte de la simplicité et de la modestie, tandis que la seconde dénote l'ostentation et l'affectation. Certaines couleurs, le noir par exemple, s'adaptent à des circonstances variées. Évitez, sauf si c'est la mode ou la période des fêtes de fin d'année, les paillettes, le lamé ou les trop grands décolletés : il faut être vraiment très sûre de soi pour attirer tous les regards !

Une maîtresse de maison cherchera à s'habiller avec un peu plus de simplicité que ses invités : elle mettra ainsi à l'aise ceux ou celles qui n'auraient pas pu ou pas su revêtir la tenue appropriée.

ACCESSOIRES, GANTS, CHAPEAUX, CEINTURES...

Les accessoires font l'élégance. Cet adage bien connu demeure valable aujourd'hui. Une robe s'habille et se personnalise par le choix d'une ceinture, d'une pochette, par l'harmonie d'un accessoire.

Les gants. De nos jours, on ne porte des gants, la plupart du temps, que dans des occasions bien précises : pour éviter le froid ou pour conduire.

Une femme garde ses gants dehors, mais elle les ôte quand elle entre dans un intérieur, à moins qu'il ne s'agisse de longs gants de soirée, assortis à une robe de cocktail. Elle se dégante dans la rue pour serrer la main d'une femme plus âgée si celle-ci n'est pas elle-même gantée ou lors d'un rendez-vous concerté avec une amie. L'homme, lui, se dégante toujours pour saluer une femme, et, s'il serre la main d'un homme, le plus jeune se conforme à ce que fait le plus âgé.

Les sacs. La mode leur donne toutes les formes et toutes les matières ; fonctionnels et larges dans la journée, ils se réduisent à des pochettes assorties au vêtement pour le soir.

La femme garde son sac avec elle dans un salon, mais elle le pose en principe avant de passer à table ; elle peut cependant conserver avec elle un petit sac qui contient son mouchoir. L'homme, qui a désormais droit au sac-pochette ou au sac en bandoulière, le laisse avec son manteau au vestiaire.

Les chapeaux. Les femmes portent de moins en moins de chapeau, malgré les efforts réguliers des couturiers pour réhabiliter cet accessoire qui embellit tant de visages. Autrefois, elles ne concevaient pas de sortir « en cheveux » ; aujourd'hui, elles réservent le chapeau à quelque solennité exceptionnelle, cérémonie de mariage, enterrement par exemple. Les coiffures fantaisie, bérets pimpants, feutres, résilles, nœuds, turbans ajoutent souvent un certain « chic » à la tenue.

Les femmes n'ôtent pas leur chapeau dans la rue ; elles l'enlèvent pour un dîner ; elles le gardent en revanche pour un déjeuner et lors d'un cocktail lorsqu'il complète une tenue élégante à laquelle il est assorti.

Le chapeau masculin conserve une certaine vogue, adapté aux circonstances et aux intempéries : feutre de sport, chapeau de pluie, casquette, toque fourrée... Mais le chapeau noir ou bordé ne se porte plus guère. L'homme se découvre toujours pour saluer une femme dans la rue, ou au moins fait-il le geste de se découvrir, en portant la main à son couvre-chef. Le chapeau masculin se laisse au vestiaire. Il s'ôte dans les lieux publics, restaurant, café, cinéma, église.

Les chaussures. Quelle que soit leur forme, elles demandent à être brossées et cirées. Les bottes ont fait leur entrée dans la garde-robe féminine et ne sont pas uniquement réservées aux marches sous la pluie, à condition d'être fines ; elles peuvent compléter une tenue de campagne ou une tenue de ville un peu sport ; mais les femmes, surtout si elles ont dépassé la première jeunesse, éviteront les cuissardes, les bottes à talon aiguille ou les bottes dites de soirée.

L'été, les femmes peuvent porter des sandales et avoir les jambes nues, mais, pour une grande réception, elles mettront, à moins d'être très bronzées, des collants ou des bas, et de vrais escarpins ; aux États-Unis, même pour une réception à la campagne, le port des bas dans ce genre de circonstance est obligatoire.

Les ceintures. Les ceintures des femmes peuvent ressembler à des bijoux et suffisent, dans ce cas, à habiller une tenue simple.

Les ceintures masculines n'admettent pas la même fantaisie : elles servent à tenir les pantalons et on évitera les boucles voyantes, les ceinturons trop larges style cow-boy.

Quant aux bretelles, le jeune homme peut certes en faire un élément humoristique de sa toilette, mais, au-delà d'un certain âge, mieux vaut les cacher sous une veste qui ne sera pas ôtée.

BIJOUX, PARFUMS, MAQUILLAGE

Les bijoux et les parfums symbolisent la séduction féminine. Quelle femme ne les aime ? Cependant, l'excès nuit en tout : une femme parée comme une châsse ressemble à la vitrine d'un bijoutier et trop d'effluves dans son sillage écœurent et font fuir...

Les bijoux. Précieux ou fantaisie, les bijoux se mêlent aujourd'hui beaucoup plus facilement qu'autrefois, à condition de rester discrets et de s'adapter aux situations : on ne porte pas un sautoir de perles sur la plage ou pour faire du sport. Mieux vaut réserver les pierres précieuses pour les grandes occasions.

L'alliance et la bague de fiançailles se mettent à l'annulaire de la main gauche et se portent à toute heure ; la jeune fille garde ce doigt libre tant qu'elle n'est pas fiancée. De plus en plus souvent, les femmes mettent des bagues à plusieurs doigts, mais une pierre d'une belle eau ou sertie dans une monture précieuse est mieux mise en valeur lorsqu'elle pare seule la main.

Le port des bijoux doit rester discret : on n'exhibe pas ses mains et on ne joue pas avec ses bijoux. Quant aux fillettes, les bijoux leur étaient autrefois interdits, et ils restent peu souhaitables, mis à part une simple gourmette ou une chaîne autour du cou.

Les hommes, en règle générale, ne portent d'autre bijou qu'un bracelet-montre, une alliance et une chevalière avec leurs armoiries. Certains accessoires utilitaires, tels que les boutons de manchettes, peuvent être en métal précieux, mais ils doivent se fondre dans la toilette ; chaîne, épingle de cravate, gourmette, diamant ou pierre dure au doigt font partie de la panoplie du siècle passé et ne se portent plus.

La chevalière, bague à large chaton où sont gravées les armoiries d'une famille, reste un bijou dont l'usage doit être restreint : il faut exclure les armoiries factices, qui font sourire les experts en blason, et a fortiori les initiales. La chevalière est carrée pour les hommes et se porte à côté de l'alliance. Ovale, en losange, plus fine pour les femmes, elle se porte au petit doigt de la main gauche ; on dit que le blason, tourné vers l'intérieur, signifie « cœur pris » et, vers l'extérieur, « cœur à prendre ». Certains parents offrent une chevalière à leur fille à l'âge de dix-huit ans. Lorsque celle-ci se marie, elle peut conserver sa chevalière ou, plus généralement, adopter les armoiries de sa nouvelle famille.

Les parfums. Leur choix dépend du type de peau, de la personnalité et du mode de vie de chacun ; mieux vaut n'en pas changer trop souvent ; légers, verts, frais pour les sportives ou la vie à la campagne, ils peuvent être plus sucrés ou plus suaves pour une féminité accentuée. Ils se posent délicatement derrière l'oreille, près du coude, au poignet. Comme l'odorat s'habitue aux senteurs, il faut éviter de se vaporiser trop souvent : un nuage parfumé dans la doublure d'un vêtement subsiste plusieurs jours. Autrefois, les parfums, musc et ambre par exemple, étaient très entêtants pour camoufler les mauvaises odeurs et pallier une hygiène insuffisante ; notre odorat contemporain les supporterait difficilement. Il faut toujours préférer dans la journée les eaux de toilette légères et éviter les mélanges, quitte à utiliser le soir des essences plus fortes ; attention, un parfum peut incommoder très vite dans une pièce close ou une voiture. Les jeunes filles useront du parfum avec discrétion : une peau fraîche et propre, frottée avec une eau tonique, offre la plus agréable des senteurs.

Les parfumeurs ont également mis au point une gamme de parfums pour hommes ; là aussi, le plaisir des essences rares et des odeurs délicates doit s'assortir de discrétion. Un mouchoir légèrement imprégné, des eaux de toilette légères, des lotions après-rasage peuvent suffire : mieux vaut suggérer qu'imposer.

Le maquillage. Il obéit aux mêmes règles : auxiliaire de la beauté féminine, il doit être adapté aux lumières du jour et du soir. Il faut éviter les plâtrages, les ongles démesurés, le rimmel épais, le rouge à lèvres violent, les couleurs trop vives qui durcissent le visage. Une femme ne se maquille pas en public : elle ne sort pas son poudrier à la fin d'un repas et renonce à se remettre du rouge à lèvres. À partir d'un certain âge, il est bon de modifier son maquillage pour l'adapter à un visage qui perd un peu de sa jeunesse.

GESTES ET MAINTIEN

« On brille par la parure, on plaît par la personne » : cette réflexion de Jean-Jacques Rousseau demeure vraie au XXe siècle et qualifie assez bien ce grand art du naturel qu'apprécie notre époque. La beauté est un tout ; il n'existe pas de vraie beauté avec les yeux vides et un visage figé. La plus jolie fille du monde en train de mâchonner un chewing-gum finit forcément par évoquer un ruminant dans son pré. La grâce des gestes et le rayonnement d'un sourire contribuent à la beauté, et cette grâce s'apprend.

Les manifestations organiques. Le contrôle de son corps et la répression de toutes les manifestations organiques ont servi de fondement au savoir-vivre de nos ancêtres. Le corps a aujourd'hui repris ses droits, en même temps que la psychologie moderne découvrait combien le psychisme réagissait sur les attitudes corporelles, et réciproquement. Il ne s'agit certes pas d'infliger à autrui la libération de nos pulsions, mais de composer avec elles et, faute d'être un pur esprit, de les rendre supportables à notre prochain.

Tousser :   il faut mettre sa main devant sa bouche, et rester naturel. Il est inutile de détourner la tête sur le côté. En cas de quinte irrépressible, chez des amis par exemple, il est préférable de sortir discrètement et, après avoir demandé un verre d'eau, d'attendre que la quinte cesse pour reprendre sa place parmi les convives. Dans un lieu public, cinéma, théâtre, concert, il faut essayer d'atténuer le bruit avec un mouchoir porté devant la bouche et éventuellement sortir.

Racler sa gorge,   émettre des bruits divers du nez et de la bouche : cela est à proscrire absolument en public. Il faut se moucher avec discrétion, sans se détourner et sans bruit de trompette. Éternuer : c'est une manifestation physiologique impossible à refréner et qui peut se répéter à plusieurs reprises, mais dont le bruit peut être atténué en portant un mouchoir à son nez. Les témoins de ces bruits insolites adouciront la gêne de la victime par un petit mot bienveillant, tout en évitant de polariser l'attention de tous par une compassion excessive ; il vaut mieux renoncer aux formules du genre « à vos souhaits » ou autres.

Bâiller :   le bâillement peut être un signe d'ennui, de faim ou, seulement, de manque de sommeil. Pour se faire pardonner, il doit être mis sur le compte de la fatigue et caché derrière la main. Le bâillement peut se combattre avec un peu de volonté.

Rire et sourire.   Rien de plus charmant et de plus contagieux qu'un joli rire. Cependant, il convient de rire à propos, en évitant les gloussements, hurlements, pouffements, ricanements. Le rire doit savoir s'arrêter, surtout s'il n'est pas partagé par l'entourage, et ne jamais s'exercer aux dépens d'autrui, sauf si celui-ci est le premier à rire de lui-même. Quant au fou rire, loin de libérer, il trahit la nervosité, la tension qui brusquement se décharge : s'il prend des proportions vraiment incontrôlées, mieux vaut quitter la pièce et attendre, comme pour la quinte de toux, qu'il passe.

Le sourire, lui, parce qu'il s'adresse à l'autre et exprime une connivence, est toujours apprécié : léger, franc ou retenu, il

LA PROPRETÉ DE NOS ANCÊTRES

Il n'y a pas grand-chose de commun entre les somptueux thermes gallo-romains, où les riches citoyens du Bas-Empire, entourés de leurs serviteurs, viennent passer la journée pour deviser agréablement, et ces étuves ou bains publics du Moyen Âge, fréquentés par une clientèle populeuse, tous sexes confondus, qui ignore les règles de la décence : certains de ces bains sont même ouvertement des lieux de prostitution.

Paris compte un peu moins d'une trentaine de bains ou étuves à la fin du XIIIᵉ siècle ; cent ans plus tard, un certain nombre de ces bains, en raison des rixes et de la licence des mœurs, instaurent la séparation des sexes en réservant certains jours aux hommes et les autres aux femmes. Les bains sont payants. Le seigneur en offre parfois comme pourboire à son serviteur. Les maîtres, eux, s'ils sont riches, « se font tirer les bains » à domicile ; c'est aussi un moyen de séduire ses invités que de leur proposer soupers, banquets et étuves.

À partir du XVᵉ siècle, beaucoup de voix dénoncent les bains, d'abord au nom de la morale, mais plus encore au nom de la santé : les maladies, croit-on, se communiquent par l'eau qui, en pénétrant dans les pores de la peau, transmet à l'organisme les impuretés extérieures, et en particulier les pestilences et les épidémies. La seule toilette appréciée est « la toilette sèche », consistant à essuyer son corps avec des étoffes, à se poudrer

et à se parfumer. Le signe le plus manifeste de la propreté est le changement de la chemise, et le premier progrès dû au développement de l'hygiène » sera le renouvellement hebdomadaire du linge de corps ! D'où l'importance sous l'Ancien Régime du métier de blanchisseuse.

Il faut attendre la fin du XVIIIᵉ siècle pour que les logements parisiens disposent d'une pièce réservée aux bains, le cabinet de bains, et encore s'agit-il seulement des hôtels des notables ; vingt mille porteurs d'eau livrent à domicile plusieurs seaux pleins, mais la pureté de l'eau laisse souvent à désirer car les puits et la Seine sont déjà pollués ! L'usage est de se laver les mains et les pieds dans de petites cuvettes de faïence ou d'argent ; pour la barbe, on utilise un bassin (le plat à barbe) posé sur une table, mais les cheveux ne sont nettoyés qu'avec des poudres à base de plantes. Quant au savon, on craint pendant longtemps qu'« il diminue la disposition à transpirer » et qu'il n'irrite la peau. L'usage du « bidet », ou « chaise de propreté », s'amorce autour de 1730, mais il demeure rare pour une centaine d'années encore. Si le vrai bain devient un peu plus fréquent, il se pratique longtemps sur prescription médicale. C'est à la fin du XIXᵉ siècle qu'apparaît, dans les immeubles les plus luxueux des villes, une salle de bains attenante à la chambre et que les ablutions deviennent une règle de santé et de vigueur, autant qu'un moment de plaisir.

adoucit les rapports humains, tempère les blâmes et les humeurs. On peut tout dire avec un sourire. Évitez les grimaces, les mines boudeuses et crispées.

Des attitudes harmonieuses. Il faut veiller à la grâce de ses mouvements ; l'aisance exclut aussi bien le maintien trop raide que la désinvolture de celui qui met les pieds sur la table. Il est préférable d'éviter les mouvements brusques, les gesticulations de bras et de jambes, les mains dans les poches. Lorsqu'on converse en société, on s'efforcera de ne pas tourner le dos à d'autres personnes et ne pas parler avec ses mains. Il faut s'effacer pour laisser passer quelqu'un de plus âgé, lui tenir la porte, aider une femme ou une personne âgée à mettre son manteau. Donner le bras est une attitude pleine de grâce et d'affabilité, à condition de soutenir son compagnon ou sa compagne avec légèreté, par exemple par le coude, et d'éviter ce qui pourrait ressembler à une parade conquérante ou à un duo d'amoureux.

Quelques gestes féminins. Une femme, avant de s'asseoir, peut discrètement lisser le dos de sa jupe de la main pour éviter les faux plis, mais en aucun cas elle ne la relèvera ; elle se calera franchement au fond de son fauteuil ou de sa chaise, en tenant les jambes serrées ; si elle les croise, que ce soit très discrètement, en les maintenant assemblées sur le côté ou en arrière. Pour ramasser un objet tombé par terre, elle pliera les genoux et se baissera au lieu de se courber d'une façon disgracieuse. Pour marcher, il vaut mieux faire des pas petits plutôt que de grandes enjambées. Le sac se porte en bandoulière, à l'épaule, ou au bras, mais ne se balance pas au bout de la main. Il est préférable de ne pas fumer dans la rue, et c'est impératif dans certaines circonstances, par exemple dans un cimetière.

Gestes masculins. Les hommes doivent éviter les positions affalées, toutes jambes déployées, les bourrades d'amitié, les mouvements ostentatoires. Ils ne s'écrasent pas sur leur table de travail, ne balancent pas les jambes, ni leur chaise ou leur fauteuil. Ils n'ôtent pas leur veste en compagnie,

21

sauf si la chaleur est très forte et après en avoir demandé la permission à la maîtresse de maison. Ils évitent de parler les mains dans les poches et la cigarette à la bouche.

Gestes à proscrire :   ronger ou curer ses ongles, tripoter nez et oreilles, mâcher à longueur de journée un chewing-gum, s'étirer, se gratter en public. La liste n'est pas exhaustive et chacun peut la compléter selon son expérience.

Bref, « soyez simple avec art », ce conseil nous vient de Boileau ; il déborde le domaine des lettres et il s'applique parfaitement à la politesse des apparences. Toutes ces petites règles, qui s'apprennent très tôt dans l'enfance, doivent devenir une seconde nature.

VIVRE
SOUS LE MÊME TOIT

Le foyer est sans doute le lieu
où nous passons le plus de temps, dont nous attendons
détente et bien-être, et où nous relâchons ce contrôle quasi
continu qu'impose la vie en société. La vie communautaire
et familiale a néanmoins ses règles, car les contacts
quotidiens avec des proches, des voisins de palier ou des
aides ménagères s'exposent à l'usure et peuvent, faute de
tact, de respect de l'autre, dériver en frictions ou en
véritables conflits. Tolérance, gentillesse, discrétion et
souplesse y sont donc d'autant plus nécessaires.

LE CADRE

La première des règles d'une cohabitation pacifique est
l'aménagement d'un cadre harmonieux et confortable. « Ma
maison, mon âme », dit un vieux dicton gascon : d'une certaine
manière, la famille, le foyer s'identifient à la maison, où se
trouvent abri et intimité. Pour créer cette aire de repos et de
confort nécessaire à chacun, une maîtresse de maison doit
veiller à la tenue de sa maison, savoir rendre accueillant son
foyer et faire respecter par chacun un espace privé et un espace
communautaire.

Tenir une maison. Entre les maniaques de la propreté
et les partisans d'un certain abandon favorable à la détente,
chacun se situe où il veut, selon son tempérament ou selon
le temps dont il dispose pour faire le ménage. Mais quelques
négligences suffisent à détruire le plaisir de l'intimité et de la
convivialité : des cendriers remplis de vieux mégots, les relents
d'eau croupie dans un vase où s'étiolent des fleurs fanées, des
ampoules grillées et non remplacées, des miettes de pain, des

tasses vides, des carreaux de fenêtre opaques de saleté, des poils d'animaux...

L'aération quotidienne fait partie de l'hygiène élémentaire : rien n'est plus désagréable qu'une pièce mal ventilée, où flottent des relents de cuisine, de tabac froid et de parfums de toilette. Pour les invités, ces odeurs sont franchement oppressantes : ouvrez grandes vos fenêtres pendant dix minutes (même en hiver) avant que vos invités n'arrivent.

Étoffes, rideaux, tentures retiennent les odeurs et doivent être régulièrement entretenus ; les déodorants d'appartement peuvent servir de palliatif, mais ils ne remplacent pas le grand nettoyage annuel ; la régularité de cet entretien le rend moins rébarbatif. Si l'on a des animaux d'appartement, cette discipline de propreté s'impose plus strictement encore.

Les règles d'hygiène s'appliquent naturellement au linge de maison. L'odeur fraîche du linge séché au soleil et des petits sachets de lavande disséminés dans les armoires de nos grands-mères a été remplacée par des parfums en bouteille, mais, sous leur forme chimique, ils dégagent la même odeur de propreté.

Dans le chapitre hygiène, enfin, l'entretien des sanitaires ne souffre aucune négligence. Si vous recevez des amis, vérifiez que vos toilettes sont impeccables et que la salle de bains ou de douche n'est pas encombrée d'objets divers et très personnels ; une petite corbeille à papiers sous le lavabo doit permettre de jeter ce qui traîne, tubes vides, morceaux de coton usagés... Des serviettes de toilette propres vous éviteront d'abandonner vos invités pour aller en chercher.

Notre époque a perdu le plaisir des grands espaces, mais elle a gagné des règles impératives d'hygiène qui auraient stupéfié nos ancêtres : peut-on rappeler que les plus beaux palais, tel le Louvre, offraient un spectacle répugnant de puanteur ? Dans les cours, les couloirs, les escaliers, les garde-robes, derrière les portes et sur les balcons, les visiteurs se mettaient à l'aise sans se dissimuler ni en souffrir le moins du monde : l'invention des chaises percées ne date que du XVIIe siècle (Franklin) et, en 1690, un arrêt pour le règlement de la propreté à Paris dénonce encore l'absence de fosses d'aisance dans nombre de maisons.

Espace privé, espace commun. La seconde des règles est de faire respecter par chacun un espace de convivialité où personne ne laisse traîner pendant des jours ses effets personnels sur les tables et les chaises, qu'il s'agisse de livres, de jouets ou de vêtements. Des placards rangés, des porte-manteaux en nombre suffisant, des sacs à chaussures facilitent l'ordre et évitent bien des énervements. Le monde moderne offre d'ailleurs beaucoup d'astuces pour gagner du temps et simplifier les rangements : les draps-housses et les couettes permettent en un instant d'avoir un lit au carré ; les coffres de rangement intégrés au lit, un mobilier fonctionnel conçu pour de petits espaces font partie aujourd'hui de l'aménagement moderne.

Une maîtresse de maison, même si elle n'a pas le temps de passer l'aspirateur fréquemment, doit avoir un regard exigeant sur son intérieur ; un bouquet de fleurs ou quelques feuillages, les coussins du canapé quotidiennement redressés et retapés, les cendriers vidés, un chiffon humecté de cire sur les meubles donnent à la pièce un air frais et accueillant.

LA MAISON N'EST PAS UN HÔTEL !

Quel père, quelle mère n'a jeté un jour cette phrase à ses enfants ? L'art de cohabiter entre générations implique le respect d'un consensus et d'un certain nombre de règles concernant les modalités de la vie pratique.

Participation, solidarité. À la source de la vie de famille, le sentiment d'appartenir à une même cellule tisse des liens de complicité, mais impose à chacun de prendre sa part de responsabilité dans son bon fonctionnement. Autrefois, les pouvoirs du ménage et de l'intendance incombaient à la mère de famille, qui veillait au bien-être de chacun et régnait sur son foyer comme un chef de gouvernement sur son administration. Aujourd'hui, la mère de famille a souvent une vie professionnelle, ce qui l'oblige à planifier ses tâches et à se faire assister par tous les membres de la famille. À chacun donc de participer à tour de rôle à la vie de la maison (dresser la table, desservir, acheter le pain, vider les ordures ménagères...).

Les horaires des repas doivent être respectés : on prévient par un coup de téléphone d'un retard ou d'une absence, ou encore de la venue d'un ami invité à l'improviste.

La cohabitation demande ménagement et vigilance : pas d'emprunt sans retour des objets personnels, rasoir, chemises, collants ou chaussettes ; pas de mainmise sur le téléphone, le Minitel, le journal ou les clés de la voiture ; pas d'occupation abusive ni de transformation en piscine de la salle de bains à l'heure où chacun doit se hâter...

Le courrier se pose dans l'entrée ou est remis immédiatement aux intéressés ; il est incorrect d'ôter la bande d'un journal avant qu'il n'arrive à son destinataire, de lire des cartes postales qui ne vous sont pas adressées, de scruter le courrier qui ne vous appartient pas.

Le couple. Le savoir-vivre commence à l'intérieur du couple. Un certain nombre de prévenances permettent d'aplanir les aspérités de la vie conjugale ; il y a un apprentissage des rythmes de la vie à deux, par lequel chacun des époux manifeste à l'autre son attention et fait respecter ses propres besoins.

Le respect commence par la tenue ; on évite les allées et venues en tenue négligée et l'on s'efforce de soigner son aspect physique, même après de longues années de vie commune. Il est courtois de frapper à la porte de la salle de bains. L'époux laisse sa femme se servir la première à table ; il lui tient la porte et s'efface pour la laisser passer. Un bouquet de fleurs offert avec ou sans raison est une attention toujours appréciée, même après trente ans de mariage ! L'épouse essaie de ne pas occuper tout l'espace vital de la salle de bains en étalant le contenu de sa trousse de maquillage. L'un et l'autre peuvent légitimement revendiquer un temps d'indépendance sans mettre en péril leur entente. Mieux vaut d'ailleurs éviter d'imposer à son conjoint sa mère ou sa meilleure amie, et accepter des activités différentes, plutôt que tout faire à contrecœur.

Une des conditions indispensables à l'harmonie familiale est le droit de chacun à son espace privé. Il est important pour le couple de se ménager une marge d'intimité, d'où les enfants sont exclus : c'est là que les époux se retrouvent pour régler leurs différends ou se prouver leur tendresse. Les conflits de fond ne doivent jamais prendre pour témoins – ou pour otages – les enfants, qui apprennent du même coup que, au centre de la vie du foyer, ils n'en constituent pas non plus le seul ressort.

Parents et enfants. Parce qu'elle est une communauté solidaire, la cellule familiale admet la spontanéité, la décontraction, la franchise, les discussions vives. Mais elle ne dispense pas des bonnes manières. Les uns et les autres doivent apprendre à « mettre les formes » et à faire des concessions. Savoir s'excuser fait partie de la vie quotidienne. Enfin, les parents ne doivent jamais se désavouer mutuellement devant leurs enfants.

Les enfants ne font pas irruption dans la chambre des parents : ils frappent à la porte avant d'entrer – mais on ne frappe pas avant d'entrer dans un salon. Ils ont droit également à leur jardin secret, que les parents doivent respecter.

Visite d'amis. Avec ses complicités, ses manies, ses disputes, ses secrets, une famille peut devenir une entité redoutable, bizarre ou même parfois ridicule sous le regard d'un tiers. Un certain nombre de comportements ne doivent pas franchir les murs du foyer. Il faut éviter en public les effusions trop intimes, les disputes et les scènes orageuses, les détails indiscrets, les allusions à la vie privée, les petits surnoms puérils – bichette, ma puce, mon trésor. Le « maternage » qui s'exerce spontanément au sein du foyer devient vexant dehors ou sous le regard d'un tiers.

Les parents qui reçoivent des amis ou leur rendent visite n'imposent pas leurs enfants ; dans le premier cas, ils peuvent les appeler au salon un instant pour les présenter, habillés proprement, pyjamas frais et frimousses lavées, mais ils ne s'étendront pas indéfiniment sur leurs qualités exceptionnelles, thème qui n'intéresse qu'eux seuls ; et, dans le deuxième cas, ils n'amèneront avec eux leurs enfants que s'ils en ont été instamment priés.

Quant aux animaux de la famille, la plus grande discrétion s'impose, car beaucoup ne les aiment que de loin et certains font même des allergies au poil de chat ou de chien. Si vraiment on ne trouve aucun moyen de laisser seul son chien ou de le faire garder, il faut absolument en avertir son hôte et, au besoin, remettre à plus tard la visite dès lors qu'on perçoit une réticence.

COMMENT S'APPELER ?
SURNOMS ET DIMINUTIFS...

Au sein du foyer, les petits surnoms affectueux font partie des démonstrations de tendresse : l'enfant qui commence à babiller invente des diminutifs drôles, et ceux-ci finissent par passer dans la vie courante. À partir d'un certain âge, ces surnoms peuvent devenir franchement ridicules ; si les parents ont choisi tel ou tel prénom, c'est sans doute parce qu'ils les aiment, aussi, pourquoi les oublier ?

Comment des parents s'appellent-ils entre eux ? Principalement par leur prénom, devant des tiers, en évitant « chérie », « trésor » et autres mots affectueux qui semblent prendre à témoin le monde extérieur du degré de leur intimité.

Ils ne s'appellent en aucun cas « papa » ou « maman » entre eux. Cependant, ils peuvent, en s'adressant à leurs enfants, dire « papa » ou « maman » au lieu de « ton père » ou « ta mère » : « Maman voudrait que tu ranges ta chambre. »

Pour désigner les membres de sa famille, il faut éviter d'utiliser les diminutifs ; la langue française dispose de beaucoup de jolis mots pour s'adresser aux grands-parents : « grand-père », « grand-mère », « bon-papa », « bonne-maman », « mamie », « papy ». L'enfant peut trouver lui-même de jolis noms. Mais il est préférable d'éviter « pépé », « mémé », « tonton », « tata », « tatie »...

LES AUXILIAIRES DE LA MAISON

La mère de famille a parfois recours à des tiers pour l'aider dans ses tâches ménagères. Toutes sortes de formules sont possibles, selon les besoins et les moyens : de l'employé(e) à temps complet à la jeune fille au pair, en passant par la femme de ménage, l'« extra » ou le « baby-sitter ». La courtoisie est encore plus nécessaire dans ce type de rapports complexes, où l'on partage la même vie sans avoir le même statut.

Il faut à la fois éviter la fausse familiarité et la distance excessive, et abandonner à tout jamais les qualificatifs d'autrefois, « la bonne », « la domestique », « la servante », auxquels la législation a substitué le terme général d'employé(e) de maison.

L'engagement. La législation sociale et les lois du marché règlent les modalités du travail : horaire, rémunération, congés. Il faut les respecter à la lettre et ne pas imposer d'autres travaux que ceux inclus dans le contrat. L'employeur prend la responsabilité d'assurer à son employé un certain nombre d'heures de travail hebdomadaire, et il faut s'y tenir, sauf nouveaux arrangements contractuels.

Avant d'engager un employé, il est légitime de connaître ses références professionnelles et de demander, avec son accord, des renseignements au précédent employeur.

Le moment de l'engagement est le moment propice pour définir les services souhaités, expliquer les habitudes familiales et, au besoin, exprimer quelque vœu particulier, par exemple la présentation extérieure ou le renoncement au tabac. Chacun doit connaître ses engagements au moment de l'embauche.

Si un logement est procuré par l'employeur, dans l'appartement, ou à l'extérieur, il devra présenter des conditions de confort et d'espace convenables.

Les rapports employeur-employé. La vie moderne a codifié et simplifié beaucoup ces rapports. Dans la mesure où l'employé de maison partage l'intimité d'un foyer, il faut y apporter égards et vigilance. Les demandes doivent être faites avec gentillesse, accompagnées d'explications suffisantes, et la qualité d'un service rendu appelle des remerciements.

En cas de remarques ou de reproches, ceux-ci doivent être faits dans le calme, sans témoin et sans blesser. Les parents doivent exiger de leurs enfants le même respect.

On évitera autant la hauteur et le dédain que les plaisanteries déplacées, le sans-gêne, les confidences inutiles. Des rapports de confiance et d'estime doivent s'établir de part et d'autre, avec la conscience pour chacun de ses droits et de ses devoirs. L'employé de maison doit de son côté respecter l'intimité familiale, frapper aux portes, s'abstenir de recevoir des coups de téléphone autres que le strict nécessaire, se montrer discret. En cas de mésentente, d'incompréhension, d'une difficulté avec un enfant, une demande d'explication franche est toujours préférable à un climat qui se dégrade.

Jeune fille au pair ou baby-sitter. S'ils sont mineurs, la responsabilité de l'employeur est engagée et il faut donc encadrer au mieux leurs activités et, dans tous les cas, respecter scrupuleusement le contrat qui précise les services à rendre : on veillera à ne pas déborder des horaires prévus ni à faire assumer des travaux de ménage qui ne relèvent pas du contrat. Chaque fois que cela est possible, et si elle le désire, la jeune fille au pair doit être associée aux activités de la famille.

Les baby-sitters sont informés à l'avance de la durée où ils seront retenus et on met à leur disposition repas ou collation, radio ou télévision, ainsi qu'un numéro de téléphone où trouver de l'aide en cas de nécessité. Il est impératif de respecter les horaires annoncés et de raccompagner le (ou la) baby-sitter à son domicile, lorsqu'il s'agit de garde tardive.

Les tarifs des jeunes filles au pair ou des baby-sitters sont réglementés, ce qui n'exclut pas des arrangements personnels.

Étrennes, cadeaux. Ils font partie des usages et permettent à la maîtresse de maison de témoigner sa satisfaction. Les étrennes du 1er janvier se calculent en fonction des gages et il n'y a pas de règle en la matière : on peut suggérer de donner entre quinze jours et un mois de salaire, en fonction des liens et des services rendus ; un petit cadeau plus personnel peut accompagner les étrennes. Gages et étrennes sont remis dans une enveloppe accompagnés d'un petit mot chaleureux.

Si la maîtresse de maison désire donner quelque chose lui ayant appartenu, vêtements par exemple, ceux-ci doivent être en bon état et propres, et ils ne remplacent évidemment pas le cadeau du début d'année.

Lorsque des liens se tissent pendant plusieurs années, les rapports deviennent naturellement plus personnels : la mère de famille doit savoir s'intéresser à la vie et aux soucis de celui ou de celle qui la seconde dans son foyer.

Départ, congé. Lorsqu'on se sépare d'un employé de maison, un préavis est nécessaire. À moins de faute grave, un certificat de bons renseignements est remis à l'intéressé et l'on se tient à la disposition de nouveaux employeurs pour compléter ces renseignements.

LE GARDIEN

Une mission de coordination. Le gardien – on n'utilise plus le terme de concierge, auquel est attachée une nuance péjorative, sauf lorsqu'il s'agit d'une fonction spécifique dans un hôtel – veille à l'entretien et à la sécurité de l'immeuble, mais son rôle diffère beaucoup selon la taille de l'habitation et selon ses attributions. Dans un petit immeuble classique, le gardien peut prendre une place considérable, car c'est à lui qu'incombent la distribution du courrier, l'entretien des escaliers et des parties communes, l'orientation des visiteurs et des livreurs, le déplacement des poubelles et, d'une manière générale, c'est lui qui règle tous les incidents qui peuvent survenir dans les parties communes de l'immeuble, de la panne d'ascenseur à la fuite d'eau. Il est au courant des différents mouvements des occupants, dont il surveille les allées et venues. Il a droit au salut et au sourire de tous ceux qui passent devant son logement. Si vous le trouvez un peu trop « inquisiteur », pensez qu'il accomplit au mieux sa mission.

Rapports avec le gardien. Lorsqu'on emménage dans un appartement, il est bon de prendre contact avec le gardien en se présentant, soi et sa famille, et en le prévenant des éventuels travaux de remise à neuf, ainsi que des corps de métier attendus ; un petit mot d'excuses, éventuellement une gratification seront les bienvenus pour le dédommager du surcroît de travail de nettoyage occasionné par les travaux.

Il n'est pas rare que le gardien, investi de la confiance des habitants de l'immeuble, dispose d'un double jeu de clés des appartements et ait la charge d'introduire les agents qui relèvent les compteurs ; ce type de responsabilité exige la confiance réciproque, beaucoup de courtoisie d'un côté et de discrétion de l'autre.

En fait, le plus souvent, les tâches du gardien sont allégées, dans les grandes villes, par des équipements collectifs. Les portes cochères sont munies d'un code ou d'un interphone qui filtrent les passages et mettent directement en communication le visiteur et l'occupant ; l'ascenseur est relié à des services de maintenance, et des casiers au nom des divers habitants de l'immeuble reçoivent le courrier que chacun relève à son gré ; enfin, des équipes professionnelles de nettoyage sont chargées de l'entretien. Le rôle du gardien se réduit alors à une surveillance générale.

Rémunération. Le gardien est généralement rémunéré par le syndic en fonction des tâches qu'il assume. L'usage veut que les occupants d'un immeuble lui donnent des étrennes au moment du 1er janvier. Celles-ci dépendent du « standing » de l'appartement, des services rendus et des liens noués, qui ne sont évidemment pas les mêmes selon les fonctions du gardien : les étrennes peuvent consister en une modeste somme, équivalent à quelques heures de ménage, ou en un cadeau plus important, calculé en pourcentage du loyer (de 0,5 à 2 p. 100 du loyer annuel), lorsque le gardien reçoit de nombreuses missions. On peut également lui remettre une gratification en cours d'année pour le remercier de services spéciaux accomplis avec amabilité (ouvrir la porte de l'appartement aux livreurs, arroser les fleurs pendant l'été...). Les étrennes, en billets propres et non fripés, sont remises sous enveloppe, accompagnées d'une carte.

LES VOISINS

Une partie de la population française vit en ville, ou dans sa proche banlieue, en appartement dans un immeuble collectif. Il faut donc apprendre à cohabiter avec ces étrangers si proches que sont les voisins. La tâche n'est pas si simple. Seuls les hasards de l'existence réunissent dans quelques centaines de mètres carrés des familles qui peuvent n'avoir aucun goût, aucun horaire, aucun mode de vie en commun, mais qui partagent l'usage de l'immeuble et des parties communes.

La courtoisie. Lorsque vous venez d'emménager dans un immeuble, vous pouvez faire preuve d'une très grande courtoisie en déposant votre carte chez vos voisins immédiats et en leur proposant de bavarder un instant pour vous présenter. Le plus souvent, on attend que l'occasion se présente par quelque rencontre fortuite dans l'escalier. Vous vous présentez simplement : « Jacques Dupin. Je viens d'emménager au 4e étage avec ma femme et mes quatre enfants. J'espère qu'ils ne feront pas trop de bruit et ne vous dérangeront pas. Je suis heureux de faire votre connaissance. » Lorsque c'est un nouveau locataire qui emménage, une démarche de votre part proposant votre aide, ou une invitation, sera la bienvenue.

La dimension de l'immeuble, la qualité des isolations conditionnent bien entendu les rapports ; on ne noue pas les mêmes liens dans une tour de mille appartements et dans un petit immeuble de cinq étages. Mais, dans les deux cas, il faut à la fois assez de courtoisie et assez de distance pour que l'entraide et la solidarité nécessaires ne dérivent pas en envahissement et sollicitations continues.

Dire bonjour, échanger un sourire ou quelques mots lorsqu'on se croise dans les parties communes font partie des échanges normaux de la cohabitation. Il faut savoir tenir une porte pour laisser passer un voisin, l'attendre éventuellement quelques instants pour monter en ascenseur, ne pas bloquer la porte de l'ascenseur en poursuivant une conversation sur le palier, « renvoyer l'ascenseur », expression dont l'extension à toutes sortes de domaines en dit long sur la réciprocité des services qu'implique la vie en société !

Les règlements de copropriété. Ils s'imposent à tous les occupants de l'immeuble, qui doivent les connaître. Ces règlements sont parfois affichés dans le hall ; ils sont destinés à faire respecter les parties communes et à faciliter le modus vivendi. Les assemblées annuelles sont le lieu idéal pour une discussion franche en vue de trouver les solutions aux problèmes posés par la copropriété.

Le point le plus névralgique de la cohabitation est sans doute le bruit. Beaucoup d'immeubles des villes datent d'une époque où l'on ignorait les procédés d'isolation et les vibrations d'une robinetterie s'y transmettent sans faiblir du premier au dernier étage ! À chacun donc de veiller à ne pas gêner ses voisins, grâce à la pose de moquettes par exemple, et, s'il le peut, à se protéger des bruits par des tentures murales ou encore de trouver des moyens d'isolation modernes atténuant tous les bruits intérieurs et extérieurs.

Autrefois, la législation interdisait aux occupants d'un immeuble de faire du bruit entre 22 heures et 7 heures du matin. Aujourd'hui, les règles sont plus sévères encore : « Tout bruit causé sans nécessité ou dû à un défaut de précaution est interdit » et passible d'amende : « bruits de voisinage, tapages durant la journée de nature à menacer la tranquillité et la santé des habitants » ; un « indicateur acoustique » peut en mesurer l'intensité et, au-delà d'une demi-heure, ils sont considérés comme des infractions à la législation.

Les cas nécessitant l'intervention de la police sont des cas extrêmes et souvent répétitifs. Pour éviter ces inconvénients, chacun veillera à réduire le soir le son des appareils de télévision, radio et musique divers, mais aussi à cesser toutes les activités bruyantes au-delà d'une certaine heure, par exemple le bricolage – ce n'est pas le moment de percer un mur ou de planter un clou – ou l'usage de la machine à laver le linge ou la vaisselle, laquelle vrombit et résonne à l'étage supérieur ou inférieur. Il faut aussi éviter les gammes tardives.

Au-delà de ces règlements, une politesse élémentaire demande de baisser les appareils sonores lorsqu'on garde sa fenêtre ouverte, d'éviter de faire claquer ses talons sur le plancher ou le carrelage, de se montrer discret dans les parties communes : il faut songer à ne pas claquer les portes de l'ascenseur et de l'appartement, renoncer aux conversations à voix forte sur le palier, aux embrassades, aux effusions bruyantes devant le logement du gardien.

Le chapitre « réception » réclame également attention et égards vis-à-vis des voisins : il n'est certes pas question de renoncer à recevoir chez soi, mais la politesse veut que l'on prévienne à l'avance ses voisins par un petit coup de téléphone ou par une carte pour un goûter d'enfants, une soirée dansante, et qu'on présente ses excuses pour le bruit et la gêne causés. Il faut éventuellement prévenir le commissariat de police en prévision de plaintes d'autres voisins de la rue.

Les animaux. Ils constituent souvent une source de litige. Une rubrique spéciale des règlements de copropriété prévoit généralement les droits et devoirs des propriétaires d'animaux : sont admis les animaux qui ne nuisent pas à « l'usage bourgeois » de l'immeuble, chats, chiens, oiseaux...
Retenez votre chien qui dévale la cage d'escalier en tirant sur sa laisse et qui, dans de grandes manifestations d'amitié, saute sur le locataire pour le lécher ! Nettoyez les traces qu'il laisse dans l'ascenseur ou sur le tapis de l'escalier s'il n'a pas su attendre le trottoir. Ne laissez pas votre chat traîner dans l'escalier sous prétexte qu'il a besoin de changer d'horizon. N'abandonnez pas toute la journée dans l'appartement un chien qui gémit à fendre l'âme en attendant son maître. L'animal doit être dressé à la vie d'appartement, sinon il souffre et fait souffrir. Résignez-vous à mettre votre chien à l'écart lorsque vous recevez des invités. Ceux-ci ne sont pas forcément des amis des bêtes.

Les terrasses et balcons. Ils font l'agrément de l'appartement, auquel ils ajoutent un dégagement aéré. Assez larges, ils permettent parfois de dresser une table, des chaises et de profiter du soleil ; des plantations de fleurs et d'arbustes peuvent même leur donner un air de jardin. Mais, ouverts au regard et aux oreilles des voisins, ils impliquent un usage discret : vous éviterez de transformer le balcon en aire de séchage pour le linge, d'arroser les fleurs en inondant l'étage inférieur, d'y griller des sardines sur un barbecue et d'y bavarder à voix forte de manière à en faire profiter tout l'entourage. Il est bien évident qu'on ne jette rien par les fenêtres : au XVIIIe siècle, on vidait encore couramment les vases de nuit par les fenêtres, de sorte que le passant ne marchait en sécurité qu'au milieu de la chaussée !

La maison individuelle. Elle n'échappe pas tout à fait aux difficultés de la promiscuité et il est toujours utile d'entretenir de bonnes relations avec son entourage.
Le nouvel arrivant vient se présenter à ses voisins en annonçant sa visite par un coup de téléphone.
Quelques précautions sont nécessaires pour que règne la bonne entente : on doit éviter l'usage de la tondeuse à

n'importe quelle heure du jour, les feux de bois et de mauvaises herbes qui, portés par le vent, enfument à des centaines de mètres à la ronde, les coups d'avertisseur et les pétarades de voitures qui démarrent, les repas dehors qui s'achèvent en bruyantes libations ou envahissent de leurs odeurs les voisins, les chiens lâchés qui sautent par-dessus la haie et se roulent dans les parterres de fleurs...

Chaque habitant a des devoirs concernant les murs mitoyens, la taille des arbres et des buissons qui débordent les clôtures par exemple, le soin des chemins communs ou les dépôts d'ordures.

On est également responsable des dégâts causés par des animaux ou par le ballon de l'enfant qui casse un carreau. Reconnaissez votre responsabilité sans chercher des arguments spécieux et envoyez un paquet de bonbons en même temps que le vitrier, dont vous paierez bien sûr la facture : un mot aimable, une boîte de chocolats coûtent moins cher qu'une interminable procédure qui rompt définitivement les relations.

Apprenez également à vos enfants la politesse et la courtoisie à l'égard des voisins.

La règle d'or est de ne pas faire aux autres ce qu'on ne voudrait pas qu'ils vous fassent. Si un différend surgit, vous gagnerez beaucoup, plutôt que de vous fâcher, à demander un rendez-vous pour chercher à le régler : un peu de souplesse et un effort de conciliation valent mieux que l'entêtement.

UN TOIT PROVISOIRE

C'est généralement le toit des vacances. Qu'il s'agisse d'une maison de location, d'une caravane, d'un camping-car, ou d'une maison de famille partagée à plusieurs, les règles habituelles de la politesse doivent être respectées, auxquelles s'ajoutent quelques précautions et nuances complémentaires.

Maison louée ou prêtée. En vacances, les exigences de confort perdent un peu de leur rigueur, et on accepte une promiscuité qu'on ne supporterait pas durant toute l'année.

S'il s'agit d'une maison louée, force est de s'adapter aux conditions de la location, même si celles-ci, souvent négociées de loin, vous réservent quelques surprises. Un état des lieux détaillé, dès l'arrivée, doit vous éviter les malentendus. Le propriétaire, de son côté, doit veiller à respecter ses « promesses » et à faire une description exacte des lieux. La location doit être impeccable.

Tout n'est pas permis du seul fait que vous payez une location. Vous éviterez de déplacer les meubles dans tous les sens et de critiquer, devant son propriétaire, le goût de la décoration. Vous remplacerez les objets cassés – en principe les objets de valeur ont été mis à l'abri, par le propriétaire ou par vous-même. La literie doit être laissée impeccable et les appareils électroménagers en état de marche. Il faut prévoir de faire un ménage à fond avant de rendre les clés. Il n'est pas interdit en partant de formuler à l'agence quelques observations, dont profiteront les locataires suivants.

Si la maison a été prêtée ou louée par des amis, les soins d'ordre et de propreté seront d'autant plus vigilants. On ne laisse pas des factures de téléphone et d'électricité impayées : le mieux est de relever les compteurs à l'arrivée et au départ. Et, si quelque chose a été détérioré, on doit trouver un objet de remplacement.

Ce peut être une manière délicate de remercier que de laisser dans la maison un élément de confort qui ne s'y trouvait pas, appareil ménager, plat, verres, nappe...

Lorsqu'un gardien ou une femme de ménage veille sur la maison ou a été mis à votre disposition, il est courtois de lui laisser, dans une enveloppe, une gratification.

Camping. Les joies du camping tournent au cauchemar dans de mauvaises conditions. En raison de la promiscuité des installations, il convient de respecter strictement les règles du terrain de camping : on évitera les appareils de radio tonitruant à toute heure du jour et de la nuit, les barbecues qui enfument les voisins, les sacs d'ordures qui traînent, le linge qui sèche, les visites intempestives, les emprunts quotidiens d'ustensiles, les inondations, les cris ou les vrombissements de moteur... Et, si l'on décide de faire du camping sauvage, il est indispensable de demander la permission au propriétaire du terrain et de laisser l'endroit comme on l'a trouvé, sans papiers gras épars ni prairie saccagée.

Les maisons en indivision. Qu'il s'agisse d'une maison de famille ou d'une villa louée à plusieurs, la cohabitation fait autant la joie des enfants que la terreur de leurs parents, qui doivent partager des règles de vie avec des proches dont les habitudes sont parfois différentes.

Lorsque la maison est la propriété d'un grand-parent, la déférence s'impose à l'égard de celui ou de celle qui reçoit ; il s'agit généralement d'une personne âgée, qu'il convient de ne pas bousculer, ni contrarier dans ses habitudes, mais de seconder avec tact, en orientant au mieux ses décisions dans le sens d'un plus grand bien commun, ou encore en obtenant pour un temps une « délégation de pouvoirs ». Il faut en tout cas respecter, et faire respecter par ses enfants, les privilèges de l'âge, habituer la jeune génération à la prévenance, accepter avec patience les infirmités de la vieillesse et créer un climat détendu d'échanges et de confiance.

La cohabitation estivale entre des familles que beaucoup de choses peuvent séparer – goûts, moyens financiers, principes d'éducation – est un bon apprentissage de la tolérance : l'important est de respecter, sans les critiquer, les usages des autres et de trouver un modus vivendi.

Les tâches ménagères – courses, repas, travaux d'entretien, jardinage – doivent être équitablement partagées selon les compétences et, au besoin, par l'instauration d'un tour de rôle où chacun peut faire prévaloir sa propre organisation, ses rythmes et ses menus. Veillez à ne pas imposer aux autres des régimes et des horaires trop excentriques ni à vous considérer comme une exception (chaque individu se sent un peu exceptionnel), mais à trouver une règle commune, acceptable par tous.

Repas froids, barbecues, pique-niques introduisent une note de détente qui soulage la maîtresse de maison. Des tables d'enfants permettent d'éviter les repas pour douze ou quinze personnes qui occupent la moitié de la journée. Organisez des excursions de plusieurs heures pour alléger la maison et permettre aux personnes âgées ou fatiguées de bénéficier d'une maison calme. Ne videz pas le réfrigérateur sans le remplir ensuite et demandez à vos enfants un effort de coopération.

Les frais de la cohabitation sont normalement partagés au prorata des participants, mais l'engagement des dépenses doit respecter le niveau de vie de chacun ; il faut témoigner de beaucoup de tact sur ce chapitre financier, quitte à modifier ses propres habitudes.

Plus que jamais, la cohabitation réclame la discrétion et le respect des parties communes. On n'étale pas sur la table du salon son désordre personnel, et la salle de bains doit être laissée comme on aimerait la trouver. On n'invite pas sans prévenir des amis et on évite d'accaparer la conversation ou de se retrancher derrière un mutisme désapprobateur. Les originaux tenteront d'adapter leur rythme à l'organisation générale et les routiniers d'accepter des entorses à leurs habitudes !

Tous les litiges doivent pouvoir se régler avec le sourire : ce type de cohabitation n'a jamais qu'un temps et, si quelque conflit grave éclate, on peut toujours raccourcir son séjour, en trouvant quelque prétexte valable, mais non désobligeant, ou, mieux encore, se taire en jurant bien de ne pas renouveler trop vite l'expérience !

LA TABLE

« L'homme d'esprit seul sait manger »
écrivait un de nos plus célèbres gastronomes, Brillat-
Savarin. C'est-à-dire qu'il sait faire d'un besoin légitime
un moment de fête et même un art : la qualité des plats
et des vins, leur présentation, la décoration de la table,
le plaisir de se retrouver ensemble contribuent à faire du
repas un temps privilégié de la convivialité, qu'il s'agisse
du repas quotidien pris dans la cuisine ou du dîner de
réception entouré de solennité.

DRESSER LE COUVERT

Une jolie table ouvre l'appétit et il faut peu de chose pour
la rendre accueillante.

Si vous prenez vos repas à la cuisine, les instruments qui
ont servi à sa préparation doivent être lavés et rangés, ou au
moins empilés dans l'évier. S'il a lieu dans la salle de séjour,
tout ce dont vous avez besoin pour le service sera rassemblé
sur une table roulante, un buffet, une desserte ou un plateau :
vous éviterez ainsi de nombreux déplacements.

La table. La table, lorsque le repas n'est pas servi par
un serveur professionnel, doit comporter ce qui est nécessaire
au déroulement du repas : salière et poivrière, carafe d'eau - la
bouteille d'eau minérale, sur la table, n'est admise que lors
de repas intimes -, bouteille de vin disposées sur des dessous
de carafe. On exclut l'huilier de la table car les plats sont en
principe assaisonnés à l'avance. Pas de porte cure-dents non
plus. Au milieu, un centre de table attend les plats. Un morceau
de pain est disposé dans chaque assiette, glissé dans la serviette
ou posé à côté du couvert, à droite, à moins qu'on ne préfère
l'usage anglais de placer le petit pain dans une soucoupe à
gauche du convive ; des tranches sont coupées à l'avance dans
une corbeille à pain.

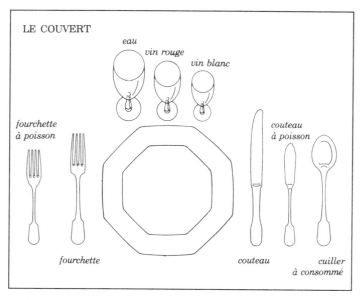

LE COUVERT

eau

vin rouge

vin blanc

fourchette à poisson

couteau à poisson

fourchette

couteau

cuiller à consommé

Pour une réception plus formelle, la plupart de ces ingrédients ou instruments (carafes, panier à pain, couverts de service) attendent sur une desserte à proximité.

La nappe. Pour un repas simple, une jolie nappe de couleur ou des sets de table seront suffisants. Une table de cérémonie exige des raffinements supplémentaires et les « maisons de blanc » offrent de très jolis assortiments de nappes et de serviettes de couleur. Vous poserez un molleton sous la nappe et repasserez les plis qui auraient pu se former.

Un très grand dîner demande, comme autrefois, une nappe de damas blanc et des serviettes blanches. Dans le cas de plusieurs tables et de nappes teintées, vous veillerez à l'harmonie des couleurs et éviterez les bariolages.

Lorsqu'une maîtresse de maison dresse son couvert, elle veillera à ce que ses convives jouissent d'un espace suffisant pour poser leurs mains et être à l'aise : cet espace est estimé à soixante centimètres par personne.

41

Menus, cartons, fleurs. Une décoration florale simple, un ou deux petits bouquets disposés sur la nappe rendent aussitôt la table attrayante ; ces bouquets doivent être sans parfum et toujours assez bas pour ne pas gêner la conversation ni empiéter sur la place dont disposent les convives.

Menus et cartons portant les noms des participants ne s'utilisent que dans des repas de réception. Les menus, écrits à la main ou imprimés, sont disposés à chaque extrémité de la table et doivent pouvoir être consultés aisément par tous ; le carton est placé près des verres. Dans les très grands dîners, un plan de table est fourni aux invités par les serveurs.

La disposition des couverts. Ils sont placés à droite et à gauche de l'assiette, dans l'ordre où ils doivent être utilisés, en commençant par l'extérieur. Les fourchettes de table et à poisson se placent à gauche de l'assiette, pointes tournées vers la table (en Grande-Bretagne, les pointes sont au contraire tournées vers l'extérieur), le couteau et la cuiller à potage à droite de l'assiette. La fourchette à huîtres et la pince à escargot se placent à droite. Les porte-couteaux, destinés à protéger la table et la nappe, se posent également à droite, mais on ne les emploie pas lors de repas d'apparat, la nappe étant destinée à ne pas être réutilisée.

Les couverts à dessert ne s'installent à l'avance que dans des repas familiaux ou intimes, entre l'assiette et le verre, pointes à l'intérieur : placés dans l'ordre, ils comprennent un couteau à fromage, une cuiller à entremets (manche vers la droite), un couteau (manche vers la droite, lame vers l'extérieur) et une fourchette à fruits (manche vers la gauche pour en faciliter la saisie).

Dans un repas plus solennel, il ne faut pas juxtaposer de part et d'autre de l'assiette plus de trois couverts. Les couverts à dessert sont apportés en même temps que les assiettes à dessert.

Des couverts de service sont posés au milieu de la table ou, mieux, sur une desserte à proximité de la maîtresse de maison lorsqu'il s'agit de repas simples et non servis. Dans les grands dîners, le serveur présente le plat avec les couverts de service. Les grandes maisons d'orfèvrerie proposent une gamme de couverts de service de plus en plus adaptés à leur fonction : pelle à tarte, cuiller à sauce, cuiller à légumes, pelle à asperges...

Les assiettes. Un service classique comprend généralement trois types d'assiettes : les assiettes creuses destinées au potage, des assiettes plates pour les entrées et les plats de résistance, et des assiettes plates plus petites, destinées au fromage et au dessert. Le plus souvent rondes, elles connaissent parfois, dans les services modernes, des formes plus variées, octogonales ou encore ovales pour s'adapter au plat servi, poissons, viandes et garnitures ; ces services offrent d'ailleurs toutes sortes de récipients, plats, raviers, etc. adaptés plus spécialement aux mets divers (par exemple petits raviers individuels pour avocats) ; mais il faut savoir que ces innovations ne sont nullement indispensables à une jolie table.

Les assiettes ne s'empilent jamais les unes sur les autres.

QUELQUES FAUTES À NE PAS COMMETTRE

Certains bruits sont désagréables à entendre et certains gestes sont inélégants.

Il ne faut pas mastiquer bruyamment ni parler en mangeant ; vous mangerez la bouche fermée, en prenant les aliments par petites bouchées. Tous les bruits de succion sont à éviter : le potage ne s'aspire pas, ne se lape pas ; il faut porter l'extrémité de la cuiller à sa bouche et non son bord transversal.

Même si un mets est délicieux, il faut s'interdire de prendre un morceau de pain avec ses doigts pour « saucer ». À la rigueur dans un repas intime, il est permis de piquer un morceau de pain avec la fourchette pour recueillir la sauce.

Le pain se rompt en petits morceaux ; il ne faut pas le couper avec un couteau ni le mordre. Il ne faut pas non plus se jeter dessus avant d'avoir entamé le premier plat ni l'émietter à côté de son assiette.

En cas d'hésitation sur le comportement à tenir, regardez la conduite des maîtres de maison et imitez-les.

Évitez de fumer : le tabac à table est une hérésie gastronomique. Cette règle peut être transgressée à la seule condition que la maîtresse de maison ait disposé des cendriers sur la table ; on peut alors prendre une cigarette après le fromage, en demandant la permission à ses voisins.

Les cure-dents sont proscrits des usages français ; a fortiori, on s'interdit tout geste pour déloger un aliment malencontreusement placé entre les dents.

Une exception à cette règle : l'assiette creuse à potage peut être placée à l'avance sur l'assiette plate. Si l'on veut changer les assiettes à chaque plat, celles-ci attendent sur une desserte avant d'être utilisées.

Dans l'intimité, on ne change guère que deux fois d'assiette, après le potage et au moment du fromage ou du dessert, sauf si un plat particulièrement épicé ou odorant, comme le poisson, altère le goût des autres aliments. Sait-on que l'usage d'assiettes, cuillers, fourchettes et verres individuels ne remonte qu'au milieu du XVIe siècle ? On partageait auparavant une écuelle à plusieurs et, pour les mets solides, on se servait de tranches de pain, le « tranchoir », en guise de support. En revanche, il n'était pas rare d'apporter avec soi son propre couteau.

Dans un repas de cérémonie, les assiettes doivent être changées après chaque plat, ainsi qu'entre le fromage et le dessert. Des raviers à salade peuvent être disposés à droite de l'assiette. Des rince-doigts sont apportés à la fin du repas, en même temps que les assiettes à dessert.

Les verres. Le nombre de verres mis devant chaque convive dépend de la solennité du repas et du nombre de vins servis. Un verre à eau et un verre à vin suffisent aux repas simples. Les verres se placent par ordre décroissant de taille, de gauche à droite : le verre à eau d'abord, puis un verre moyen, dit verre à bourgogne, puis un verre plus petit destiné au vin blanc ou au bordeaux, et enfin, si besoin est, une coupe ou une flûte à champagne. Chaque région de France a son type de verre, plus ou moins grand et évasé selon le vin qu'elle produit ; mais on peut se contenter d'un verre fin, d'une jolie forme, en évitant les verres colorés qui empêchent d'apprécier la couleur d'un très grand vin ; ce type de verre peut servir, à la rigueur, pour le champagne.

Les serviettes. Il faut distinguer là encore repas de famille et repas solennel. Dans le premier cas, la serviette est posée dans son porte-serviette, à gauche de l'assiette ; dans le second, elle peut être pliée en triangle dans l'assiette, ou posée en rectangle, à gauche ; il faut éviter les dispositions trop fantaisistes et entortillées et ne jamais placer la serviette en éventail dans le verre, usage réservé aux seuls restaurants. Les experts en protocole avaient recensé, au xviie siècle, 27 manières différentes, toutes chargées de signification, de plier sa serviette !

SE TENIR À TABLE

Qu'il s'agisse d'un petit ou d'un grand dîner, bien se tenir à table fait partie de l'élémentaire savoir-vivre. Il faut s'habituer à une bonne position du corps : un gourmet n'est pas un glouton ; il sait retarder le moment de satisfaire ses désirs et ne s'affale pas sur la table ni ne se précipite sur les plats.

S'asseoir. Nul ne s'assoit avant que la maîtresse de maison n'en ait donné le signal. Lors d'un grand dîner, elle s'assied la première, son voisin de table écartant légèrement

---

UNE TABLE JOLIMENT DÉCORÉE

Une jolie table offre un décor délicat mais non ostentatoire. Outre une décoration florale – disposée par exemple dans de petites coupes –, vous pouvez prévoir des candélabres hauts ou des bougeoirs aux bougies colorées placés de part et d'autre de la table.

Les « assiettes de présentation » – assiettes de dessous, plates, qui peuvent être de métal argenté, ou encore de grandes assiettes de porcelaine ou de faïence – sont un bel élément de décoration, mais n'oubliez pas qu'elles prennent beaucoup de place. Ne surchargez pas votre table de trop d'objets précieux, oiseaux et animaux divers – on appelle cela le « chemin de table ». Autrefois, le luxe et l'ancienneté d'une famille se mesuraient à la beauté de la « nef » et au « dressoir », milieu de table et étagère précieuse, qui exposaient ce que la maison comportait de plus rare ; une étiquette sévère réglementait le nombre de degrés du dressoir – 4 pour une comtesse, 5 pour une duchesse !

Veillez surtout à l'harmonie des couleurs, des fleurs à la nappe et aux assiettes, des serviettes aux bougies. Soyez vigilante sur la propreté des verres et le brillant des couverts.

Si vous voulez laisser un souvenir de votre réception aux invités, vous pouvez adosser le carton mentionnant le nom du convive sur un petit objet-bibelot que chacun emportera.

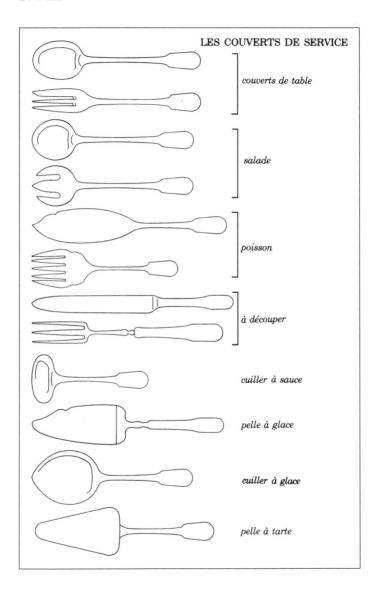

LES COUVERTS DE SERVICE

couverts de table

salade

poisson

à découper

cuiller à sauce

pelle à glace

cuiller à glace

pelle à tarte

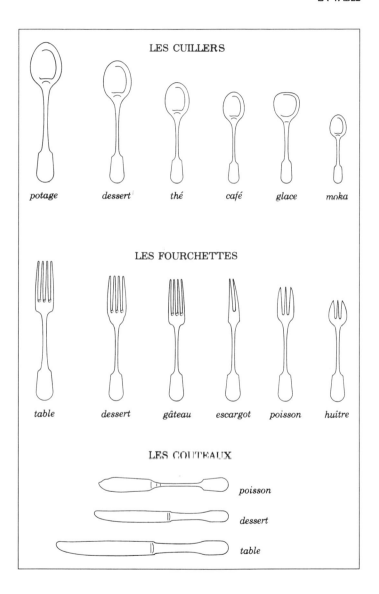

LES CUILLERS

potage   dessert   thé   café   glace   moka

LES FOURCHETTES

table   dessert   gâteau   escargot   poisson   huître

LES COUTEAUX

poisson

dessert

table

sa chaise pour l'aider à s'installer. Les hommes attendent que les femmes aient pris place pour s'asseoir à leur côté.

« Une souris dans le dos et un chat devant » : cette boutade d'autrefois indique qu'il faut se tenir bien calé sur sa chaise, adossé avec légèreté, mais en laissant assez d'espace entre la table et soi pour ne pas avoir l'air d'y prendre appui, comme si l'on craignait que les aliments ne parviennent pas à effectuer leur trajet jusqu'à la bouche. La position doit être droite, mais naturelle et confortable. On ne se balance jamais sur sa chaise.

Les mains. Les mains sont visibles, posées de chaque côté de l'assiette, le pouce replié, contrairement à l'usage des Anglo-Saxons qui gardent les mains posées sur les genoux. On ne s'appuie pas sur les coudes que l'on tient serrés contre le corps pour ne pas gêner ses voisins. Mais, si la table est vaste, la conversation détendue et le repas simple, on tolère ce geste naturel de croiser les mains au-dessus de l'assiette, en prenant légèrement appui sur le bras ou le coude. Il faut éviter les gestes brusques.

Poser sa serviette. La serviette se déplie et se pose dans sa longueur, mais non complètement déployée, sur les genoux. Elle ne s'attache jamais autour du cou. Il faut s'essuyer délicatement les lèvres avant de boire et après quelques bouchées, et bien sûr il est interdit de s'essuyer la bouche avec le revers de la main ou avec un morceau de pain. La serviette se pose, à la fin du repas, repliée sur le côté s'il s'agit du repas familial, mais dépliée sur la table (non bouchonnée), à droite de l'assiette, si vous êtes invité : la replier semblerait suggérer que vous vous attendez à participer au repas suivant !

Tenir ses couverts. Les couverts se saisissent par le milieu du manche et ils ne se tiennent jamais verticaux, la pointe en l'air. On se sert de son couteau avec la main droite, l'index prenant appui sur le tiers haut de la lame tandis que la main gauche tient la fourchette de manière à piquer l'aliment.

Un couteau ne se porte jamais directement à la bouche.

Il faut éviter de garder le petit doigt dressé en l'air lorsqu'on saisit son couvert, geste faussement élégant.

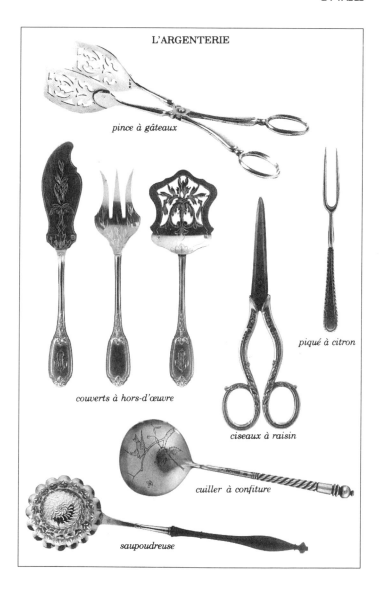

L'ARGENTERIE

pince à gâteaux

couverts à hors-d'œuvre

piqué à citron

ciseaux à raisin

cuiller à confiture

saupoudreuse

On lève son coude et on porte franchement son couvert jusqu'à la bouche au lieu d'écraser le buste sur l'assiette. Lorsqu'un aliment est difficile à faire tenir sur la fourchette et qu'il ne peut se piquer, il est permis de s'aider d'un morceau de pain pris avec les doigts de la main gauche pour le pousser vers la fourchette, tenue alors dans la main droite ; on peut également s'aider, selon l'usage anglo-saxon, du couteau. Ne portez à votre bouche que des morceaux petits – sinon, coupez-les avec la tranche de la fourchette s'il s'agit de légumes, ou avec le couteau s'il s'agit de viande.

Lorsque le contenu de l'assiette est achevé, vous posez les couverts réunis sur le porte-couteau s'il y en a un, ou, s'il n'y en a pas, vous les rassemblez dans l'assiette, pointes vers le bas, le couteau à l'extérieur, lame tournée vers l'intérieur. Vous ne les laissez pas croisés dans l'assiette et ne les abandonnez pas non plus à cheval entre l'assiette et la table.

De même, entre les bouchées, si vous voulez prendre un morceau de pain, vous essuyer la bouche ou parler, vous reposerez vos couverts, réunis, dans l'assiette sans les garder dressés à la verticale.

L'assiette ne doit pas bouger de la table. Pour achever votre assiette de soupe, vous ne l'inclinez pas afin de faciliter la dernière cuillerée ; si le plat est servi avec une sauce ou une vinaigrette, vous ne calez pas votre assiette avec un morceau de pain ou une fourchette pour l'incliner et recueillir la sauce.

Tenir son verre. Avant de boire, il faut attendre d'avoir absorbé quelques bouchées. On s'essuie légèrement la bouche avant de prendre son verre et, à nouveau, après l'avoir reposé ; il ne faut pas vider son verre d'un trait. Le verre se tient par la partie évasée et non par le pied. Il faut boire sans bruit de déglutition, ni tintement du cristal, ni soupir de satisfaction.

En principe, une femme ne se sert pas elle-même à boire : les hommes veillent à remplir le verre de leur voisine, qui doit attendre sagement qu'on pense à elle ; c'était du moins autrefois la règle. Il est de plus en plus admis aujourd'hui que les femmes se servent d'eau, et même de vin, mais, dans un repas un peu traditionnel, mieux vaut qu'elle demande à son voisin de lui remplir son verre. Pour lui faciliter la tâche, elle se contentera de faire le geste de déplacer son verre de quelques centimètres, ou de le soulever légèrement, sans l'incliner.

Un invité peut et doit prendre l'initiative de remplir les verres de ses voisins si le maître de maison est trop éloigné pour le faire, mais il attendra que le maître de maison donne le signal le premier. Dans un dîner servi par un maître d'hôtel, le verre doit demeurer posé sur la table pendant que le serveur le remplit.

Il ne faut pas laisser son verre plein ou à moitié plein en quittant la table.

Le rythme du repas. Il faut attendre que tous les convives soient servis et que la maîtresse de maison ait entamé le contenu de son assiette pour commencer à manger. Elle s'assure que personne n'a été oublié et elle donne le signal en prenant une première bouchée. Lorsque les soins de la cuisine la requièrent, elle demande à ses convives de commencer sans l'attendre.

Manger n'est pas dévorer ; la politesse réclame que chacun s'efforce de suivre le rythme général. La maîtresse de maison doit s'arranger pour garder quelque chose dans son assiette lorsqu'un convive a du retard ; elle terminera lorsque tous auront leur assiette vide.

La maîtresse de maison veille à ce que chacun puisse se resservir, mais elle n'insiste pas en cas de refus.

LE SERVICE, LES PRÉSÉANCES, LA PRÉSENTATION DES PLATS

Le service intime. Lorsque la maîtresse de maison fait elle-même le service, elle présente le plat avec les couverts de service posés du côté du convive pour qu'il puisse les saisir aisément, pointes des couverts vers l'intérieur et stabilisées. S'il s'agit de parts individuelles – tartes, par exemple –, elle peut glisser la pelle à tarte ou la cuiller sous le morceau pour en faciliter la prise. En cas d'un mets particulièrement délicat à manipuler, elle proposera avec simplicité de servir ses voisins, en laissant le plat près d'elle ; l'invité tend alors simplement son assiette en évitant de la brandir sous le nez de son voisin.

Pour se servir, il faut prendre le morceau qui se présente devant soi, sans choisir, ni hésiter une heure, ni faire tourner le plat sur lui-même, et le faire avec modération – le plat repassera une seconde fois (sauf le fromage). Puis on replace les couverts de service comme on les a reçus, pointes en bas, stables, avant de présenter le plat à son voisin – le plus âgé ou le plus important d'abord –, du côté entamé, et celui-ci le fait passer à son tour, de la même manière.

Il faut se servir de chaque plat proposé, fût-ce symboliquement ; il est très impoli de refuser un mets sous prétexte qu'on ne l'aime pas ou qu'il n'est pas conforme à son régime.

La maîtresse de maison retire les assiettes sales en les empilant sur une desserte ou une table roulante ; cette opération doit se faire discrètement. Le repas terminé, elle laissera tout en place, à moins qu'elle ne dispose que d'une pièce unique : dans ce cas, elle rassemblera la vaisselle sur une table roulante et retirera les denrées périssables.

Le repas d'apparat. Il réclame un ou deux serveurs afin d'éviter à la maîtresse de maison des déplacements qui nuiraient au plaisir de la conversation et lui interdiraient de veiller au confort de ses invités.

Le serveur (homme ou femme) ou l'employé(e) de maison doit être vêtu proprement, tablier blanc, robe noire ou jupe sombre et chemisier blanc pour une femme, veste blanche et

TALLEYRAND ET SES INVITÉS

Une célèbre anecdote raconte comment Talleyrand servait lui-même ses invités en dosant soigneusement les égards qu'il accordait à chacun :

« Monseigneur, me ferez-vous l'insigne honneur d'accepter un morceau de bœuf ? » puis « Monsieur le Duc, aurai-je la grande joie de vous offrir cette tranche de bœuf ? » puis « Monsieur le Marquis, voulez-vous me faire le plaisir d'accepter du bœuf ? » puis « Mon cher comte, voulez-vous me permettre de vous donner du bœuf ? » puis « Baron, vous enverrai-je du bœuf ? » « Chevalier, vous plaît-il d'avoir du bœuf ? » et « Durand, bœuf ? ». Le respect des hiérarchies était alors affaire d'État...

pantalon noir pour un homme. Il demeure silencieux et, de sa main gauche, il présente le plat posé sur une serviette, à la gauche du convive, et assez près de son assiette pour que celui-ci n'ait pas à faire d'acrobaties pour s'emparer des couverts.

Entre chaque invité, le serveur replace les couverts de service dans le bon sens.

Si une sauce accompagne le plat, la saucière, tenue dans la main droite, est présentée par la droite tout de suite après le plat.

Le serveur ne sert jamais lui-même l'invité.

Les assiettes sont changées après chaque plat. Le serveur les enlève une à une ; en même temps qu'il retire l'assiette sale par la main droite, il place une assiette propre par la main gauche, avec de nouveaux couverts. Si par hasard il fait tomber un couvert, il le ramasse mais ne le réutilise pas ; il doit aussitôt en chercher un autre.

Pour les plats chauds, les assiettes seront si possible chauffées à l'avance.

Préséances. Le repas intime n'impose que quelques règles de service simples. Le plat est placé au centre ; la maîtresse de maison fait servir en premier ses convives féminines en commençant par la plus âgée, ou la plus importante, puis elle se sert elle-même, ensuite le plat passe aux hommes, par ordre d'importance, jusqu'au maître de maison. Une femme mariée passe avant une célibataire, sauf si celle-ci est une personne âgée ; en outre, une belle-fille passe avant une fille. Les enfants sont servis en dernier sauf s'il s'agit de jeunes filles adultes.

Le plat est passé ainsi à tous les convives, chacun veillant à ne pas bloquer le mouvement. Pour faciliter les manipulations, un convive peut renoncer à sa préséance et proposer de tourner tout simplement. Mais, en ce cas, un homme propose toujours à sa voisine de se servir avant lui, en lui tenant fermement le plat pour faciliter le geste.

Dans un repas plus cérémonieux, la règle de préséance ne souffre pas de dérogation. Le serveur commence par l'invitée d'honneur assise à la droite du maître de maison, il poursuit par l'invitée à gauche du maître de maison et ainsi de suite jusqu'à la maîtresse de maison elle-même ; après quoi, les hommes sont servis en commençant par l'invité d'honneur à la droite de la maîtresse de maison, puis en continuant par celui de gauche et ainsi de suite jusqu'au maître de maison, servi en dernier.

La présentation des plats.   Quelques plats exigent une présentation particulière.

Le potage :   bouillant, dans une assiette creuse, ou le consommé, dans une tasse spéciale, peuvent être servis à l'avance à la place de chaque convive, juste au moment où ils vont passer à table.

Le poisson :   il est présenté dans un plat long, peau et arête centrale ôtées. Les crustacés ne s'offrent que s'ils sont assez bien préparés pour n'exiger aucune manipulation délicate du convive. Le serveur apporte en même temps un petit bol d'eau contenant une rondelle de citron, où le convive trempe symboliquement le bout de ses doigts lorsqu'il a achevé son assiette.

Le mets principal :   les viandes sont servies découpées en tranches, les légumes dans un légumier creux, la salade dans un saladier avec des couverts à salade en os, ivoire ou bois, mais pas en métal. Si des raviers à salade ont été prévus, la salade est servie avec le plat principal.

Les fromages :   ils sont placés sur un plateau de bois, d'osier ou de verre, avec un couteau spécial dont le bout est recourbé afin de piquer le morceau coupé. En principe, le fromage ne se sert pas avec du beurre, mais il n'est pas interdit d'en mettre un morceau sur le plateau. Le plateau de fromages attend toujours dans la cuisine ; il n'est porté à table qu'au dernier moment.

Vous éviterez toute décoration trop sophistiquée de vos plats, qui leur donnerait une allure traiteur ou restaurant.

Le serveur repasse les plats, qui ont été regarnis et conservés au chaud, sauf le potage, la salade et le fromage. Il veille à ce que les convives ne manquent pas de pain.

Après le fromage, le serveur enlève les morceaux de pain et les miettes de la table à l'aide d'un ramasse-miettes ou d'une serviette qu'il tient de la main gauche. Il ôte également salière et poivrière, puis il apporte l'entremets.

Dans un repas de cérémonie, le ou les serveurs ne quittent guère la pièce de réception, appréciant le moment favorable pour apporter chaque plat, en s'assurant que chacun a bien fini.

La maîtresse de maison peut également disposer d'une sonnette à ses pieds pour avertir de passer au service suivant ; mais il n'est pas courtois d'agiter une clochette devant ses invités et de rompre ainsi la conversation.

LES VINS

Le service du vin. Il est fait par le maître de maison ou, dans un repas d'apparat, par un serveur.

Dans le premier cas, les bouteilles sont posées débouchées sur la table, ou bien encore leur contenu est versé dans une carafe de cristal. La bouteille a été, si nécessaire, refroidie auparavant (vins blancs ou rosés) et n'a donc pas besoin d'être présentée dans un seau à glace. Le maître de maison prend la bouteille et verse juste un peu de vin dans son verre pour que s'y dépose le liquide qui était au contact du bouchon, puis il sert ses voisines et ensuite ses voisins - opération qui n'a pas de raison d'être si le vin est en carafon. La bouteille est saisie par le milieu, jamais par le goulot ni par le fond ; un léger mouvement de rotation avec le poignet évite de faire tomber une goutte sur la nappe. La bouteille est reposée sur la table – le panier à bouteille est réservé au restaurant.

S'il y a un serveur, celui-ci surveille le niveau du vin dans les verres et les remplit, par la droite, avant qu'ils ne soient tout à fait vides.

Lorsqu'il s'agit d'un grand cru, le serveur murmure à l'oreille de l'invité le cru servi et son millésime : « château-latour 1976 ».

Le vin se manipule avec douceur ; il doit être versé lentement, sans bruit, en tenant la bouteille près du verre ; le verre ne doit jamais être complètement rempli, de manière que le liquide puisse « s'épanouir ». Les grands vins vieillis, pour conserver tout leur goût, doivent être débouchés deux heures à l'avance, afin de s'aérer sans cependant s'éventer. Lorsqu'ils sont versés dans un carafon, on dit qu'ils sont décantés, c'est-à-dire que le dépôt reste, lui, dans la bouteille.

L'eau. Dans un repas de cérémonie, le verre à eau doit être rempli avant de se mettre à table.

LES VINS

Le chapitre des vins nécessiterait à lui seul un ouvrage entier. Le choix des vins, en France, signe le talent d'un maître de maison gastronome, et les vins rares, millésimés, constituent la manière la plus subtile d'honorer ses convives.

Autrefois, on accordait les vins à chacun des plats. Aujourd'hui, on tend de plus en plus à les réduire à deux, ou même encore à un seul, capable de s'harmoniser avec l'ensemble du repas : le vin nature de Champagne, le bordeaux sont par exemple des vins légers qui s'adaptent à des menus et des plats différents. Mais les grands gourmets préféreront sûrement un assortiment plus subtil.

L'usage est d'accompagner poisson et crustacés avec du vin blanc sec et servi très frais, les viandes avec du vin rouge (plus ou moins corsé selon le type de viande) et les desserts avec un vin doux. Mais il est permis au convive de refuser les mélanges, et le maître de maison peut lui proposer de s'en tenir à l'un ou à l'autre, tout au long du repas. Le vin rosé ne se sert généralement pas dans les grands dîners. Le champagne peut accompagner tout un repas.

Le vin blanc se sert très frais ou glacé, autour de 5 à 8 °C. Le vin rosé, frais également, entre 8 et 10 °C. Les vins rouges se servent à la température ambiante, entre 15 et 18 °C, c'est-à-dire « chambrés » au moins deux heures à l'avance (mais surtout pas tenus près d'un radiateur). Le champagne doit être « frappé » (rafraîchi dans la glace) et tenu dans un seau à glace, une serviette blanche disposée autour du col de la bouteille pour absorber les gouttes. Le sauternes (qui accompagne le foie gras, par exemple) doit être également frappé.

Quelques règles sont impératives pour le buveur de vin : il faut s'abstenir de boire du vin rouge avec les artichauts et avec les huîtres ; on ne boit pas de vin blanc liquoreux avec le gibier ; avec crudités et salades, il est préférable de boire de l'eau ; pour les œufs ne conviennent que de petits « vins de carafe ». On n'ajoute jamais de l'eau à de bons vins pas plus qu'on ne propose des glaçons. Enfin, certains plats peuvent se savourer avec de l'alcool : la vodka, servie dans sa bouteille d'origine, accompagnera agréablement le caviar et certains poissons fumés.

MENUS

Le menu choisi dépend du degré d'apparat et du service dont vous disposez. Si vous n'êtes pas aidée, vous devez choisir un menu simple qui ne nécessite pas que vous vous absentiez beaucoup en laissant vos invités seuls.

Menus simples. Ce menu comprend une entrée, un plat principal, un fromage et un dessert. L'entrée peut consister en crudités pour un déjeuner, potage pour un dîner (mais pas l'inverse). Pour simplifier le repas, un des plats, froid, – entrée ou plat principal – peut être préparé à l'avance. Mais, même si le repas est très improvisé, vos invités s'attendent à un menu soigné.

L'art gastronomique de notre temps est d'offrir des produits de saison, frais, de bonne qualité, accommodés simplement de façon à ne pas dénaturer le goût. Pour composer un menu, vous éviterez de proposer au cours d'un même repas deux féculents (pommes de terre en salade pour entrée et riz pour accompagner le plat principal) ou encore deux tartes (en entrée et au dessert). D'une manière générale, il faut éviter les plats trop épicés, l'ail, que certains n'aiment pas, les plats excentriques. Certains plats, dits familiaux, se prêtent particulièrement à des repas intimes : ragoûts, pot-au-feu, par exemple. On peut choisir également un plat unique régional ou exotique, paella ou couscous. Certaines dates de l'année, enfin, permettent de préparer des plats traditionnels, repas de crêpes pour la chandeleur ou galette des rois pour l'Épiphanie.

Un certain raffinement, même pour un repas simple, consiste à offrir plusieurs légumes en garniture du plat principal.

La maîtresse de maison, lorsque ses invités ont pris place, annonce par quelques mots quel sera le menu, ou quel sera le plat principal, afin que les invités choisissent selon leur appétit : « Vous avez tout simplement un rôti et une tarte au citron » ; mais elle ne s'étend pas sur le détail du menu, entrée et fromages.

Menus de cérémonie. Ce type de repas devrait comprendre, en principe, une entrée (chaude ou froide), un poisson, une viande avec ses légumes, de la salade, des fromages, un entremets. Il peut être également précédé par un consommé. En fait, aujourd'hui, on cherche de plus en plus, pour des raisons gastronomiques autant que diététiques, à alléger le menu et souvent, pour des repas un peu cérémonieux, on ne sert plus viande et poisson. Nos ancêtres appréciaient les services multiples, où les poissons précédaient les viandes et les volailles, elles-mêmes suivies de gibier et accompagnées de sauces ; il est vrai qu'on ne prenait qu'une bouchée de chaque plat et que de nombreux jours « maigres » étaient observés.

Pour être délicat, un menu doit être équilibré : une entrée trop épicée nuit à la suite du repas. Les plats en sauce sont moins appréciés qu'autrefois, on leur préfère des grillades ou des préparations à la vapeur. N'essayez pas un plat le jour même de votre réception, testez-le en famille auparavant. Après un repas un peu important, choisissez un dessert léger.

Demandez si possible à l'avance à vos invités s'ils ont un régime et essayez d'en tenir compte.

DES METS ET DES MAUX

Quelques plats réclament des convives une certaine adresse pour être dégustés sans accident. D'une manière générale, chaque fois que c'est possible, servez-vous de votre fourchette et ne touchez pas les aliments avec vos doigts. Un plat bien apprêté doit se déguster facilement. En cas d'hésitation, conformez-vous aux gestes de la maîtresse de maison.

Asperges. Bien préparées, elles doivent se couper à l'aide de la fourchette et se savourer jusqu'au bout ; mais, si elles sont un peu dures, on laisse au bord de l'assiette la partie non comestible. Dans les repas très intimes, on peut, à la rigueur, prendre l'asperge par le bout, avec les doigts, à condition que la maîtresse de maison donne l'exemple. On évite les mouvements d'assiette pour recueillir la sauce.

Coquillages, crustacés, marinades, caviar.
Les coquillages. La chair du coquillage, crue ou cuite, doit être détachée de la coquille avec une fourchette spéciale, le coquillage étant tenu de la main gauche. Il ne faut pas,

hormis dans un repas très intime, porter la coquille à la bouche (huîtres, moules, praires farcies...) pour en aspirer le jus ; la farce s'achève avec un peu de pain piqué au bout d'une fourchette. Les *moules marinières*, encore dans leurs coquilles, ne se servent que dans des repas intimes : on essaye de les détacher avec la fourchette, et la maîtresse de maison peut vous offrir une cuiller pour déguster la sauce ; au cours d'un grand dîner, les moules sont débarrassées de leur coquille et se mangent avec leur marinade, comme une soupe, avec une cuiller.

Le saumon fumé ou **en marinade.**   Il se coupe avec un couteau à poisson : ne faites pas de petits sandwiches à table, mais dégustez-le en l'accompagnant d'un peu de pain grillé.

Le caviar.   C'est un des mets les plus précieux qui soient et son service s'entoure d'un certain cérémonial. Il est présenté, frais mais non glacé, sur de la glace pilée et s'accompagne d'un pain spécial ; avec le bout du couteau, vous posez quelques grains sur une bouchée de pain ; il peut être également servi avec des blinis et de la crème, ceux-ci se dégustant alors à la fourchette.

Les crustacés.   Ils ne sont admis, dans les repas de cérémonie, que parfaitement préparés, c'est-à-dire la chair détachée de la carapace. Dans les repas moins protocolaires, votre couvert comprendra, à gauche, un casse-noix pour casser les pinces et un couteau spécial pour en extraire la chair ; vous êtes autorisé à saisir la pince de l'animal avec les doigts (homard, langouste, tourteau, crabe ou araignée), mais ne portez pas pince ou patte directement à la bouche, pour aspirer la chair avec des bruits de succion inesthétiques. Un rince-doigts, avec une rondelle de citron, sera posé à votre droite et vous y tremperez le bout des doigts.

Escargots.   Une pince à escargots, placée à côté de chaque couvert, permet d'immobiliser la coquille de la main gauche et d'extirper la chair et la farce avec une fourchette à escargots tenue dans la main droite ; les escargots, en raison de farces relevées, ne se servent pas dans un grand dîner ; dans un repas intime, la maîtresse de maison les présente dans des assiettes spéciales.

Foie gras. Présenté sur un lit de glace et sans autre garniture que quelques feuilles de salade, il est coupé auparavant en tranches avec un couteau réchauffé dans l'eau chaude pour faciliter l'opération ; il se mange avec la fourchette, sans beurre, et ne se « tartine » pas sur le pain. On le sert généralement avec un pain de mie grillé.

Fromages. « Un repas sans fromage, disait Brillat-Savarin, est une belle à qui il manque un œil. » Le plateau de fromages doit comprendre au moins trois variétés – la France en compte plus de quatre cents – ou alors être composé d'un seul fromage, une roue de brie, par exemple. Il n'est pas nécessaire que le fromage ait été entamé pour le présenter.

On se sert de fromage en le coupant dans le sens de sa forme, de manière à ne pas laisser trop de croûte au convive suivant : les fromages triangulaires se coupent en parts également triangulaires, selon une ligne oblique à partir de la pointe ; les fromages ronds (type camembert) se coupent en quartiers comme un gâteau ; les fromages carrés à pâte molle (type carrés de l'Est) se coupent soit en languette à partir du centre s'ils sont servis par moitié, soit en quartier à partir des angles s'ils sont servis en entier ; les fromages hauts se coupent transversalement ; les fromages en meules se coupent en portions triangulaires.

La croûte du fromage, hormis quelques croûtes très fines, garnies de poivre, d'herbe ou de noix, ne se mange pas ; elle est ôtée avec un couteau, en fixant le morceau avec un peu de pain tenu dans la main gauche (sans la racler), puis on en coupe de petits morceaux qu'on place sur le pain avec l'aide du couteau et qu'on porte à la bouche avec la main droite ; en France, le fromage ne se mange pas avec une fourchette, sauf, à l'extrême rigueur, le gruyère. On ne fait pas de tartine avec le fromage. Le couteau où est piqué le morceau de fromage ne se porte jamais à la bouche.

Fruits.
Noyau, peau, pépins : les fruits exigent une certaine préparation avant d'être savourés. Peler un fruit n'est pas toujours facile. Il faut utiliser les couverts à fruits, une

fourchette et un couteau. Dans un repas intime, on peut bien sûr se servir de ses doigts. Les fruits sont toujours lavés avant d'être présentés. Si l'on veut partager un fruit, on offre toujours la partie qui a conservé la queue, parce qu'elle est censée être plus grosse. Lorsque les fruits ont de petits noyaux (prunes, cerises...), ceux-ci sont crachés discrètement dans le creux de la main et posés sur le bord de l'assiette.

Abricots : ils ne se pèlent pas mais s'ouvrent en deux, à la main ou avec le couteau dont on s'aide pour sortir le noyau.

Ananas : il peut être servi coupé en larges rondelles ou, mieux, en longues tranches ou en quartiers dans le sens de la longueur ; le fruit est présenté dans sa peau, la chair détachée et prédécoupée en petites tranches.

Banane : elle se pèle à la main, à partir d'une entaille faite à la pointe avec le couteau, et se coupe à la fourchette en petits morceaux.

Cerises (et fruits à petits noyaux) : les noyaux sont crachés discrètement dans le creux de la main et posés sur le bord de l'assiette.

Figues : elles s'ouvrent en quatre et la lame de couteau permet de détacher la pulpe ; les morceaux se mangent au fur et à mesure qu'ils sont préparés.

Fraises et framboises : quelle que soit la présentation, elles sont lavées très délicatement et la queue en est ôtée.

Litchis : ils se pèlent en tenant le fruit dans la main gauche et à l'aide d'une fourchette dès que l'entaille est faite.

Mangues : la maîtresse de maison peut les préparer à l'avance en les coupant en deux et en ôtant le noyau ; le couteau se glisse entre la chair et la peau, et la chair est coupée en losanges ; le fruit est présenté dans sa peau.

Melon : il se sert plutôt en hors-d'œuvre, avec du sucre, du sel, du porto, et peut être présenté : soit en quartiers et il faut alors passer une lame de couteau entre la pulpe et la peau et se servir d'une fourchette ; soit par moitié et on utilise alors une petite cuiller.

Oranges : elles ne sont guère présentées qu'en salade de fruits, déjà pelées et coupées en petits quartiers. Sinon, la peau se retire à l'aide du couteau ; on évite de découper de trop longues lanières de peau.

Pamplemousse : les quartiers de pamplemousse doivent être soigneusement séparés de la peau avant d'être servis. Ils se dégustent avec une petite fourchette spéciale qui fait couteau-scie sur un côté ; mais on peut également les manger avec une petite cuiller.

Pêches : juteuses, elles ont tendance à glisser dans l'assiette, aussi la fourchette doit-elle solidement... fixer le fruit au moment de le peler, en gardant le contact avec l'assiette.

Pommes et poires : elles se coupent en quatre en tenant le fruit à la main ; puis la fourchette fixe et soulève le quartier tandis que le couteau dans la main droite permet d'en ôter la peau ; les pommes, moins juteuses que les poires, peuvent se peler tenues dans la main ; les quartiers se mangent au fur et à mesure de leur préparation.

Raisins : ils sont présentés en grappes de taille moyenne et au besoin déjà coupées (mais vous pouvez laisser la grappe entière si vous disposez de ciseaux à raisins). Les grains se mangent séparément, un par un. Les peaux et les pépins peuvent être crachés très discrètement dans le creux de la main.

Glaces. Elles se servent avec des cuillers spéciales, dont le bord tranchant fait office de couteau. Mais vous pouvez également les présenter avec un couteau et une cuiller. Selon le format, vous la coupez en tranches (glaces rectangulaires) ou en quartiers (carrées ou rondes). Glaces et sorbets sont servis accompagnés d'une carafe d'eau fraîche.

Légumes. Les légumes se coupent à la fourchette et non au couteau ; ils peuvent être piqués (fonds d'artichaut) ou être rassemblés dans la fourchette. Les *artichauts* ne se servent en entier que dans un repas intime : les feuilles se détachent et se mangent avec les doigts ; le foin est retiré en glissant une lame de couteau.

Œufs. Les œufs ne sont guère servis dans un grand dîner, sauf s'ils sont apprêtés, brouillés par exemple, de telle sorte qu'ils se dégustent aisément. L'œuf à la coque est un plat familial, qu'il convient de savoir manger élégamment. Il se présente dans une serviette pliée qui le maintient au chaud ;

placé dans un coquetier, l'œuf est décapité avec le bord de la petite cuiller ou avec des « ciseaux à œuf » et non avec le couteau ; l'œuf ne doit jamais être sorti de son coquetier, même pour en extraire le fond. L'œuf une fois terminé, la tradition veut que la coquille vide soit brisée pour qu'elle ne puisse rouler ou, selon la légende latine, pour éviter que quelque divinité malfaisante ne l'habite...

Pain. On le rompt en petits morceaux avec les doigts ; il ne faut y toucher que le potage fini ou l'entrée commencée. Il ne faut jamais ramasser les miettes et les mettre dans son assiette.

Pâtes. Ce plat, qui règne depuis le xvie siècle sur la cuisine italienne, doit pouvoir se manger en France sans exiger un tour d'adresse particulier ; sinon, mieux vaut les exclure d'un dîner de réception. Les spaghetti peuvent s'enrouler, à l'italienne, autour de la fourchette (sans l'aide d'une cuiller), mais il est admis, en France, de les couper à la fourchette.

Pâtisseries. Tartes et gâteaux sont découpés par la maîtresse de maison, à table, et présentés aux convives avec une pelle à tarte ou à gâteaux ; pour les charlottes, chacun se sert selon son appétit. Certains services comportent des fourchettes à gâteaux spéciales, mais des couverts à entremets font aussi l'affaire.

Poissons. Le poisson individuel doit être assez bien préparé pour que le convive myope ne se débatte pas avec les arêtes. La fourchette tenue dans la main gauche, on enlève les filets avec le couteau à poisson, en les faisant glisser à partir de l'arête centrale. Les filets dégustés, on retourne le poisson et on recommence l'opération de l'autre côté. Si une arête se glisse malencontreusement dans une bouchée, il faut la cracher discrètement dans la fourchette, mais ne pas chercher à l'extirper avec les doigts. Le poisson en papillote ne se sert que dans les repas intimes.

Poulet, volailles. On ne prend pas les os avec les doigts et on évite de s'acharner sur la carcasse.

Salade. Elle ne se coupe jamais avec le couteau mais avec la fourchette ; une salade bien préparée doit d'ailleurs se présenter en petites feuilles faciles à consommer (évitez de la couper avec des ciseaux) ; elle est placée dans des raviers spéciaux afin que le goût de la vinaigrette n'altère pas le goût des autres aliments. La salade assaisonnée se retourne ou « se fatigue », comme on dit dans le Midi, au dernier moment et, dans un dîner intime, elle se mélange sur la table même.

Sel, poivre. Ils ne se prennent pas avec les doigts ni avec la pointe du couteau, mais avec une petite cuiller disposée dans la salière ou la poivrière.

Soupe. Il ne faut pas confondre la soupe, le potage et le consommé. Autrefois, la **soupe** était la tranche de pain qu'on trempait dans le potage ; le mot se dit encore de certaines préparations, la soupe de poisson, la soupe à l'oignon. On utilise aujourd'hui plutôt le mot de **potage**, qui dérive de « pot » et signifiait au XVIIe siècle un plat de viande bouillie. Versé dans une soupière, le potage commence le repas familial ; on le déguste avec une cuiller à soupe. Dans les repas de réception, on lui préfère le **consommé**, chaud ou froid, servi dans une tasse à anses et qui se boit.

QUELQUES INCIDENTS

Toutes sortes d'incidents peuvent survenir au cours d'un repas. La première conduite à tenir, de la part des invités comme des maîtres de maison, est de les minimiser. Si vous trouvez un hôte indésirable dans une salade, ne le faites pas remarquer mais repoussez la feuille sur le coin de votre assiette – pas d'exclamation dégoûtée ! Ne faites pas davantage remarquer un verre ou un couvert sales, un cheveu dans un plat.

Si un plat est contre-indiqué pour votre régime, servez-vous peu et étalez (discrètement) ce peu dans votre assiette ; la maîtresse de maison, si elle s'en aperçoit, n'insistera pas.

Si vous renversez du vin sur la nappe ou sur vous, ne vous précipitez pas sur la salière sous prétexte que le sel absorbera la tache, excusez-vous et n'insistez pas ; si vous renversez quelque chose sur un voisin, faites de même : c'est à la maîtresse de maison de régler au mieux ces petits incidents en proposant un peu d'eau chaude ; vous aurez toujours la possibilité, le lendemain, d'envoyer des fleurs à la victime pour vous faire pardonner.

CAFÉ, DIGESTIFS

À la fin du repas, la maîtresse de maison donne le signal de se lever. Elle emmène ses invités au salon et elle leur propose un café ou une infusion. Le café n'est jamais servi à table ; il s'apporte sur un plateau ; la tasse est posée sur une soucoupe, la petite cuiller stabilisée sur la soucoupe – jamais dans la tasse. On n'utilise plus guère la pince à sucre ; mais, si vous ne désirez qu'une moitié de sucre, prenez le morceau entier, coupez-le

LES VERRES

cognac

porto

orangeade

vodka

liqueur

whisky

flûte

discrètement et laissez sur la soucoupe la moitié non utilisée.

Pour boire son café, il faut prendre tasse et soucoupe de la main gauche, puis porter la tasse à ses lèvres avec la main droite en gardant la soucoupe dans la main gauche. Il ne faut jamais laisser la petite cuiller dans la tasse mais la reposer sur la soucoupe.

Au milieu de la soirée, la maîtresse de maison propose un alcool ou une liqueur. Un plateau est préparé à l'avance, où sont disposés de petits verres spéciaux selon le type de digestifs, verres ballons pour les cognacs et armagnacs ; petits verres pour les eaux de vie blanches. Autrefois, les femmes ne se risquaient pas à accepter un verre d'alcool, mais ce n'est plus le cas aujourd'hui. N'oubliez donc pas de leur en offrir.

Les hommes qui voudraient fumer un cigare attendent le service des liqueurs pour en demander la permission à la maîtresse de maison.

Une ou deux heures plus tard, des jus de fruits sont apportés, qui donnent aux invités le signal de ne pas trop s'attarder.

LES PETITS REPAS

Le petit déjeuner. La diététique moderne a souligné l'importance du petit déjeuner et la France se met de plus en plus à l'heure des pays anglo-saxons pour faire de ce premier repas un bon point de départ de la journée.

La table du petit déjeuner doit être agréable à regarder et susciter l'appétit de votre famille ou de vos invités. La difficulté est de leur offrir une organisation qui se prête à des horaires variés. Si vous avez des hôtes à demeure, il est peu courtois d'imposer des horaires stricts et mieux vaut offrir un créneau de deux heures, où chacun se sert au fur et à mesure. Une table fonctionnelle doit prévoir une bouilloire destinée au thé ou au café, un grille-pain, une carafe d'eau et des verres, lait, céréales, beurre, confiture et fruits frais. Les serviettes de table sont posées dans un panier ou empilées si ce sont des serviettes en papier.

À la différence du café pris après le repas, il est permis de soulever sa tasse de petit déjeuner en laissant la soucoupe sur la table. La confiture se prend avec une cuiller et non avec le bout du couteau. Beurre et confiture sont déposés dans l'assiette avant d'être tartinés. On évite de laisser la cuiller de service dans le confiturier, on la dépose sur une soucoupe.

Vous attendez, pour lire votre journal, d'être seul. En quittant votre place, vous vous efforcez de ne pas laisser un napperon plein de taches et de miettes, peu appétissant pour le convive qui viendra s'installer à côté.

Le brunch. Ce repas du dimanche est un rite observé par la plupart des Américains et il se répand en France : il se situe entre le petit déjeuner et le déjeuner, autour de 11 heures ou midi ; il permet à ceux qui se lèvent tard de « sauter » le petit déjeuner sans crier famine et de bien attaquer un long après-midi. Repas souvent froid, il ne nécessite pas de service : les plats – jambon, charcuterie, poissons fumés, œufs, fromages, pains variés, beurre, pâtisseries, fruits – et les boissons sont posés sur la table ainsi que verres, assiettes et couverts. Les convives se servent eux-mêmes. Des couverts de service sont posés dans chaque plat.

Le goûter. C'est un moment important de la vie des enfants, entre le retour de l'école et l'heure de reprendre le travail. C'est également le moment où peuvent être invités d'autres enfants. La table est mise avec une nappe simple. Chaque enfant dispose d'une tasse avec sa soucoupe et d'une petite cuiller, ou bien d'un verre et d'une assiette avec un couteau, une cuiller à dessert et une fourchette.

Assiettes et gobelets en carton, serviettes de papier de toutes couleurs donnent un air de fête et facilitent la réception d'enfants en évitant les risques de casse.

Si des mères accompagnent leurs enfants, prévoyez pour elles, sur un plateau, thé, lait, citron ou jus de fruits et assiettes de gâteaux secs.

Le thé de dames. Ce moment de détente doit être préparé à l'avance, pour l'agrément des convives et de la maîtresse de maison. Le thé se sert au salon et non autour de la table de salle à manger, en veillant à ce qu'un meuble, guéridon ou table basse, permette aux invitées de poser tasse et assiette.

Vous préparerez, sur un plateau ou une table roulante, les tasses avec soucoupe et cuiller, mais non empilées, ainsi que le sucrier, le lait froid, une petite assiette avec quelques tranches de citron, le tout posé sur un joli napperon. Le thé se prépare au dernier moment – à l'anglaise, en ébouillantant la théière –, et vous proposerez à vos invitées, dans un raffinement supplémentaire, un thé de Chine ou de Ceylan. Vous devez prévoir également verres et carafe de jus de fruits.

Pour accompagner le thé, vous apporterez des toasts beurrés et déjà tartinés de confiture et (ou) une variété de cakes ou de gâteaux.

Au fur et à mesure que vos convives arriveront, vous les installerez confortablement ; vous leur présenterez la tasse de la main gauche, en tenant la théière de la main droite et en les servant ; puis vous leur passerez le sucre, proposerez lait ou citron. Cette première opération faite, vous placerez à côté de chacune une petite assiette avec une fourchette à gâteau (et éventuellement un couteau, mais il vaut mieux l'éviter pour ne pas créer d'équilibre instable), une petite serviette, puis vous offrirez les gâteaux qui auront été coupés en parts à l'avance. Vous n'oublierez pas, le temps passant, de resservir le thé et de repasser les gâteaux.

La convive, pour boire, soulève sa tasse et sa soucoupe. Elle prend l'assiette à gâteaux après avoir reposé sa tasse. Ne laissez pas votre cuiller à l'intérieur de la tasse, mais posez-la sur la soucoupe. N'étalez pas votre serviette sur vos genoux, mais tenez-la pliée discrètement. Ne calez pas l'assiette sur vos genoux, gardez-la dans une main et reposez-la après quelques bouchées. Ne tenez pas trop d'instruments en même temps !

L'apéritif. Destiné à ouvrir l'appétit, il constitue un moment important de la « soirée française ». Si vous recevez des invités à dîner, il aide à faire patienter en attendant les derniers arrivants. Ce rite était d'ailleurs déjà observé par les Romains, qui buvaient un vin sucré au miel avant le repas ; au Moyen Âge, on appréciait les vins aromatisés aux herbes et aux épices.

Vous pouvez également, en vacances ou en cas de relations assez intimes, vous contenter d'inviter pour l'apéritif (sans dîner qui suit) ; dans ce cas, ce « pot » doit prendre l'allure d'un petit buffet, simplement servi mais assez copieux : mini-quiches ou mini-pizzas (une grande quiche ou pizza que vous aurez coupée en petits carrés) passés au four un instant, biscuits salés, cacahuètes, corbeille de crudités accompagnées de sauces, dés de fromage, rondelles de saucisson. Vous pouvez également préparer de petits canapés avec des mélanges faciles à étaler, tarama, roquefort-crème, ou commander chez un traiteur un ou deux pains-surprises. Vous prévoirez des serviettes de papier. Si un dîner suit l'apéritif, vous simplifierez ces préparatifs, à moins que vous n'en fassiez – en cas de réception non formaliste   l'entrée. En ce cas, le dîner assis débutera sur le plat principal.

Les boissons doivent comprendre un éventail de rafraîchissements non alcoolisés, des liqueurs plus ou moins amères, du whisky, éventuellement du champagne frappé. Prévoir avec les verres un récipient avec des glaçons, des eaux plates et minérales, un tire-bouchon et un décapsuleur.

Le maître de maison ouvre le champagne avec discrétion, c'est-à-dire sans faire sauter le bouchon, en tenant la bouteille inclinée au-dessus d'une coupe à champagne et en faisant tourner le bouchon par petites pressions jusqu'à ce qu'il cède (bien froide, la bouteille s'ouvre plus aisément et le bouchon ne saute pas). Les coupes, ou les flûtes, qui conservent plus longtemps au vin son pétillement, ne se remplissent qu'aux trois quarts.

Les jus de fruits se servent dans de grands verres, les liqueurs et les vins chauds dans des verres plus petits. Le pastis est allongé avec de l'eau à laquelle on rajoute des glaçons, tandis que le whisky se sert, selon le goût de chacun, sur des glaçons, « on the rocks ». Vous pouvez également prévoir des boissons exotiques – punch dans un verre à punch ou sangria dans un verre à vin.

Quant aux cocktails, d'origine anglo-américaine pour certains ou française pour d'autres – le « coquetel » daterait du xviiie siècle –, seuls ceux qui ont quelque talent ou quelque expérience se risqueront à proposer des mélanges imprévus :

la préparation se fait alors selon certains rites, dans un shaker et en respectant un dosage minutieux.

Le vin peut également constituer un excellent apéritif, mais seulement en cas de repas intimes ; vous offrez le vin qui sera servi au cours du repas, ce qui permet d'éviter les mélanges.

MÉMENTO POUR UN COCKTAIL

Un cocktail se prépare longtemps à l'avance. Vous devez consulter trois semaines au moins avant la date voulue un traiteur qui vous proposera un devis, calculé sur un nombre approximatif d'invités. Trois ou quatre jours avant la réception, vous lui confirmerez et préciserez, en fonction des réponses reçues, le nombre d'invités attendus. On compte généralement un tiers de réponses négatives et deux tiers de réponses positives, pourcentage qui est également valable en cas de non-réponse. Mais, selon la période de l'année, ce pourcentage peut changer : il y a beaucoup plus de réceptions en mai et en juin qu'en janvier, et il faut donc prévoir davantage de défections.

Pour un cocktail d'adultes, d'une durée de deux heures, et pour trois cents personnes, vous pouvez prévoir :

600 pains briochés et fourrés ;
900 canapés divers ;
quelques pièces décoratives (pains-boules ou pains-surprises) ;
600 pièces chaudes à faire passer par des maîtres d'hôtel ;
1 200 pièces sucrées (fours, tartelettes, fruits déguisés...) ;
25 litres d'orangeade et 5 litres de jus de pamplemousse ;

100 bouteilles de champagne ;
18 bouteilles de whisky ;
24 magnums de Perrier ;
12 bouteilles d'eau minérale.

Vous devrez également prévoir la location de matériel, 8 maîtres d'hôtel, un vestiaire, une décoration florale. Au-delà du temps prévu par le traiteur, le personnel maintenu sur place est payé en heure supplémentaire. Le traiteur apporte à la demande nappes, plats et assiettes divers, verres, seaux à glace, couverts... Vous pouvez compléter vos services d'assiettes par le matériel du traiteur. Il vous incombe de rembourser pertes et casse.

Pour un cocktail de cent personnes, prévoyez :

400 canapés ;
300 sandwiches ;
2 pains-surprises ;
100 petits pains-navettes ;
200 petites pièces chaudes ;
5 kilos de petits-fours sucrés ;
10 litres d'orangeade ;
5 litres de grape fruit (pamplemousse) ;
20 magnums de Perrier ;
20 bouteilles de champagne ;
7 bouteilles de whisky.

Pour le service, un maître d'hôtel responsable, un serveur et une personne à la cuisine.

LES BUFFETS

Il y a bien des manières de recevoir autres que le repas assis. Le buffet permet d'inviter beaucoup plus de monde, et d'une façon moins protocolaire. On peut également panacher buffet et repas traditionnel : les invités sont assis autour de petites tables, mais les plats sont dressés sur le buffet et chacun vient se servir ; ou encore, les invités se déplacent jusqu'au buffet pour l'entrée et le dessert, mais le plat principal, chaud, leur est apporté à leur table par des serveurs, qui s'occupent également de changer les assiettes. Toutes sortes de formules sont possibles, en fonction du nombre d'invités.

Où dresser le buffet ? Il doit être placé à un endroit facile d'accès, parallèle à un mur, si possible non loin d'une porte qui mène à la cuisine, et en tout cas avec un accès à une pièce où les plateaux de petits-fours et le matériel sont entreposés.

La longueur du buffet se calcule en fonction du nombre d'invités (voici un ordre de grandeur : 16 mètres de buffet pour 300 personnes, 6 mètres pour 100 personnes) ; mais on peut préférer, selon la disposition des lieux, deux buffets plus petits.

Le traiteur. On fait appel généralement à un traiteur pour composer les divers assortiments de petits-fours et de canapés et pour prévoir les boissons. Le traiteur fournit le personnel de maîtres d'hôtel ou serveurs (pour 300 personnes, il faut compter 7 personnes pour servir et 1 personne supplémentaire chargée de l'office) et, si besoin est, le personnel du vestiaire (très souvent, en ville, le gardien ou la gardienne de l'immeuble se charge du vestiaire moyennant une rémunération prévue à l'avance). Il faut prévoir au moins deux heures pour l'installation du buffet et une heure pour les rangements. Le traiteur peut se charger également de la décoration florale.

Le nombre de petits-fours sucrés et salés se calcule en fonction de la durée de la réception – cocktail de 18 à 20 heures ou cocktail dînatoire de 18 à 22 heures –, de l'âge des invités et bien sûr des moyens financiers de chacun. Un cocktail simple d'une durée de deux heures doit prévoir une douzaine de pièces par personne (selon une proportion qui ne varie guère, de 2/3 salé et 1/3 sucré).

Un buffet dînatoire admet beaucoup plus de variété (compter environ 18 pièces) : paniers garnis de légumes crus et effilés (carotte, radis, céleri, chou-fleur...), présentoirs où sont dressés des cubes de viande et de jambon qu'on saisit avec des petits bâtonnets. Les serveurs peuvent passer dans la salle de réception avec des plateaux garnis de petits-fours chauds, évitant ainsi les mouvements de cohue vers le buffet. Quant aux boissons, elles comprennent jus de fruits, alcools et champagne, selon les budgets de chacun et l'âge des invités. Généralement, elles sont facturées « selon consommation » par le traiteur, qui remporte les bouteilles non ouvertes. Beaucoup de traiteurs, d'hôtels ou de restaurants, qui fournissent en même temps qu'une salle le repas et les serveurs, prélèvent le « droit de bouchon » lorsque le champagne est livré par d'autres fournisseurs ou par le client lui-même : ce droit de bouchon est calculé en fonction du nombre de bouteilles ouvertes.

La maîtresse de maison peut également recevoir chez elle et, dans ce cas, réaliser une partie des préparatifs elle-même pour alléger le coût de la réception : dans le cas d'un buffet dînatoire, elle prévoira des plats de viande froide, des salades mélangées, des gâteaux, qui compléteront les canapés et les petits-fours. Prévoir, dans ce cas, assiettes et couverts, tables et chaises en nombre suffisant pour que les invités puissent s'installer confortablement. Si cela s'avère impossible, faute de place, recourir aux mêmes présentations que celles des traiteurs, qui sont destinées à être dégustées debout, sans couverts.

La maîtresse de maison veillera elle-même à la décoration florale de son appartement, mettra bien en évidence les fleurs, qui lui ont été offertes et prévoira de nombreux cendriers répartis sur les meubles.

Les invités se servent eux-mêmes ; la politesse veut qu'ils ne se ruent pas sur le buffet. Pour éviter que celui-ci soit dévasté en un instant, les maîtres d'hôtel, qui ont une grande expérience des réceptions, approvisionnent le buffet d'heure en heure de manière à le « faire durer » – en prévoyant quelques arrivées tardives. Une belle soirée est une soirée au buffet abondant, les réserves non utilisées feront toujours le bonheur de quelqu'un de votre entourage le lendemain.

Dîner-bridge, dîner-théâtre. Ces soirées impliquent des formules spécifiques puisqu'elles ne sont pas centrées autour du repas. Pour un dîner-bridge, des apéritifs – plateaux de canapés – et des boissons seront passés aux tables de jeu, entre les parties, et un repas léger – plat unique froid ou facile à réchauffer – sera servi au milieu ou à la fin de la soirée. Le dîner qui suit une soirée théâtrale doit également être léger : un consommé froid, un plat de saumon fumé et une coupe de champagne combleront les invités sans les alourdir. C'est à la maîtresse de maison d'avoir assez d'imagination pour innover et préparer un repas agréable qui ne demande pas de préparation de dernière minute et des absences répétées à la cuisine.

RECEVOIR ET ÊTRE REÇU

Il y a bien des occasions de recevoir : déjeuner, dîner, cocktail, thé, etc., et chacune a ses conventions. Il n'est pas interdit d'innover, à condition de rester dans le bon goût, c'est-à-dire de prendre en considération la qualité, l'âge, le mode de vie de ceux que vous accueillez : on ne reçoit pas de la même manière un camarade de régiment et un supérieur hiérarchique. L'aisance, qui est l'assimilation de beaucoup de petites règles, consiste d'abord à mettre à l'aise les autres. Trop de prévenance ou de marques d'honneur accable ; mais trop de familiarité ou pas assez d'égards blessent également.

Le rôle de maître de maison est toujours un peu ingrat : il consiste à veiller à ce que les invités ne manquent de rien et se plaisent dans la compagnie de leurs voisins ; ses interventions doivent se faire discrètes. Le rôle de l'invité consiste, lui, à participer, à donner de soi : le fait d'avoir accepté l'invitation impose des devoirs, tels que parler, écouter et, bien sûr, remercier ; on attend de l'invité une certaine « présence ».

LES INVITATIONS

Repas, cocktails, petites ou grandes réceptions : il faut d'abord savoir inviter. On distinguait autrefois les repas intimes et les repas « priés » : les invitations pour les premiers se faisaient par téléphone ou de vive voix quelques jours à l'avance pour les seconds, un carton officiel « priait » les invités à déjeuner ou à dîner. Aujourd'hui, la distinction n'est plus si nette, mais la manière d'inviter dépend toujours du degré d'apparat souhaité et des rapports entre les hôtes et leurs invités.

La carte de visite. Si l'on veut entourer sa réception de solennité, les invitations se font par écrit sur une carte de visite ou sur un bristol imprimé, envoyé entre dix jours et trois semaines à l'avance. Le libellé de l'invitation doit contenir la date, l'heure, l'adresse, éventuellement la tenue. À chacun selon son style : on peut se contenter de donner ces renseignements sans phrase, ou ajouter quelques mots plus personnels. Voici quelques exemples d'invitation sur carte de visite, rédigée à la main :

M. et Mme GRANGER

Dîner le mercredi 10 janvier, à 20 h 30

(ou cocktail le mercredi 10 janvier, 19 heures)

R.S.V.P. adresse

ou

M. et Mme Granger

Chers amis, vous nous feriez plaisir
en venant dîner en toute simplicité,

le mercredi 10 janvier, à 20 h 30.

Vous rencontrerez les....

Le bristol imprimé. Il se pratique pour les grandes réceptions, repas ou cocktails, et doit donner toutes les informations nécessaires, jour, heure, adresse de la réception. Lorsque les maîtres de maison reçoivent souvent, par exemple pour des raisons professionnelles, ces cartons sont imprimés à l'avance, et la date, en blanc, est rajoutée à la main en même temps que le nom de l'invité. Voici quelques exemples de cartons imprimés :

Monsieur et Madame Granger

recevront le 10 janvier 1990

dans les salons de la Fondation....
place des Victoires

de 18 à 22 heures

R.S.V.P.   adresse

---

ou

MONSIEUR ET MADAME GRANGER

vous prient de bien vouloir assister
au cocktail qu'ils donneront le mercredi 10 janvier
dans les salons de la Fondation....

19 heures

R.S.V.P.   *adresse*

Voici un exemple de carton imprimé à l'avance :

Monsieur et Madame Granger

prient M. . . . .

à dîner le . . . .

Smoking   *R.S.V.P.*
20 h 30   *adresse*

(ou prient M.... de leur faire l'honneur d'assister au dîner qu'ils donneront le...).

ou

Alain et Claire DES PINS

seront heureux de vous accueillir
le lundi 12 mai, à 20 heures 30

au restaurant Les Trois Etoiles,
16, rue de Longchamp, Paris 16e

tenue veston

La lettre. L'invitation écrite a encore sa raison d'être si vous n'arrivez pas à joindre vos convives par téléphone ou si, simplement, vous êtes plus à l'aise épistolairement, à condition de vous y prendre assez à l'avance. Soyez simple dans votre formulation :

« Cher Alain, j'ai les des Pins et Isabelle Granger à dîner, très simplement, le 24 juin. Seriez-vous libre pour vous joindre à nous (20 h 30) ? Je suis très peu chez moi ces temps-ci. Laissez-moi un message sur mon répondeur ou écrivez-moi trois lignes. Amitiés. »

ou

« Chère Isabelle, impossible de te joindre par téléphone. Peut-être es-tu en voyage. Je reçois à dîner les Despins et Alain Dupont le 24 juin (vers 20 h 30) et j'aimerais beaucoup que tu puisses venir. Donne-moi un petit coup de téléphone ou laisse un message à ma secrétaire. Affectueusement. »

Les invitations orales. En fait, la plupart du temps, sauf lors des grandes réceptions, les invitations se font oralement, par téléphone. Si vous organisez un dîner destiné à faire se rencontrer plusieurs amis, vous devrez vous y prendre assez longtemps à l'avance, une quinzaine ou une vingtaine de jours par exemple, pour vous assurer que vos invités seront disponibles et composer votre table en conséquence. En ce cas, vous adresserez dans les jours qui suivent votre appel téléphonique une carte de visite dite « pour mémoire », destinée à confirmer l'invitation, à spécifier l'heure et éventuellement la tenue : on écrit alors « pour mémoire » sur le haut de la carte de visite et on ne fait pas figurer la mention R.S.V.P., puisque l'invité a donné son accord verbalement.

Quand il s'agit d'un repas intime, un simple coup de téléphone quelques jours à l'avance suffit pour réunir des amis. Il est toujours souhaitable, lorsque l'invitation se fait verbalement, d'indiquer les noms des autres personnes invitées et le degré d'apparat que vous donnerez au repas pour faciliter au convive à la fois sa réponse et le choix de sa tenue : « Nous souhaiterions vous avoir à dîner le 24 juin avec les Despins. Seriez-vous libres ? Ce sera naturellement en toute simplicité. »

Les invitations de dernière minute, quelle qu'en soit la raison, sont délicates à formuler. Lorsqu'il s'agit de combler une défection, vous vous adresserez à un(e) ami(e) assez intime pour lui expliquer la situation avec franchise : « Peux-tu me rendre le service de venir dîner demain ? Je voulais faire se rencontrer les des Pins, les Granger et les Dupont, et M. Dupont est cloué au lit par la grippe. » On peut également, s'il s'agit d'un repas peu nombreux et peu formaliste, dire qu'il a été organisé à l'improviste : « Ne m'en veuillez pas de vous téléphoner si tard ; j'improvise un petit dîner après-demain avec les des Pins. Seriez-vous libres ? » Ne vous lancez pas dans des mensonges compliqués difficiles à maintenir : la vérité est toujours moins offensante que la gêne de celui qui s'embourbe dans des histoires.

LA RÉPONSE

Le premier devoir de l'invité est de répondre dans les délais les plus brefs. Cette règle ne souffre aucune dérogation, sous peine, pour l'invité, d'être considéré comme quelqu'un de mal élevé. Une invitation écrite demande une réponse écrite. Le « pour mémoire » ne demande pas d'autre réponse puisque vous avez confirmé votre présence oralement, mais vous pouvez toujours écrire un petit mot de remerciements.

Voici quelques exemples de remerciements, qui sont adressés à la seule maîtresse de maison et rédigés à la troisième personne :

M. et Mme DUPONT

*remercient Madame Granger de son aimable invitation
à laquelle ils se rendront avec joie*

ou

*remercient Madame Granger de son aimable invitation
à laquelle ils sont désolés de ne pouvoir se rendre,
en raison d'engagement déjà pris pour ce jour-là.*

Vous pouvez ajouter une formule d'amitié, comme « ils la prient d'accepter toutes leurs amicales pensées ».

Vous pouvez aussi écrire un mot à la première personne, soit sur un carton de correspondance, soit sur votre carte de visite, en barrant Monsieur et Madame :

Chère Claire
C'est vraiment gentil d'avoir pensé à nous. Nous serons ravis de venir le 24 et de retrouver les des Pins. Jacques se joint à moi pour te dire toutes nos amitiés

ou

La perspective de ce dîner me réjouit au point que j'en oublie les corvées qui m'attendent cette semaine. Mais, la prochaine fois, vous viendrez à la maison ! Encore merci et au 24.

Lorsqu'on est invité par téléphone, celui qui organise le repas attend une réponse immédiate ; mais vous êtes en droit de demander un délai de réflexion, pour vérifier un emploi du temps, consulter votre époux ou vous assurer que vous trouverez quelqu'un pour garder vos enfants. Il suffit alors de dire : « Je vous remercie infiniment d'avoir pensé à nous ; il faut que je demande à mon mari s'il n'a pris aucun engagement pour le 24 juin et je vous rappelle aussitôt. »

En cas de refus, une raison valable doit être avancée, au besoin en inventant même un pieux mensonge. Mais, dans tous les cas, vous devez rappeler votre hôte dans les vingt-quatre heures. C'est seulement s'il s'agit de solides et vieilles amitiés que vous pouvez demander un délai de réflexion plus long.

Un empêchement de dernière minute peut toujours survenir. Téléphonez aussitôt à la maîtresse de maison pour le lui expliquer et lui présenter vos excuses. Comme vous l'embarrassez certainement pour la composition de sa table, efforcez-vous de réduire ces défections.

QUI INVITER ?

Savoir choisir ses invités est un art dont dépend la réussite de votre réception. Vous veillerez aux affinités de goût, de caractère, d'intérêts et de vie professionnelle entre vos convives et vous éviterez les incompatibilités politiques ou psychologiques : on n'invite pas ensemble des ex-conjoints qui ne se parlent plus ni des ex-amis brouillés ! Cependant, si deux personnes brouillées se rencontrent, elles doivent se tendre la main et prendre sur elles de donner l'apparence de la correction.

Efforcez-vous, pour une réception qui n'a pas de caractère professionnel, de mêler les activités, d'associer des gens qui se connaissent avec des éléments nouveaux ou qui se connaissent moins, des célibataires avec des couples. La variété, la différence, l'attrait de la curiosité donnent un intérêt supplémentaire à la réception, à condition toujours de ne pas heurter les goûts ni les convictions. Si vous invitez une personne à caractère ombrageux ou une personne dans une situation difficile, il est judicieux de prévenir vos amis à l'avance : « J'ai demandé aux des Pins de se joindre à nous. Alain risque de perdre son travail. Nous ne parlerons pas trop affaires. »

La réception est aussi l'occasion de « rendre des politesses ». L'usage veut qu'on réinvite celui qui vous a invité ; cet usage, autrefois strict, donnait même le délai de deux mois pour rendre la politesse ; en fait, cette réciprocité n'est plus automatique, elle souffre même bien des exceptions lorsque l'invité – un célibataire par exemple – ne dispose pas de moyens de recevoir ; celui-ci, dans ce cas, enverra des fleurs avant la réception.

Une maîtresse de maison bien organisée et qui reçoit souvent prend la précaution de noter sur un carnet le nom des gens qu'elle a conviés ensemble, la date de la réception, et même le menu qu'elle a offert, afin d'éviter les répétitions.

Il n'y a pas de chiffre d'invités idéal. Il faut seulement savoir que, plus les convives sont nombreux, plus la maîtresse de maison aura de peine à veiller sur chacun. Un repas assis ne doit pas ressembler à un banquet et, au-delà de 14 ou

16 convives, mieux vaut prévoir deux tables ; on dit généralement que le chiffre le plus propice à la conversation est de 8 personnes. Les tables rondes ou ovales donnent un caractère plus chaleureux que les tables rectangulaires, et facilitent le problème des préséances en évitant les « bouts de table ».

Une règle impérieuse et ancienne demande de ne pas asseoir treize personnes à la même table, car certains convives peuvent être superstitieux ; il faut donc, lorsque le repas compte quatorze invités, se méfier d'une défection de dernière minute et prévoir un invité supplémentaire parmi les intimes – au besoin même, un enfant de la maison fera l'affaire ! Autrefois, le nombre d'invités masculins et féminins devait être équilibré ; la règle est beaucoup plus souple aujourd'hui : il faut seulement éviter une trop grande disproportion.

LES PRÉSENTATIONS

L'arrivée. Lorsque les invités arrivent, ils sont introduits dans le salon après avoir été débarrassés de leurs vêtements encombrants et, à moins d'avoir été accueillis par la maîtresse de maison elle-même, ils se dirigent aussitôt vers elle pour la saluer. Dans un cocktail, on n'entre jamais vêtu de son manteau ou de son imperméable, ce qui aurait l'air de signifier : « je ne fais que passer » ; si on est obligé d'écourter sa visite, on peut à la rigueur garder son manteau sur le bras ; cette règle souffre quelques dérogations pour les femmes, dont les manteaux sont souvent des tenues habillées.

La maîtresse de maison, si elle est assise dans un cercle, se lève toujours pour accueillir un invité ; mais elle reste assise dans son fauteuil si elle est une très vieille dame. Le maître de maison, lui, s'avance vers l'arrivant – il s'incline devant une dame –, puis il fait asseoir le nouveau venu dans le cercle déjà formé. Si les invités ne se connaissent pas, on entame les présentations : les hommes se lèvent devant les dames. Dans un cocktail, le maître ou la maîtresse de maison accompagne le nouveau venu vers des petits groupes d'invités puis, après l'avoir présenté, le laisse dans un cercle avec lequel il aura des sujets de conversation, pour revenir près de l'entrée ou à son siège.

Quelques règles simples doivent être respectées, qu'il s'agisse de présentations dans un salon ou ailleurs. Il faut toujours présenter l'homme à la femme, la personne la plus jeune à la plus âgée, la personne la moins importante au personnage le plus considérable. La personne la plus âgée ou la plus importante tend la main la première.

Les règles générales de la présentation. La personne qui mérite le plus de respect aura son identité déclinée en dernier et la personne la moins importante sera présentée en premier (ainsi la plus importante connaîtra les noms des personnes présentes avant d'être elle-même présentée). Celui qui présente connaît les personnes en présence et évalue en quelque sorte leur place dans la hiérarchie sociale (qui, faut-il le dire, n'a rien à voir avec la valeur !).

Ce principe admet cependant certaines exceptions : ainsi, un homme est généralement présenté à une femme, mais, si l'homme est âgé et la femme une jeune fille, la priorité sera inversée. L'étiquette officielle a par ailleurs ses propres lois. Quand il s'agit de présenter un couple à un autre couple, les mêmes règles jouent, en tenant compte de chacune des deux personnalités : les plus jeunes seront présentés aux plus âgés, les moins importants aux plus importants.

La formule de présentation doit être simple : on énonce distinctement le nom de la personne présentée, au besoin en apportant quelques précisions qui permettent de mieux la situer : « Puis-je vous présenter (ou « Permettez-moi de vous présenter... ») monsieur Granger (ou « Marc Granger », s'il est encore jeune), qui est expert en assurances. » Puis on décline le nom de la personne à qui l'on présente : « maître des Pins », et on précise : « ... qui est depuis toujours notre notaire de famille. »

D'autres formules sont possibles, comme : « Je ne sais pas si vous connaissez Marc Granger, permettez-moi de vous le présenter. » Lorsqu'il s'agit d'un couple, on présente l'homme puis la femme : « monsieur et madame Alain des Pins ». Les présentations peuvent se faire encore plus simplement, en particulier dans le cas de relations professionnelles : « Marc Granger, Alain des Pins ».

À partir d'un certain âge (la quarantaine), la femme célibataire doit être appelée « madame ».

Une jeune fille qui présente un ami à un membre de sa famille utilise la première personne : « Grand-père, je te présente Alain des Pins. »

Un homme qui veut présenter un ami à son épouse dira : « Mon cher Marc, je voudrais vous présenter à ma femme. Claire, je t'ai souvent parlé de mon ami Marc Granger. »

Les autoprésentations. S'il n'y a personne pour faire les présentations, il est tout à fait admis de se présenter soi-même, sous certaines conditions ; on articule alors clairement son prénom et son nom : « Alain des Pins » ou, plus cérémonieux, « Permettez-moi de me présenter, Alain des Pins. » Puis le vis-à-vis fait de même. Un homme ne dit jamais de lui : « monsieur des Pins », mais son prénom et son nom ou seulement son nom. Il ne donne pas son titre (il ne dira pas : « comte Alain des Pins »), et sa particule est toujours précédée de son prénom : « Guillaume de Ferrière » sinon, plus simplement, « Ferrière ».

Les femmes, autrefois, ne se présentaient pas elles-mêmes, mais, depuis qu'elles mènent une vie professionnelle, elles le font comme les hommes, avec quelques nuances : une femme mariée se présente : « madame Granger » ; une femme célibataire ne dit jamais « mademoiselle » mais son prénom et son nom : « Isabelle Granger ». Elle peut aussi énoncer son titre : « comtesse des Pins », mais une certaine simplicité est aujourd'hui préférable, et elle se contentera de son nom.

Se présenter soi-même est toujours un peu forcer l'intimité de quelqu'un ; aussi, avant de vous présenter à quelqu'un de plus important ou de plus âgé que vous-même, vérifiez que vous n'importunerez pas votre interlocuteur, qu'il est disponible et qu'il a bien envie de vous connaître !

On peut également demander à un tiers de faire les présentations : « Cher Alain, auriez-vous l'obligeance de me présenter à la comtesse des Pins », ou, si les rapports de préséance sont inverses : « Présentez-moi Marc Granger. »

Les titres. Les titres nobiliaires doivent être donnés par celui qui présente : on présente monsieur Granger à la comtesse des Pins. Le titre nobiliaire n'est jamais précédé de « monsieur » ou de « madame », sauf pour les ducs : « monsieur le duc des Pins ». Si l'homme présenté n'est pas le chef de famille ou le chef de la branche, il doit être présenté avec son prénom : « le comte Alain des Pins » ; mais, s'il est le chef de la branche, le nom seul suffit : « le comte des Pins ». De même, le nom de l'épouse est précédé du prénom de son mari si celui-ci n'est pas le chef de la famille ; on dira, selon le cas : « la comtesse Alain des Pins » ou « la comtesse des Pins ».

Dans une réception moins formaliste, dîner intime, lieu public, vie professionnelle, les titres peuvent être omis. C'est affaire de tact. Un grade se donne toujours : « colonel des Pins, madame Marc Granger ».

Un homme de robe, un avocat, un avoué, un notaire sont présentés par le titre de « maître ». Un professeur de médecine, un professeur de l'enseignement supérieur sont nommés par le titre de professeur (on omet le « monsieur ») : « le professeur Marchal » ; un médecin ou un professeur de l'enseignement secondaire est en revanche appelé « monsieur », quitte à préciser ses activités dans la phrase qui suit : « monsieur Granger ; il est médecin des hôpitaux. »

Un prêtre doit être présenté : « monsieur l'abbé ou monsieur le curé Granger ».

Une femme n'a droit à la désignation du titre de son mari qu'en deux circonstances : si elle est l'épouse d'un maréchal (le maréchalat est une dignité et non un grade) ou l'épouse d'un ambassadeur. On dit « madame la maréchale, madame l'ambassadrice ». Il arrive que, en parlant de la femme de certains magistrats ou officiers, l'on féminise le titre de leur mari (la préfète, la sous-préfète, la générale), mais c'est seulement dans le style familier. Ces mots ne sont pas utilisés dans le langage officiel.

La règle impérieuse du savoir-vivre dans le domaine des présentations est de ne pas froisser les susceptibilités ; certaines personnes tiennent beaucoup à leur titre, il faut donc le leur donner en les présentant. D'autres au contraire préfèrent la discrétion. On saura toujours gré à celui qui se présente lui-même de demeurer simple.

COMMENT SALUER ?

Comment appeler les personnes à qui on est présenté ?

L'usage est de dire simplement monsieur, madame ou mademoiselle, sans jamais ajouter le patronyme : « bonjour, monsieur » et non pas « bonjour, monsieur Dupin ». Il ne faut jamais non plus appeler quelqu'un par son titre nobiliaire, sauf s'il s'agit d'un duc et d'une duchesse, qui ont droit au titre de « monsieur le duc », « madame la duchesse ».

Une femme appelle un officier « monsieur », jusqu'au grade de capitaine ; ensuite elle dit « commandant », « colonel », « général ». Un homme à un officier supérieur (au-delà du grade de capitaine) en disant « mon colonel », « mon général », sauf s'il occupe lui-même une fonction supérieure.

À un amiral, hommes et femmes disent « amiral ». Un maréchal est appelé « monsieur le maréchal ».

Quand on mentionne un patronyme avec une particule, la particule ne doit jamais être énoncée sans le prénom ; il faut dire : « Connaissez-vous les Ferrière ? », « Connaissez-vous Ferrière ? » ou « Connaissez-vous Jacques de Ferrière ? », mais jamais « Connaissez-vous les de Ferrière ? » Cette règle souffre une exception lorsque le patronyme ne comporte qu'une syllabe – il faut dire « les du Pin », « les de Gaulle » (et non « les Pin » ou « les Gaulle ») – ou lorsque la particule est « du » ou « des » : « les des Ormeaux » (et non « les Ormeaux »).

Une femme de plus de vingt ans reste assise lorsqu'un homme lui est présenté, sauf s'il s'agit d'un ecclésiastique ou d'une personnalité protocolairement très haut placée. Elle se lève devant une très vieille dame. Un homme se lève toujours devant un homme et une femme, sauf s'il est lui-même très âgé.

Devant une femme, l'homme utilise la formule classique : « mes hommages, madame ». Devant une jeune fille, il se contentera de dire : « bonjour, mademoiselle », sans faire suivre ni le nom ni le prénom ; la formule traditionnelle « Je vous présente mes respects, mademoiselle » est un peu désuète. À un autre homme, il dira : « bonjour, monsieur » ou, s'il le connaît un peu : « bonjour, cher ami ».

L'interlocuteur ne répond jamais : « enchanté ». S'il tient

à manifester son plaisir, il formule une phrase entière : « Je suis heureux (ou « honoré ») de faire votre connaissance. »

C'est à la personne à qui l'on est présenté de tendre la main la première, et il faut toujours attendre qu'elle ait amorcé le geste pour serrer ou baiser la main. Les personnes présentées peuvent incliner légèrement le buste ou se sourire, en guise de salut.

On ne doit pas échanger de cartes de visite immédiatement – sauf en cas de réunions professionnelles ; mais il est permis, après quelques instants de conversation, de sortir son agenda et de noter nom et adresse. Un homme, en principe, ne remet pas sa carte de visite à une femme, sauf en cas d'échange professionnel.

Le baise-main. Cet usage remonte au Moyen Âge, où l'on baisait la main du seigneur, et fait partie des vieilles traditions françaises. Désuet aux yeux de certains, il continue pour d'autres à être le signe d'une courtoisie raffinée, mélange subtil de galanterie, de délicatesse et d'hommage. Du moins le geste doit-il être bien exécuté, et à propos : l'homme prend la main que la femme lui tend par le bout des doigts et, en s'inclinant légèrement, il en effleure le dos, à la naissance du poignet, sans la toucher réellement. Il ne la soulève pas brusquement pour la porter à ses lèvres et ne l'embrasse pas bruyamment ; la femme garde la main assez souple pour se prêter au rituel. Le baise-main peut être appris dès l'enfance aux petits garçons.

Le baise-main ne se pratique jamais dans la rue ni dans un lieu public – mais seulement dans un intérieur. Il est admis de baiser la main de la maîtresse de maison, seulement, ou de toutes les femmes présentes dans le salon si elles ne sont pas très nombreuses. On ne baise pas la main d'une jeune fille. On ne baise pas une main gantée, et de plus en plus souvent une inclination sur la main remplace le baise-main.

La poignée de main doit être franche et nette, ni trop forte, ni trop molle, ni trop longue.

Les hommes ne gardent jamais leurs gants, mais la femme peut rester gantée, sauf lors d'un déjeuner ou d'un dîner.

COMMENT PLACER À TABLE

L'épreuve est redoutable pour une maîtresse de maison, qui doit veiller à ne froisser aucune susceptibilité.

Les invités d'honneur sont placés à droite du maître et de la maîtresse de maison. Un plan de table, dans les grands dîners ou les dîners comportant de nombreux convives, peut être remis aux invités. Dans les repas moins cérémonieux, les maîtres de maison guident leurs invités en leur désignant leur place. Enfin, dans les repas informels, chacun s'installe à son gré, les hommes alternant avec les femmes ; pour éviter trop de confusion, les maîtres de maison peuvent suggérer ceux qu'ils désirent placer à leurs côtés.

Pour attribuer les places d'honneur, il convient de tenir compte de l'âge, des fonctions occupées, du degré d'intimité. Une femme occupe le rang que lui confère la fonction de son époux. Pour une femme célibataire, célèbre ou chargée de responsabilités, on tient compte de sa propre situation professionnelle. Un ecclésiastique se place à droite de la maîtresse de maison. Une personne invitée pour la première fois passe avant l'invité qui est déjà venu. Dans le cas où plusieurs invités sont à honorer également, et étant donné le nombre réduit des places d'honneur, on peut équilibrer la table en honorant davantage l'un des membres du couple et en donnant au conjoint une place moindre.

Le maître et la maîtresse de maison président face à face ; lorsque le nombre de convives est un multiple de 4, et quand on veut marquer une déférence particulière à une femme, la table peut être présidée par deux femmes, la maîtresse de maison et son hôte d'honneur. Les présidents de table se placent en principe au centre, ou encore en bout de table, à la mode anglaise. Une femme célibataire ne place pas en face d'elle un célibataire, ni un homme marié, mais elle préside avec un parent ou une autre femme. Lorsque le nombre des invités est impair, deux hommes ou deux femmes se trouvent inévitablement côte à côte. Dans les dîners par petites tables, l'usage est de séparer les couples.

Lorsqu'il s'agit d'un repas moins protocolaire, les maîtres de maison cherchent surtout à accorder les affinités, et, s'ils veulent honorer quelque personne en particulier, par exemple un hôte de passage, on ne leur en voudra pas de faire quelques entorses au protocole en lui donnant la place d'honneur.

Les invités passent à table sur un signe de la maîtresse de maison. Le maître d'hôtel ou un employé de maison s'approche d'elle et la prévient que le repas est prêt par la formule rituelle « Madame est servie ». Les hommes entrent en premier dans la salle à manger. Le maître de maison clôt la marche. Dans les dîners très cérémonieux, les hommes peuvent prendre les femmes par le bras pour les guider jusqu'à la salle à manger. La maîtresse de maison donne alors le signal de s'asseoir. Les hommes attendent toujours pour s'asseoir que les femmes soient installées. Le service commence lorsque tous ont pris place. C'est également la maîtresse de maison qui donnera le signal de se lever, à la fin du repas.

LES DEVOIRS DES INVITÉS

Le premier devoir, on l'a dit, est de répondre rapidement à l'invitation.

Faut-il envoyer des fleurs, des bonbons, un cadeau avant la réception ? Ces attentions sont toujours naturellement très appréciées ; elles permettent à un invité qui n'a pas le loisir de rendre rapidement une politesse par une invitation en retour de manifester sa reconnaissance et, en quelque sorte, de s'acquitter de sa dette. Ce sont les circonstances qui dictent la conduite à tenir.

Envoyer des fleurs est une marque d'hommage qui s'adresse seulement aux femmes, et destinée à marquer le plaisir et l'honneur que l'on ressent à être invité. Il est courtois d'envoyer des fleurs à une maîtresse de maison chez qui l'on se rend pour la première fois ou à l'épouse du supérieur hiérarchique qui vous a convié ou à une relation avec laquelle on souhaite prolonger des relations. En revanche, un cadeau ne s'impose pas avec des intimes – sauf circonstance exceptionnelle –, car il pourrait faire obligation aux amis d'en user de même en retour.

Pour un grand dîner, la courtoisie veut que les fleurs soient livrées quelques heures avant la réception, avec une carte de visite remise au fleuriste. On peut également faire envoyer des fleurs le lendemain de la réception. Mieux vaut, sauf en cas de relations proches et de dîner intime, ne pas arriver un bouquet de fleurs à la main, ce qui obligerait la maîtresse de maison à chercher séance tenante un vase alors que d'autres tâches la requièrent (mais elle pourra avoir prévu des vases quelque part).

En cas de liens amicaux anciens, on peut aussi offrir, en arrivant, un livre ou des friandises, mais les victuailles et les bouteilles ne sont permises que lors de réunions très familiales : ce genre de cadeau pourrait faire croire que l'invité craint de ne pas trouver sur place un repas suffisant !

Un cadeau doit être offert discrètement, à l'insu des autres invités, qui pourraient être gênés de ne pas avoir eu la même attention. Il est remis, à l'entrée, à la personne qui vous introduit – celle-ci préviendra la maîtresse de maison – ou à la maîtresse de maison elle-même si c'est elle qui ouvre la porte. Le cadeau peut encore être discrètement posé dans l'antichambre, sur une table, mais il n'est pas apporté au salon. Une carte de visite, déposée dans le paquet, signale le nom et les coordonnées du donateur. La maîtresse de maison remercie avec la même discrétion, en trouvant une formule aimable ; elle remerciera le lendemain par téléphone si l'occasion ne s'est pas présentée au cours de la soirée.

Le choix des fleurs impose quelques règles. On n'offre pas de roses rouges (couleur de la passion) à une jeune fille ; on s'abstient d'envoyer des œillets et des chrysanthèmes ; on n'offre généralement pas de fleurs à quelqu'un qui habite à la campagne. Les roses s'offrent en nombre impair. Les fleurs ont, dit-on, un langage qui dévoile les sentiments d'amour ; on ne connaît plus guère ce langage et, dans le doute, les couleurs pâles conviennent toujours pour des jeunes filles et des cérémonies familiales.

L'EXACTITUDE

L'exactitude fait partie des devoirs de politesse des invités. Non pas l'exactitude d'un horaire de S.N.C.F., mais une ponctualité approximative. Pour une invitation à un repas, il ne faut jamais arriver en avance ; la bonne éducation réclame un retard de cinq à dix minutes sur l'heure demandée. Dans les grands dîners en ville, où les difficultés de la circulation ne permettent pas de contrôler parfaitement son temps, un retard d'une vingtaine de minutes est toléré. Au-delà de trente minutes, il convient de téléphoner pour avertir la maîtresse de maison et se faire excuser. La qualité du repas se ressent des manquements à l'exactitude, et les invités qui ont fait l'effort d'être exacts ont le droit de s'impatienter.

Il peut toujours arriver de se tromper, soit en oubliant une invitation, soit en s'y rendant à une autre date. Dans ce cas, la maîtresse de maison doit téléphoner au domicile de l'invité manquant pour s'assurer qu'il n'a pas eu un contretemps et qu'il ne lui est rien arrivé de fâcheux. À moins d'être un menteur très doué, mieux vaut que le coupable admette son erreur et se confonde en excuses. Si la maîtresse de maison insiste pour qu'il vienne, quelle que soit l'heure, il lui faut s'exécuter et enfiler son manteau, même s'il a déjà dîné. Si vous vous êtes trompé de jour, il n'y a guère que des excuses à présenter. Un bouquet de fleurs aide à se faire pardonner !

PRENDRE CONGÉ

Il faut savoir partir à une heure raisonnable, ni trop tôt ni trop tard. C'est à l'invité (ou au couple) le plus âgé et le plus important de donner le signal du départ. Qu'il s'agisse d'un repas ou d'un cocktail, on va toujours saluer et remercier les maîtres de maison. Comme pour l'arrivée, on choisit entre la poignée de main et le baise-main. Dans le cas d'un repas, le maître de maison raccompagne son hôte jusqu'au pas de la porte en l'aidant à endosser son manteau.

Si l'on doit ou si l'on veut partir de bonne heure, il est plus délicat de prévenir la maîtresse de maison avant le repas – par exemple au moment de l'arrivée – en lui donnant une excuse, comme une santé fragile, un train à prendre, une baby-sitter à raccompagner ; il faut prendre alors congé discrètement pour ne pas gêner les autres convives ni interrompre une conversation : les Français appellent ce départ furtif « filer à l'anglaise » – ce qui n'implique pas d'oublier de remercier la maîtresse de maison. Pour rendre ce départ plus discret, priez la maîtresse de maison de ne pas vous raccompagner, si vous connaissez le chemin. Un célibataire, dans une réception où il y a des couples, ne donne pas le signal du départ (mais il peut s'éclipser discrètement, comme on vient de le dire).

Même si la soirée est particulièrement réussie, il ne faut pas s'attarder lorsque les autres invités sont presque tous partis, à moins que les maîtres de maison n'insistent expressément pour vous retenir. De leur côté, ceux-ci ne doivent manifester aucun signe de lassitude si la conversation languit ou si les invités s'incrustent.

Enfin, on évitera les conversations qui rebondissent dans l'antichambre ou sur le palier.

LES REMERCIEMENTS

Vous devez remercier, dans les jours qui suivent la réception, la maîtresse de maison du mal qu'elle s'est donné : un coup de téléphone en cas de relations intimes, quelques lignes sur une carte de visite dans des relations moins proches ; ces remerciements dénotent la bonne éducation. Ainsi : « Chère Isabelle, Nous avons été comblés : vos amis Martel sont vraiment très sympathiques et vous avez l'art de créer une atmosphère. Encore merci et à bientôt » ou « Nous avons passé une soirée merveilleuse grâce à vous. J'ai été heureuse de revoir Marc. Et quelle cuisine ! Affectueusement à tous deux » ou « Tout était absolument parfait, ambiance, dîner, invités... Nous ne pouvions plus nous en aller ! »

Vous pouvez également faire porter des fleurs.

LES COCKTAILS

Bien des usages recommandés pour un dîner sont valables pour un cocktail : présentations, remerciements...

Au début de la réception, les maîtres de maison doivent se tenir près de la porte d'entrée, debout, pour accueillir leurs invités et éviter qu'ils n'aient à traverser le salon pour parvenir à les saluer. Ils s'efforceront de présenter leurs amis les uns aux autres, attentifs à ne laisser personne seul, avant de les conduire vers le buffet. Dans les grandes réceptions, un maître d'hôtel, surnommé « aboyeur », qui se tient à l'entrée des salons en avant des maîtres de maison donne à voix haute le nom de chaque invité. Des fauteuils doivent être prévus pour les personnes âgées, auprès desquelles une petite table permettra de poser verres et assiettes de petits-fours.

Les invités doivent toujours saluer les maîtres de maison en arrivant ; ils ne se précipitent pas comme des affamés sur les petits-fours et ils ne montent pas la garde autour du buffet, en empêchant les nouveaux arrivants de s'en approcher : rien n'est plus inélégant que le comportement de « pique-assiette » !

Les invitations à un cocktail comportent généralement un assez large créneau horaire ; on n'arrive pas à l'heure pile, mais plutôt une demi-heure après l'heure indiquée. De même, l'heure de départ est toujours plus souple que celle mentionnée ; il faut cependant savoir partir lorsque la foule commence à se disperser.

Le cocktail est une réception destinée à faire se rencontrer de nombreuses personnes ; il convient donc de ne pas accaparer un invité ni retenir le maître de maison dans une conversation trop longue. C'est tout un art de savoir se dégager d'un groupe sans blesser son interlocuteur et il faut trouver une formule aimable : « Je viens d'apercevoir Untel et je dois avoir avec lui un court entretien. Nous nous retrouverons tout à l'heure. » Enfin, au moment de partir, il faut saluer et remercier, même si l'on doit attendre patiemment, à la suite d'autres invités, que les maîtres de maison soient disponibles.

LES VISITES

Les visites font un peu moins partie de la vie sociale qu'autrefois. Elles ont cependant l'avantage de témoigner à quelqu'un son intérêt, son respect, son amitié ou son affection : visite à une personne âgée, visite à l'occasion d'un anniversaire, d'une fête ou d'un événement, visite à une jeune femme après son accouchement, visite à un malade, visite de présentation d'un fiancé, visite de bon voisinage lors d'une installation, ou tout simplement visite amicale. La visite peut avoir lieu à l'heure du café, au milieu de l'après-midi, avant le repas du soir ; elle est une formule commode pour entretenir de bonnes relations avec voisins et amis – par exemple en vacances ou à la campagne –, sans avoir à supporter les apprêts d'un long repas. Quelques règles doivent être respectées.

Une visite doit être annoncée par téléphone. On n'arrive pas à l'improviste, sauf cas de grande intimité ou de circonstance très particulière. De même, il ne faut pas arriver en retard à une visite, et, réciproquement, on ne fait pas attendre son visiteur.

Celui ou celle qui reçoit la visite doit, quelle que soit l'heure, proposer à son hôte une boisson accompagnée de petits gâteaux, café, thé, rafraîchissement, apéritif, tisane... Un plateau est préparé à l'avance dans un coin, qui indique au visiteur qu'il est bien attendu.

Il faut savoir apprécier la durée d'une visite. On ne s'attarde pas au-delà d'une certaine heure, surtout si la visite a lieu avant le repas, ce qui donnerait à croire que l'on espère y être convié – mais le maître et la maîtresse de maison peuvent « retenir » leur visiteur à dîner, surtout si celui-ci vient de loin. Le visiteur ne doit pas entraver les projets de la journée de celui auquel il rend visite sous prétexte qu'il a lui-même tout son temps, et c'est à lui de savoir se retirer.

Lorsque le visiteur est introduit dans un salon, où il reste seul quelques instants en attendant l'arrivée des maîtres de maison, il ne se livre pas à un examen minutieux de commissaire-priseur en inspectant meubles et bibelots ! Il ne tire pas une cigarette de sa poche et il ne s'installe dans un fauteuil que si l'attente dépasse cinq minutes ; c'est alors au maître de maison de s'excuser de son retard.

Dans certains cas, une visite appelle, comme une invitation à un repas, une réciprocité. Il faut « rendre » alors la visite au cours des semaines qui suivent. Ces usages facilitent beaucoup la vie sociale, en particulier à la campagne. Mais chacun est en droit de préférer sa tranquillité et, après un échange de premières visites, de décliner une invitation en trouvant un alibi : « Nous devons nous absenter et la date de notre voyage n'est pas fixée : il m'est difficile de faire des projets. Je vous appellerai dès que je verrai une possibilité. »

Après plusieurs refus, mieux vaut ne pas insister au risque de paraître importun ; mais on peut laisser le champ ouvert par une formule vague : « Téléphonez-moi lorsque vous serez disponible. » Si vous souhaitez, malgré des refus, garder une relation, vous pourrez à l'occasion du jour de l'an écrire une carte de vœux qui maintiendra le lien, en terminant ainsi : « Vous savez que nous serons toujours heureux de vous revoir. »

RECEVOIR EN SÉJOUR OU EN WEEK-END

Une hospitalité de plusieurs jours, pour être agréable aux uns et aux autres, demande à la fois prévenance et discrétion, organisation et liberté. Elle suppose quelques préparatifs – chambre, repas – mais, pour ne pas devenir pesante, elle doit s'entourer de simplicité.

La préparation de la chambre. Qu'il s'agisse d'un canapé-lit dans la salle de séjour ou d'une chambre avec salle de bains privée, il faut apporter à la venue d'un invité un maximum de soins. Des draps propres, des couvertures en nombre suffisant, un espace de rangement avec des cintres et une étagère, des serviettes de toilette avec une savonnette, une bonne lampe, une carafe d'eau et un verre sur une table sont les conditions du confort élémentaire. À partir de là, chacun raffine selon ses moyens. Si l'on a le choix, mieux vaut proposer à un couple des lits jumeaux plutôt qu'un grand lit – à moins que l'on connaisse très bien les habitudes des invités – et donner une chambre non loin d'une salle d'eau pour éviter qu'ils n'errent dans la maison.

L'accueil. Après les avoir conduits à leur chambre, une des premières choses à faire est d'indiquer aux nouveaux venus ce qui leur sera utile, l'emplacement des sanitaires et le maniement des interrupteurs électriques. Il peut leur être également agréable, dès leur arrivée, de faire une rapide visite des lieux pour en connaître la disposition. Enfin, après leur avoir proposé un rafraîchissement ou une tasse de thé, on leur laissera le temps de se reposer et de se changer après un long voyage. La maîtresse de maison doit mettre à l'aise ses invités en leur indiquant son programme, l'emploi du temps de la famille, les activités en perspective, et en suggérant une heure convenable pour se retrouver.

LES RÈGLES À SUIVRE PAR LES INVITÉS

Qu'ils arrivent en voiture ou en train, ils donneront l'heure approximative de leur arrivée, mais ils s'efforceront de fixer cette arrivée à une heure facile pour tous, c'est-à-dire ni en pleine nuit, ni aux aurores. Leurs bagages seront discrets. Ils s'installeront lorsque leurs hôtes les en prieront et demanderont à se conformer aux horaires et usages de la maison.

Pour un séjour de deux jours ou plus, la courtoisie veut que les invités offrent à leurs hôtes un cadeau qui peut être une simple boîte de friandises, ou, en cas de long séjour, un cadeau plus important. Il y a plusieurs manières de participer, avec discrétion, aux frais d'un séjour ; selon l'intimité et le standing, l'invité peut proposer de contribuer aux courses du ménage ou inviter ses hôtes au restaurant.

C'est aux invités de se conformer aux habitudes de la maison, mais chacun doit pouvoir trouver une aire de liberté. Pour le petit déjeuner la maîtresse de maison doit s'efforcer de respecter les préférences en préparant un plateau avec les ingrédients nécessaires, où chacun pourra se servir lui-même. Sauf en cas de relations intimes, un invité se présente habillé à la table du petit déjeuner.

Le maître de maison idéal est celui qui sait proposer sans l'imposer un programme d'activités. L'invité idéal est celui qui sait à la fois participer à la vie de la maison et s'occuper tout seul. De part et d'autre il faut donc, surtout en cas de long séjour, respecter l'espace de liberté de chacun. L'aisance de l'invité n'est pas le sans-gêne. S'il est vrai que son bien-être fait partie du plaisir de ceux qui l'invitent, il doit savoir user avec discrétion de ce qui est mis à sa disposition. Il ne téléphonera pas pour un oui ou pour un non à l'autre bout de la France et remplacera les bouteilles d'alcool qu'il vide... Il fera son lit et proposera de faire sa chambre pour épargner de son mieux tout travail supplémentaire à la maîtresse de maison. Enfin, il saura sentir le moment où sa présence devient une charge.

Les employés de maison. C'est un sujet particulièrement délicat. Il ne faut jamais donner d'ordres aux employés de maison ; c'est à la maîtresse de maison de tout prévoir et de tout aplanir : linge à laver, chambre et salle de bains à nettoyer. L'invité doit remercier de ce qu'on fait pour lui et, au moment de quitter la maison, il saura dire sa reconnaissance à l'employé en lui glissant un billet proportionnel à la durée du séjour et aux tâches accomplies ; ce pourboire, variable selon les moyens de chacun, peut se calculer en heures de femme de ménage, mais il faut savoir que plus le train de vie de la maison qui vous reçoit est élevé et plus ce pourboire doit être en conséquence.

Avant de partir   et sauf si le personnel est nombreux -, l'invité laisse sa chambre propre : il ôte lui-même ses draps, qu'il laisse pliés sur le lit, pour épargner à la maîtresse de maison la besogne de remettre la chambre en état.

La « lettre de château ». On désignait sous ce nom la lettre de remerciements que l'invité devait obligatoirement envoyer à ses hôtes, dans les huit jours suivant son départ. Les Anglais l'appellent « bread and butter » (pain et beurre). Son usage n'est pas périmé : cette lettre témoigne toujours d'une bonne éducation, mais elle peut aujourd'hui être simplifiée : elle se transforme souvent en une carte postale ou en un coup de téléphone durant la semaine qui suit. Cette lettre de château demeure indispensable dans le cas de séjours chez des amis un peu formalistes, qui jugeront le coup de téléphone trop cavalier et la carte trop brève, et elle fait toujours plaisir.

97

VIVRE
AU-DEHORS

Tout n'est pas permis sous prétexte
que l'on quitte sa maison et ses amis et qu'on se glisse
dans l'anonymat de la rue et des lieux publics. La bonne
éducation se mesure à ce qu'elle s'exerce spontanément,
sans avoir besoin de témoin, et dans les circonstances
les plus imprévues.

LA RUE

Marcher dans la rue. La rue n'est pas plus l'espace d'un
défilé de mannequins où l'on fait virevolter sa toilette qu'une
piste de marathon où il faut jouer des coudes pour gagner la
course. Il faut marcher d'un pas égal, mesuré, sans mouvement
brusque ni désordonné, en respectant le flux des passants et
en se soumettant à un certain code qui, pour n'être pas aussi
impératif que celui des automobilistes, prescrit pourtant des
règles. Mieux vaut doubler à gauche le passant un peu lent
et ne pas changer brusquement de direction ; traverser dans
le passage clouté et marcher sur le trottoir plutôt que sur la
chaussée font partie de l'élémentaire prudence. Une mère tient
un enfant par la main pour lui éviter les élans inconsidérés.
Il n'est pas interdit de flâner à condition de ne pas obstruer
la voie.

La première des règles, lorsqu'on marche à plusieurs dans
la rue, est de ne pas provoquer d'attroupement ni d'obstruer
le trottoir. Mieux vaut alors se décaler légèrement pour libérer
le passage ; trois personnes côte à côte gênent bien évidemment
le flux de la circulation piétonne. Quels que soient les liens
d'affection qui peuvent lier des compagnons, il faut éviter de
se tenir par la main au-delà d'un certain âge et ne pas choisir
les lieux publics pour se témoigner sa tendresse.

Donner le bras est, en revanche, une attention appréciée par les personnes âgées, à qui ce geste peut éviter des embûches. Lorsqu'un homme accompagne une dame ou une personne âgée, il doit prendre le côté du trottoir au bord de la rue et laisser à celui ou à celle qui mérite le plus d'égards le côté « maisons ».

La courtoisie dans la rue ou un lieu public consiste à se conduire face à des inconnus avec autant d'aménité que s'il s'agissait de relations proches. La tenue doit être décente – mieux vaut ne pas sortir en bigoudis ni en pantoufles. Un voisin rencontré avec régularité se salue d'un sourire ou d'un signe de tête. Il faut demander pardon si l'on heurte un passant par mégarde, éviter les grands gestes de parapluie ou de canne et les conversations bruyantes.

Les préséances. Elles sont les mêmes que dans la vie privée : on laisse le passage à quelqu'un de plus âgé que soi ; on s'efface devant un handicapé, ou on l'aide, s'il en a besoin, et on prend le temps d'indiquer un itinéraire au passant perplexe. La discrétion et le souci de l'autre exigent qu'on n'occupe pas tout l'espace, surtout lorsqu'on est chargé de paquets, et qu'on pousse une voiture d'enfants ou un Caddie : un petit mot d'excuse et un sourire sauront désarmer le monsieur grincheux qui proteste contre les encombrements du trottoir. Il faut évidemment remercier quelqu'un qui vous cède le passage ; mais on évitera, dans la rue, ce petit ballet comique qui consiste à vouloir faire preuve d'excellente éducation en s'effaçant à tout prix, à grand renfort de « je vous en prie » et de « après vous ». La simplicité gagne du temps...

Gestes à ne pas faire. La rue n'est pas une décharge publique : il faut donc renoncer à y jeter ses vieux tickets de métro, divers papiers et détritus. Bien sûr, il ne faut pas y cracher.

Une femme ne fume pas dans la rue ; cette règle, impérative autrefois, signale encore aujourd'hui une bonne éducation. Elle ne fait aucun des gestes qui sont attachés à l'intimité, comme se maquiller, se coiffer, etc.

Les rencontres. Dans l'anonymat des passants surgit un visage connu. Il se peut que, pressée, la personne croisée détourne ou baisse la tête pour éviter d'être reconnue. N'insistez pas en l'arrêtant contre son gré ; regardez de l'autre côté ; si elle vous fait un signe, agissez comme elle. Si vous êtes la personne la plus importante par l'âge, le sexe ou la notoriété, c'est à vous de faire le premier geste qui lui manifestera que vous la reconnaissez. Mais, de toute manière, la conversation dans la rue doit être brève et se poursuivre dans un lieu plus propice, soit en se retirant dans un endroit où l'on ne gêne pas les autres piétons, soit en prenant le temps d'inviter la personne à prendre un thé ou un café. Si vous n'êtes pas tout à fait sûr que ce soit une relation, ne plongez pas sur elle un regard scrutateur et, dans le doute, inclinez légèrement la tête.

Il est impoli de héler quelqu'un qui est éloigné et, a fortiori, de le siffler. Mais on peut hâter le pas pour le rejoindre, à condition de ne pas le surprendre par-derrière et en le devançant légèrement pour qu'il puisse vous reconnaître de près. Il ne faut jamais montrer quelqu'un du doigt ni le dévisager.

Le salut. Il existe toute une gamme de saluts selon les nuances de respect qu'on désire témoigner et le degré d'intimité. Lorsqu'un homme rencontre une femme dans la rue, l'usage ancien voulait que, pour la saluer, il soulevât son chapeau ou qu'il y portât symboliquement la main. Du fait que le port du chapeau est rare aujourd'hui, l'homme incline légèrement le buste devant la dame – le baisemain ne se pratique pas dans la rue. C'est à la femme de tendre la main la première ; elle n'ôte pas ses gants et prie aussitôt son interlocuteur, le cas échéant, de se recouvrir. Le salut le plus usuel, aujourd'hui, est la poignée de main : la main se tend franchement, l'échange ne doit pas être insistant mais bref et net. D'une façon générale, c'est toujours à la personne la plus importante de prendre l'initiative du salut.

Il ne faut pas dire : « Salut » ou « Bonjour », mais « Bonjour, monsieur » ou « Bonjour, cher ami » ou bien « Bonjour, Pierre ». Un « Comment allez-vous ? » suit généralement le salut, mais cette question, le plus souvent purement formelle – à moins

d'un accident grave – ne réclame pas d'autre réponse que
« Merci, et vous ? ». En aucun cas, il ne faut se lancer dans
un bilan de santé inapproprié à la situation.

Lorsque la rencontre met en présence plusieurs personnes,
celle qui est accompagnée prend l'initiative de présenter
brièvement ses amis, selon les règles habituelles des présentations : la personne la moins importante doit toujours être
nommée la première, la plus jeune présentée à la plus âgée.
Un trou de mémoire peut toujours survenir lors de ces
rencontres de hasard : une périphrase permet de tourner la
difficulté ; mais il convient de ne pas se vexer si la mémoire
défaille ou si l'on écorche votre nom : on peut alors se présenter
soi-même et, au besoin, devancer l'ami hésitant. Si on omet
de vous présenter, tenez-vous discrètement à l'écart. Votre
compagnon aura à cœur de ne pas vous imposer une longue
conservation avec un tiers.

Les animaux dans la rue.   Ces compagnons constituent
pour le piéton une véritable menace. Le chien doit être
fermement tenu en laisse et ne pas occuper tout le trottoir ;
son propriétaire est responsable de ses agissements, de la
propreté de la voie publique – une amende est même prévue
par certaines municipalités en cas de non-respect de la
réglementation qui laisse le caniveau au chien –, de ses
aboiements intempestifs, de ses écarts, de ses ébrouements et,
a fortiori, de ses morsures. On empêche un enfant de caresser
un chien qu'il ne connaît pas. Le maître ne laisse pas un chien
hurler à la mort, attaché à la porte d'une boutique ou enfermé
dans une voiture. En principe, les magasins d'alimentation
interdisent la présence d'un chien et ce règlement d'hygiène
doit être respecté. Il faut savoir que votre chien n'est
sympathique aux autres que tenu en laisse, propre, trottinant
sagement à moins d'un mètre de son maître.

Les incidents de la rue.   Témoin d'un incident, ne faites
pas le badaud, ne vous mêlez pas à tout prix de ce qui ne
vous concerne pas, mais aidez utilement en cherchant du
secours, si besoin est, et offrez votre témoignage s'il y a litige – à
condition toutefois d'être bien sûr de votre objectivité. Si vous

êtes vous-même l'objet d'un conflit, gardez un ton égal qui vous assurera plus d'autorité que toutes les imprécations.

Dans une file d'attente, ne vous faufilez pas pour gagner une place, et, si quelqu'un le fait, vous pouvez le lui faire remarquer calmement. La pondération impressionne plus que la colère.

L'AUTOMOBILE

Par un mécanisme psychologique surprenant mais bien connu, la personne la plus douce de la terre, pilotant un moteur de quelques chevaux, peut brusquement se transformer en sauvage ou en virago et transgresser tous les codes, de la route comme de la politesse ; aussi les règles du savoir-vivre doivent-elles devenir une seconde nature. Trois devoirs majeurs incombent à l'automobiliste : respecter les autres usagers de la route, respecter les piétons, respecter ses passagers.

Respecter les usagers de la route. Trop d'automobilistes prennent la rue pour une jungle où il s'agit de se frayer un chemin en écartant violemment tous les obstacles. Changer de file sans prévenir, faire du slalom ou des queues de poisson, serrer les cyclistes contre le trottoir, harceler l'automobiliste qui ne démarre pas assez rapidement ou cherche une place de stationnement, bloquer une file de voitures pendant un long moment pour décharger la sienne, se garer en double file ou sur les clous, occuper plusieurs places de parking, éblouir avec ses phares, provoquer un accident sans s'arrêter ou sans laisser sa carte, etc. : voilà quelques-unes des « conduites » les plus inadmissibles et pourtant les plus courantes de la vie urbaine. Et cette liste n'est, bien sûr, pas exhaustive...

La politesse en automobile ne reconnaît guère de sexe ni d'âge. Que les femmes n'attendent pas, parce qu'elles sont jeunes et jolies, une priorité que le code de la route ne leur accorde pas et qu'elles se plient aux règlements de tous. Mais que le conducteur masculin, en voyant une mère de famille conduire lentement avec plusieurs enfants à l'arrière de sa voiture, prenne patience. Que les personnes âgées au volant, manœuvrant avec plus ou moins d'hésitation leur véhicule, tiennent sagement leur droite, mais que les « Fangios » de la route cessent de trépigner et de klaxonner derrière elles.

Une nouvelle espèce dangereuse au volant est celle des hommes ou des femmes qui prennent l'habitacle de leur voiture pour leur bureau ou leur salon : le conducteur enfoncé dans son siège qui tire paisiblement des bouffées de son gros cigare et nargue ses voisins pressés, celui qui, accroché à son téléphone, oublie d'allumer son clignotant, celui qui lit son journal au feu rouge, celle qui utilise son rétroviseur pour se maquiller ou qui bavarde avec sa voisine du dernier prix Goncourt au lieu de démarrer ; enfin tous ceux et toutes celles qui agissent dans leur véhicule comme s'ils étaient seuls au monde, dans le plus grand mépris des voisins.

Tout automobiliste doit savoir qu'il y a des gestes et des mots à éviter en raison de leur vulgarité. La bordée d'injures n'est d'aucune efficacité en cas d'incident ou d'accident de la circulation ; la seule conduite civilisée consiste à se ranger sur le côté et à faire un constat à l'amiable, sans bloquer le flux des voitures. Le responsable d'un incident a tout avantage à reconnaître sa maladresse et à faire des excuses : sa politesse lui vaudra peut-être plus d'indulgence ou de ménagement.

Dans une grande ville qui connaît un trafic dense, la patience de chacun est mise à rude épreuve ; aussi vous saura-t-on gré d'un sourire ou d'un geste de remerciement lorsqu'on vous cédera la priorité, même due ; il est normal de laisser aux autres le temps nécessaire à une manœuvre, et il est tout à fait inutile de faire des gestes de rage et d'impuissance lorsqu'un embouteillage bloque le trafic. Quant aux agents de police chargés de la circulation, considérez-les non comme vos ennemis personnels mais comme les indispensables responsables de l'ordre public.

Respecter le piéton. Outre les dangers auxquels il expose le piéton par une conduite maladroite ou agressive – accélérer devant les clous, freiner brusquement, intimider en forçant le passage –, l'automobiliste doit savoir que le piéton a légalement tous les droits. Ces droits ne sont malheureusement pas toujours respectés en France, et notre conduite, au moins dans les grandes villes, choque beaucoup d'étrangers habitués à plus de fair-play. Voici quelques-unes des nuisances qu'une élémentaire politesse saura éviter : actionner son Klaxon pour héler un piéton ou appeler quelqu'un qu'on attend, faire inutilement tourner ou vrombir son moteur, claquer bruyamment les portières, la nuit, vider son cendrier n'importe où, frôler le trottoir et éclabousser les passants, se garer sur un trottoir, etc. Toutes les pollutions dues à l'automobile, par les gaz d'échappement ou par les bruits, rendent particulièrement pénible la vie citadine et doivent donc faire l'objet d'une attention particulière de chacun.

Les devoirs du piéton. Celui-ci a certes des droits, mais il a aussi des devoirs. Il ne doit pas gêner la circulation par sa distraction ni par des comportements intempestifs tels que traverser n'importe où et n'importe comment, au mépris des feux de signalisation ; brandir son parapluie pour faire stopper une voiture à bonne vitesse n'a qu'une efficacité limitée ; ralentir son pas pour narguer un conducteur, invectiver un automobiliste, mettre son grain de sel lors d'un accident sans offrir un témoignage valable comportent des risques qui augmentent autant les encombrements que le « stress » des conducteurs.

Les passagers de l'automobile. La place la plus confortable et la plus sûre dans une voiture conduite par un chauffeur est la place arrière droite ; rares sont en fait les voitures pilotées par un chauffeur professionnel, à l'exception des taxis. Généralement, le conducteur propose à son passager de s'installer à l'avant, à côté de lui.

Si le passager est une femme ou une personne âgée, à qui sont dus des égards particuliers, le conducteur fait le tour de sa voiture pour ouvrir et tenir la portière et l'aider à mettre sa ceinture de sécurité ; s'il vient chercher quelqu'un à son domicile, il sort de son véhicule pour l'aider à prendre place ; ce geste de prévenance tend à se perdre, mais il signale toujours une très bonne éducation.

Pour monter dans une voiture, une femme doit éviter quelques gestes inélégants, tels que relever sa jupe et son manteau, se plier en deux pour passer le buste en premier : mieux vaut poser un pied dans la voiture et y prendre appui pour s'asseoir puis ramener l'autre jambe à l'intérieur du véhicule.

Le conducteur doit s'efforcer de conduire régulièrement, sans à-coups, et de donner confiance à son passager. Il veillera au confort des places arrière, en dosant l'air et la température à l'intérieur du véhicule, mais c'est au passager de se plier aux préférences du conducteur. L'autoradio est destiné à combler la solitude et ne doit pas tonitruer, toutes fenêtres ouvertes, ni être imposé aux passagers. On ne fume, dans une voiture, qu'avec la permission du conducteur.

Un chauffeur courtois reconduit sa passagère jusqu'à son domicile ; signe de respect et de grande courtoisie, il descend de son véhicule pour lui ouvrir la portière et s'assure qu'elle a bien franchi la porte cochère.

Si l'on est passager pour faire un long trajet et avec des bagages, il faut veiller à ce que ceux-ci n'encombrent pas la totalité du coffre. S'il y a plusieurs passagers d'âge et d'importance égale, la courtoisie veut que les places soient permutées au cours du trajet pour que chacun profite tour à tour du confort de la place avant. Le conducteur doit proposer à ses passagers de faire une halte pour se dégourdir les jambes : un long voyage dans une cabine de quelques mètres carrés est forcément une petite épreuve, il y faut donc de la prévenance. Le passager ne se substitue pas au conducteur pour lui donner des conseils de conduite ou le faire changer d'itinéraire. Les enfants s'abstiendront de pousser des cris, de laisser traîner des papiers de bonbons et de poser des doigts poisseux sur la banquette : c'est à leurs parents d'y veiller. On peut toujours refuser de faire un trajet en automobile avec un conducteur peu fiable, mais on doit alors décliner son invitation sans le vexer, en trouvant un prétexte.

TRANSPORTS URBAINS

L'homme des villes appartient trop souvent à une espèce d'individus pressés et fatigués, et le mot « urbain » a perdu aujourd'hui ce qui faisait hier sa qualité : l'urbanité, c'est-à-dire la politesse, l'aménité. Quelques règles ne sont pourtant pas passées de mode, toujours utiles à rappeler et à pratiquer dans les transports en commun.

Métro, autobus. Le voyageur assis cède sa place aux personnes âgées, aux femmes enceintes, aux handicapés. La mère de famille, en cas d'affluence, prend son enfant sur les genoux pour libérer une place et l'habituer ainsi à céder son siège. Si on a la chance d'être assis, on ne déploie pas son journal sous le nez de son voisin ; on ne lit pas non plus par-dessus son épaule quotidien ou lettre manuscrite. En cas de rencontre ou de voyage à plusieurs, on évite de raconter à haute voix sa vie privée et d'en faire profiter ses voisins ; on évite également de prononcer des noms propres.

À certaines heures d'affluence, l'accès dans les transports urbains constitue une prouesse. Il est inutile de tenter de résister à la bousculade, mais on peut ne pas forcer les files d'attente et marcher sur les pieds de l'autre ou se servir de son sac comme d'une arme pour se frayer un chemin ; un petit mot d'excuse ou un sourire peut humaniser cette concurrence sauvage.

Chacun se plaint que les transports en commun soient sales et mal entretenus : évitez donc de vider vos poches sur le quai ou dans les couloirs du métro ou d'y jeter votre journal ou un Kleenex, il y a des poubelles à cet effet.

Taxis. La file d'attente doit être respectée. Il faut prendre le premier taxi à la tête de la station pour une course de longueur normale ; pour une course très courte, l'usage est de monter dans le dernier taxi de la file. On peut suggérer un itinéraire au chauffeur, mais il connaît sans doute mieux que vous les encombrements de la ville, il est donc préférable de le laisser juge en dernier ressort de son trajet. Le client doit respecter les règlements, ainsi que les souhaits du chauffeur, tels que, par exemple, celui de ne pas fumer dans son véhicule. Si la radio est trop bruyante, demandez poliment que le son soit baissé. Quant à la conversation, elle s'engage ou non, selon l'humeur de chacun. À Paris, l'usage est de donner un pourboire au chauffeur de taxi.

TRAIN, AVION, BATEAU

En train, en avion ou en bateau, l'espace est le plus précieux des biens. Un long trajet implique un voisin qu'on ne choisit pas, et la cohabitation imposée réclame le respect de quelques règles élémentaires. Le voyageur attentif propose à une femme ou à une personne âgée de lui monter son bagage dans le filet. L'ouverture des fenêtres ou la climatisation doivent être réglées d'un commun accord.

Chacun doit veiller à ne pas déborder sur l'espace de l'autre ni à faire des allées et venues au risque de déranger constamment son voisin ; une bonne organisation implique qu'on garde à proximité, dans un bagage spécial, les papiers nécessaires au trajet, pièce d'identité et titre de transport.

Train. Il ne faut fumer que dans les espaces réservés à cet effet, éviter le cigare et même renoncer, dans un wagon de non-fumeurs, à fumer dans le couloir. On évitera de se déchausser, de s'endormir sur l'épaule du voisin, de monopoliser les toilettes pour réparer un maquillage, de parler fort ; et, si un pique-nique est prévu au cours du trajet, il faut le déballer avec discrétion et s'interdire tout aliment aux odeurs fortes. La même discrétion s'impose dans les trains de nuit où mieux vaut ne pas transformer la cabine en chambre à coucher ou se déshabiller devant ses voisins.

Il n'est pas nécessaire d'entamer une longue conversation avec ses voisins de voyage, de raconter sa vie, ou de se présenter ; un sourire, un merci suffisent à créer une atmosphere de courtoisie ; beaucoup de gens préfèrent la réserve, ou le silence total pour lire, sans être pour autant des êtres asociaux. Si vous êtes vous-même sollicité par un voisin bavard, vous trouverez une excuse pour vous taire sous un prétexte quelconque, quitte à reprendre quelques instants plus tard la lecture qui a été interrompue. Vous pouvez proposer la lecture de magazines à vos voisins qui semblent attirés par ceux que vous avez. Si vous utilisez un Walkman, il est indispensable de veiller au bon réglage du son afin de ne pas importuner le voisin.

Quant aux enfants, leurs parents doivent leur apprendre, autant que possible, à se tenir tranquilles, sans gesticuler, en les occupant par des jeux calmes ou des lectures ; l'émerveillement d'une mère pour les inventions de son petit n'est généralement pas partagé par les autres occupants du compartiment. Enfin, les animaux doivent être impérativement laissés dans leur cage ou tenus de très près en laisse. Si un litige survient entre voyageurs, c'est au contrôleur de régler le différend.

Ce sont les mêmes règles de discrétion qu'il faut respecter dans un wagon-restaurant, dans un compartiment de couchettes ou un wagon-lit. Dans un compartiment de couchettes, la bonne éducation veut que l'on propose la couchette du bas aux personnes âgées si elles n'ont pas pu l'obtenir lors de la réservation. Dans un wagon-lit, on s'éclipse dès que l'on a fait sa toilette pour laisser la place à son voisin.

L'avion. Le comportement relève des mêmes principes de souci de l'autre. Il est inutile de bousculer ses voisins pour pénétrer plus vite dans une cabine et choisir sa place : celle-ci, pour les long-courriers, est presque toujours attribuée à l'avance. Les conseils et règlements s'affichent sur des voyants lumineux et il convient de les suivre à la lettre. Il faut respecter l'espace du voisin. On s'efforce de ne pas circuler au moment du service du repas ; enfin, si un voisin s'avère discourtois, il faut le supporter avec patience en sachant que l'épreuve sera relativement courte. En cours de vol, il est déplacé de raconter et de commenter les catastrophes aériennes récentes.

Le bateau. Plus que dans tout autre moyen de transport, une forme de vie sociale s'ébauche parfois le temps d'une traversée. Il est usuel d'échanger des sourires et quelques phrases aimables, mais on peut aussi préférer s'en tenir à la réserve. Si l'on partage une cabine, cette réserve s'entourera de prévenance, chacun devant respecter l'espace et les horaires de l'autre. Le rangement des effets personnels prend alors une grande importance : pas d'objets ou de vêtements qui traînent, pas de parfum violent... Le client habitué des croisières sait organiser ses bagages de telle sorte qu'il trouve dans une seule valise ce dont il a besoin. Enfin, en cas de mal de mer, la vraie sollicitude est de laisser le malade tranquille.

LES LIEUX PUBLICS

Les droits de chacun s'arrêtent là où commencent ceux des autres. Qu'on le veuille ou non, chacun fait partie d'une collectivité où il a sa part de responsabilité. Arriver en retard à un concert et faire lever une rangée entière d'auditeurs pour gagner son siège nuit au plaisir de tous. C'est pour cela que les ouvreuses font entrer les retardataires aux entractes. La vraie civilité implique que le souci des intérêts communautaires l'emporte sur les intérêts particuliers.

Les lieux administratifs.   Poste, mairie, préfecture, centres d'impôts ou de Sécurité sociale, gares, etc. : nombreuses sont les démarches qui mettent la patience de chacun à rude épreuve en raison des travaux de bureaucratie croissants et d'un personnel trop peu nombreux. Les explosions de mauvaise humeur ne servent qu'à user inutilement de l'énergie ; mieux vaut raccourcir l'épreuve par quelques précautions, telles que bien rassembler les pièces nécessaires, remplir les formulaires avant de se présenter au guichet, écrire une note précise lorsqu'il s'agit d'une réclamation, etc.

Le fonctionnaire qui se charge de votre dossier voit passer probablement par jour des centaines de cas semblables au vôtre ; avant de penser qu'il est incompétent ou qu'il met de la mauvaise volonté à saisir la particularité de votre situation, saluez-le et adressez-vous à lui comme à un interlocuteur compréhensif. Il suffit de peu pour placer l'échange sur un plan humain. Réciproquement, vous êtes en droit de recevoir de lui une attention suivie, que ne coupent pas les conversations privées par-dessus votre tête d'un guichet à l'autre. Si vos horaires le permettent, laissez les heures d'affluence à ceux qui ne peuvent pas faire autrement.

Dans la file d'attente, une prévenance accueillie avec gratitude par les personnes âgées est de leur proposer de leur garder leur tour pendant qu'elles vont s'asseoir à proximité.

Quant aux réclamations, elles se formulent sur un ton poli, pour la simple raison que le responsable de l'erreur n'est probablement pas le préposé qui se tient en face de vous.

Les édifices religieux. Dans les édifices religieux, où vous vous trouvez à l'occasion d'une cérémonie à laquelle vous êtes convié, ou simplement pour une visite, la première des règles à suivre est de respecter les convictions de ceux qui vous entourent : la tenue vestimentaire doit être correcte ; on ne parle pas à haute voix, on ne fait pas claquer ses semelles, on ne dévisage pas les fidèles, enfin, on s'abstient de visiter les lieux pendant un office. La plupart du temps, les photographies sont interdites. Dans une église catholique, les hommes ôtent leur chapeau. Dans une mosquée, il faut enlever ses chaussures. Dans une synagogue, hommes et femmes se séparent.

Les salles de spectacle. Il s'en faut de peu pour gâcher un spectacle et rompre le recueillement d'une salle : des bruits de papiers de bonbons, un strapontin qui claque, des chuchotements. Au concert ou au théâtre, la première des politesses à l'égard du public, de la troupe et des instrumentistes est la ponctualité. Dans bien des salles, l'ouvreuse attend la fin d'une scène ou d'un morceau pour vous guider à votre fauteuil ; il faut prendre sa place le plus silencieusement possible en abrégeant les excuses si l'on dérange une file de spectateurs. Au cinéma, les spectacles permanents invitent à choisir librement ses horaires mais on s'assied au plus vite ; on évite évidemment les volumineux chapeaux, les effusions avec son voisin, les mouvements de balancier sur son fauteuil qui gênent la visibilité des spectateurs assis derrière ; et l'on ne commente pas l'histoire à haute voix comme si l'on regardait chez soi la télévision. Les applaudissements sont réservés à la fin du spectacle ou du morceau. Quant aux gestes irrépressibles, comme éternuer, se moucher, tousser, il faut tenter de les assourdir en mettant un mouchoir devant sa bouche.

Il est tout à fait admis aujourd'hui que les femmes se rendent seules au spectacle.

Lorsque l'on sort à plusieurs, deux hommes prennent place à chacune des extrémités ; si l'on sort à deux couples, les deux femmes s'installent au milieu.

À l'Opéra, au théâtre le soir, il était courant autrefois de porter une tenue habillée ; l'usage se perd, car, souvent, le temps manque pour rentrer chez soi et se changer. Mais certaines soirées, générales ou premières, le plus souvent sur invitation, réclament encore des soins particuliers de toilette. La tradition de la tenue habillée se maintient encore à l'Opéra.

Lors d'une soirée au spectacle en groupe, quelqu'un se charge de réserver les places pour les autres. À moins d'une invitation clairement formulée, il convient de proposer sa participation, soit avant le commencement du spectacle, soit à la fin. Les questions d'argent doivent toujours se régler avec simplicité et discrétion, en principe sans témoin ; une petite phrase du genre : « je suis en dette avec vous » doit permettre à votre « créancier » de vous dire le montant de votre participation. Pour un couple, c'est à l'homme de régler la question. Une manière courtoise de partager les frais lorsque l'on sort à plusieurs est d'assumer pour les uns le repas et pour les autres le spectacle. Mieux vaut prévoir à l'avance le montant approximatif des frais pour ne pas manipuler publiquement des billets ni se lancer dans des opérations de monnaie. Dans la jeune génération, chacun règle sa quote-part.

Expositions. La seule règle à observer consiste à ne pas gêner ses voisins par des commentaires à haute voix ou en se plaçant sous leur nez, devant le tableau. Si on suit une visite guidée, on l'écoute sans manifester son désaccord et encore moins son ennui : on se contente alors de rester un peu en arrière du groupe.

Les magasins. Entre un client et un commerçant se nouent des rapports de quelques instants, qui peuvent aussi se muer en une fidélité de plusieurs années. À chacun de respecter quelques règles pour établir la confiance. Le vendeur qui cherche à tout prix à placer sa marchandise au mépris des intérêts du client perd vite son avantage : la flatterie fonctionne une fois mais rarement deux. Le vendeur doit laisser à son interlocuteur une certaine marge de liberté et prendre le temps de lui expliquer matériaux, qualités, usages, avantages et inconvénients ; c'est sa technicité, son expérience qui inspirent confiance.

Quant au client, il commence par saluer en entrant dans le magasin ; il précise au mieux ce qu'il souhaite et évite de faire déballer la boutique entière ; c'est son droit le plus légitime de ne rien acheter et il ne doit certes pas se laisser intimider par le vendeur, mais il sait aussi remercier celui-ci de ses efforts et prononcer un petit mot d'excuses s'il repart les mains vides. Dans certains magasins, les vendeurs sont payés au prorata de leurs ventes : il faut donc que le client qui fait son achat en plusieurs étapes s'adresse au même vendeur d'une visite à l'autre.

En cas de réclamation, on demande à parler au chef de rayon ; on évite de faire des reproches en public, de hausser le ton, d'incriminer un vendeur qui ne serait pas responsable, de prendre à témoin les autres clients. Presque tous les litiges peuvent se régler à l'amiable. Si la mauvaise foi est patente, le client peut toujours s'adresser à une association de consommateurs pour faire connaître sa mésaventure.

En France, à quelques exceptions près, brocantes diverses, certains marchés de plein air et soldes, les prix affichés sont fermes et définitifs. Marchander offenserait le vendeur, à moins d'un défaut de fabrication qui justifierait une ristourne.

RENCONTRES SPORTIVES ET LOISIRS

Un mot anglais qualifie parfaitement le comportement du joueur qui sait vivre : « fair-play », c'est-à-dire être beau joueur, ce qui implique une certaine élégance dans les échanges, un bon caractère, de l'humour. Chaque sport a ses règles, il convient évidemment de les connaître et de les respecter ; au-delà de ces règles, le sport révèle assez bien le caractère d'un individu.

Si l'agressivité est un des moteurs naturels de toute compétition, elle ne doit pas nuire à la politesse et, au moins dans le sport amateur, elle ne transparaîtra pas hors du jeu. Dans les sports qui se pratiquent à deux ou à plusieurs, il faut accepter sans discuter les décisions d'un arbitre. Les joueurs se serrent la main après une partie de tennis. Il faut apprendre aussi bien à gagner qu'à perdre : le gagnant doit savoir d'un geste courtois atténuer la blessure d'amour-propre du perdant et lui offrir une revanche ; le perdant doit accepter sa défaite sans remâcher sa rancune ni refaire la partie. Le sport est plus encore une victoire sur soi-même que sur son adversaire.

Il faut accepter sans grimacer l'adversaire que le hasard impose. La concentration des joueurs ne doit pas être gênée par des bruits et conversations du public hors de propos.

Si on est invité à participer à un sport, on indique sans fanfaronnade ni fausse modestie son niveau pour mieux équilibrer les équipes. D'une manière générale, c'est le gagnant qui offre au perdant, après un match, quelque chose à boire. Enfin, l'esprit d'équipe suppose la connivence et la solidarité.

Les vestiaires d'un club ne sont ni un salon où se colportent des ragots sur tel ou tel, sur ses capacités ou ses performances, ni l'annexe d'un cabinet de toilette où traînent des vêtements. Le tabac y est généralement interdit. Les règlements d'hygiène doivent être respectés. La détente qui suit l'effort fait partie du plaisir du sport, et chacun doit ménager le repos des autres.

Le golf.   Longtemps réservé à une minorité sociale, ce sport accueille des joueurs de plus en plus nombreux ; mais il lui reste de son passé « élitiste » des usages et des traditions qu'il faut respecter. Le golf est certes un sport solitaire ; en fait, beaucoup de personnes le pratiquent parce qu'il permet de longues promenades sur des sites très beaux et qu'il offre des occasions de rencontre : évitez cependant de transformer une activité sportive en mondanités et en bavardages bruyants qui gêneraient vos compagnons de parcours. Les départs s'échelonnent généralement tous les quarts d'heure, par deux, trois ou quatre joueurs, en fonction de leur niveau ; présentez-vous à vos voisins, cherchez à vous situer pour faciliter les relations, mais sans forfanterie ni développement inutile, et acceptez avec le sourire, même si vous n'aimez que la solitude, ce compagnonnage de route, d'autant que le hasard du jeu ou du club peut vous réunir à nouveau.

La pratique du jeu suppose quelques règles de politesse : évitez de faire attendre derrière vous une file de joueurs pour chercher une balle à quatre pattes dans les fourrés. Il faut s'efforcer de conserver un rythme régulier et de ne pas ralentir le jeu ; on se tient discrètement, sans parler bruyamment ni distraire l'attention du joueur. Si vous jouez seul et si vous êtes rattrapé par un joueur plus expérimenté, proposez-lui de lui laisser votre tour.

La tenue vestimentaire admet peu de fantaisie, quelles que soient les variations de la mode : adoptez, si vous êtes une femme, et selon votre âge, le bermuda, la jupe-culotte ou encore le pantalon de golf, de couleur vive, qui se voit de loin ; les hommes porteront, selon la saison, le bermuda ou le pantalon de golf à carreaux, une veste de pluie si besoin est. Quant aux chaussures, elles doivent avoir des semelles réglementaires pour ne pas abîmer le « green ».

Le ski. De plus en plus de skieurs, des stations souvent encombrées durant les périodes de vacances scolaires, des conditions d'hébergement qui se rapprochent de celles de la vie urbaine : tout cela oblige chacun à respecter des règles de courtoisie. Il faut savoir prendre son tour dans une file d'attente, ne pas couper le chemin d'un skieur, aider celui qui tombe à se relever s'il a besoin d'aide, attendre un ami moins expérimenté, limiter sa vitesse, éviter les exercices d'acrobatie, d'« épate », ou les moqueries envers un débutant. Les rencontres de hasard sont fréquentes dans les remontées mécaniques : un sourire, l'échange de quelques mots pendant le trajet sont des relations normales ; mais point n'est besoin de vous présenter, ni de raconter votre vie ou vos exploits !

De retour à l'appartement, on saura respecter la tranquillité des voisins, ainsi que ranger ses affaires – skis et chaussures – dans les lieux qui leur sont affectés. Les chalets ou appartements de montagne sont presque toujours petits, il faut donc veiller à la propreté et au rangement de ses affaires personnelles. Si vous partez avec des amis, hommes, femmes et enfants doivent proposer de partager les corvées ménagères. N'allumez pas de cigarette si vos compagnons répugnent à l'odeur du tabac et tâchez d'harmoniser vos heures de coucher et de lever avec celles de la communauté.

Toutes les tenues sont à peu près admises sur les pistes de ski, du blue-jean à la combinaison de duvet la plus raffinée, mais restez « dans le ton » en évitant, dans une station avant tout sportive, les décolletés de stars ou les exhibitions de mode. Après le sport, une tenue confortable et un peu plus soignée témoignera de votre plaisir à retrouver la vie quotidienne.

Le bateau. Toutes les règles et les contraintes de savoir-vivre dans un petit espace s'appliquent à la cohabitation sur un bateau : discrétion, simplicité, attention aux autres. Le skipper est le capitaine qui a la responsabilité du bateau et il faut se plier à sa discipline.

N'acceptez une invitation à une croisière que si vous n'êtes pas sujet au mal de mer, ou prévenez le capitaine que vous n'avez encore jamais navigué et que vous ignorez vos réactions. Choisissez un équipement fonctionnel (pas de semelles qui abîment le pont). Apprenez un minimum de termes marins.

À quai, les bateaux sont généralement « à couple », c'est-à-dire côte à côte, et amarrés à un bateau lui-même amarré au quai. Pour aller à terre, il faut donc traverser le pont d'autres bateaux : vous passerez par-devant, jamais par derrière, pour ne pas gêner vos voisins et paraître observer leur cabine.

La chasse. La chasse est beaucoup plus qu'un sport, c'est un loisir qui se pratique généralement à plusieurs et s'entoure de certains rites de convivialité. Ceux qui aiment chasser prennent des « parts » dans des chasses, où ils retrouvent les habitués et quelques invités.

La première des règles, si vous êtes invité à une chasse avec battue, est d'arriver à l'heure, car tous les chasseurs partent en même temps. L'heure varie selon la saison. À l'automne et en hiver où les jours sont courts, on part d'assez bonne heure et la journée est coupée par un déjeuner ; tard dans la saison, un déjeuner est prévu autour de onze ou douze heures, et la chasse commence aussitôt après pour se poursuivre tard. Chacun apporte son fusil et ses cartouches.

Comment s'habiller ? Il faut suivre d'assez près la tenue d'usage : les hommes portent un pantalon rentré dans de grandes bottes, sur lequel ils pourront superposer, par mauvais temps, un pantalon léger imperméable s'arrêtant aux genoux ; la veste, en toile imperméable, ne doit être ni trop serrée ni trop large pour ne pas entraver les mouvements, avec une grande poche dans le dos destinée au gibier ; les cheveux sont coiffés d'une casquette ; les femmes portent un pantalon ou une jupe-culotte, et également la casquette. Les uns et les autres choisissent de préférence la couleur vert « chasse », ou brun. C'est cette tenue qui est portée pour le déjeuner. En revanche, si la chasse est suivie d'un dîner, emportez avec vous dans un sac un vêtement « frais », de « sport habillé ». Les maîtres de maison vous indiqueront où vous pourrez vous changer.

Le « président » de chasse rappelle les règlements de la chasse, le gibier qu'on a l'autorisation de tirer et le plan de la journée. Un coup de trompe donne le signal de la battue.

N'acceptez de participer à une grande chasse que si vous tirez assez bien ; sinon, suivez en spectateur. On avance le fusil cassé sur l'épaule ; chacun doit respecter scrupuleusement les règles de tir : il faut tirer devant soi lorsque les rabatteurs sont loin et derrière soi lorsqu'ils sont à portée de fusil. Il ne faut jamais quitter sa place pour poursuivre le gibier. Il faut éviter de faire du bruit, de parler, de gêner, surtout s'il s'agit de chasse aux canards. Deux coups de trompe sonnent la fin de la battue. Le gibier est alors regroupé.

À la fin de la journée, un « tableau de chasse » est dressé, c'est-à-dire que le gibier est rangé par catégorie : à poil, à plume. Et les chasseurs nettoient leur arme. On ne garde pas pour soi le gibier qu'on a abattu, mais, à la fin de la chasse, le président prélève généralement sur le tableau deux ou trois pièces qu'il donne à chacun de ses invités.

Un dîner, habillé, termine la journée. Les épouses sont souvent conviées : soit elles chassent elles-mêmes, soit elles suivent la battue, ou elles servent de rabatteurs.

La chasse à courre.　Elle est rare aujourd'hui, et elle est très coûteuse. Les veneurs se regroupent en sociétés qui financent les frais (entretien des piqueux et de la meute, par exemple) et constituent un équipage avec ses couleurs. La chasse à courre, qui peut se pratiquer sur des propriétés privées ou des forêts domaniales, obéit encore à un certain rituel, plus ou moins protocolaire selon les régions ou le type de chasse (la chasse au sanglier ou au chevreuil, dite de « petite vénerie » est plus « rustique » que la chasse au cerf). Un « plan de chasse » fixe chaque année un certain nombre d'animaux à éliminer pour maintenir l'équilibre écologique cheptel-territoire.

Il n'est pas nécessaire d'être invité pour suivre une chasse à courre : vous pouvez téléphoner au maître d'équipage pour demander l'autorisation de suivre la chasse en voiture et vous offrez votre participation financière. Si vous voulez suivre à cheval, vous devez être un bon cavalier, mais la courtoisie exige toujours que vous en sollicitiez l'autorisation.

Les chasseurs sont convoqués à un point de ralliement ; il convient de s'y rendre à l'heure, et même un peu en avance. Chacun se présente ; il faut saluer le maître d'équipage et les « boutons » (membres de l'équipage) ; la chasse commence au signal d'un veneur qui sonne de la trompe (on ne dit pas « cor de chasse »).

Les cavaliers qui ne font pas partie de l'équipage sont vêtus d'une veste noire (bombe sur la tête, jodhpurs) ; s'ils font eux-mêmes partie d'un équipage, ils ne portent pas leur tenue à moins d'en demander expressément l'autorisation. Puis un piqueux fait « le rapport », c'est-à-dire qu'il explique quel animal la chasse va suivre.

Que l'on suive la chasse à cheval ou en voiture, quelques règles sont impératives : il ne faut pas couper la voie de l'animal ni passer devant les chiens ; lorsque ces derniers traversent le passage, il faut les laisser passer jusqu'au dernier ; on ne dépasse pas le maître d'équipage ; on évite de parler ou de faire trop de bruit. L'animal est « levé » et forcé par la meute. La chasse dure une bonne partie de la journée, mais elle ne s'achève pas toujours par une prise (le cerf, statistiquement, a deux chances sur trois d'en réchapper). Lorsque l'animal est à l'hallali, un veneur de l'équipage, muni d'un couteau de chasse, est chargé de le « servir », c'est-à-dire de l'achever. Devant l'invité qu'il veut honorer, le premier piqueux présente sur sa toque le pied droit de l'animal pendant que les trompes sonnent les honneurs. Cet « honneur du pied » doit être récompensé, et l'invité offre une rétribution en remerciement.

Le repas pris en commun, à la fin de la chasse, peut avoir lieu dans une auberge ou encore un pique-nique est emporté dans un panier. En revanche, la sociabilité, la sympathie, l'esprit sportif y sont des qualités nécessaires.

HÔTELS ET RESTAURANTS

Les affaires ou le simple plaisir
peuvent vous appeler à fréquenter hôtels et restaurants.
Il faut en connaître les usages qui facilitent la vie
quotidienne et permettent d'en apprécier au mieux
les services.

LE RESTAURANT

Recevoir au restaurant : cette formule était peu
répandue autrefois, car l'on se faisait un devoir d'offrir à ses
invités la chaleur de son foyer et d'y déployer ses talents
culinaires ; le restaurant était surtout réservé aux relations
professionnelles. Aujourd'hui, dîner au restaurant est une fête
de la convivialité et, dans bien des circonstances, ce type de
réception est apprécié de tous parce que l'organisation en est
simple et se prête aux besoins de la vie moderne, qu'il s'agisse
du célibataire mal équipé pour recevoir chez lui, de la femme
accaparée par sa vie professionnelle ou de toute personne qui
répugne aux tâches ménagères. De plus, une réception au
restaurant ne se prolonge guère tard dans la nuit et convient
à ceux qui aiment se coucher de bonne heure ! Cependant,
mieux vaut éviter de choisir la formule du restaurant lorsqu'on
doit inviter des personnes âgées ou traditionalistes.

Que l'on invite un, deux ou dix amis, il faut respecter
quelques règles destinées à mettre les convives et leur hôte
à l'aise. Déjeuner ou dîner ? Le déjeuner est plutôt réservé aux
repas d'affaires tandis que le dîner se prête mieux à la détente.
Le choix du jour importe peu, mais il faut savoir que le samedi
est un jour d'affluence et que, à moins que l'établissement ne
dispose d'un salon particulier, cuisiniers et serveurs seront plus
disponibles en semaine.

Il faut choisir un restaurant dont on a déjà expérimenté la qualité et les services et réserver une table au préalable, en s'assurant qu'elle est placée dans un coin tranquille, agréable, commode pour la conversation – certains restaurants disposent même de salles pour réceptions privées. Les restaurants exotiques ou à « spécialités » ne seront choisis que dans certains cas particuliers, en accord avec la personnalité des invités.

Celui qui invite doit arriver le premier, et il prévient le maître d'hôtel ou le serveur pour que ses invités soient conduits jusqu'à la table, où il les accueillera et les présentera au fur et à mesure de leur arrivée. Le plan de la table, en cas d'invités nombreux, a été prévu, comme pour un repas à domicile. Les invités les plus importants prendront place sur la banquette.

Le menu peut être commandé à l'avance, en accord avec le cuisinier et le maître d'hôtel ; imprimé ou écrit à la main, il est posé de part et d'autre de la table pour que les invités en prennent connaissance. Ou, au contraire, le repas peut être choisi à la carte par les convives : dans ce cas, celui qui invite doit aider chacun à faire son choix en suggérant une liste de plats possibles et en indiquant ce qu'il prend lui-même. Les invités doivent se montrer discrets et s'en tenir à une gamme de prix moyens, en évitant tout autant l'accumulation gargantuesque que le dépouillement anorexique ; la bonne éducation consiste, pour l'invité, à s'aligner sur son hôte, et pour l'hôte à mettre à l'aise ses invités. Le choix doit être fait sans précipitation mais sans lenteur et indécision excessives.

La note doit être réglée à l'insu des invités. Dans le cas d'un repas avec de nombreux convives, l'hôte s'est entendu au préalable avec le maître d'hôtel qui lui présentera sa facture après le départ de ceux-ci ou l'enverra ultérieurement. Si ce n'est pas le cas, l'invitant se lève discrètement à la fin du repas pour régler l'addition. Lorsque l'addition est apportée à table, elle se règle avec une carte bancaire pour ne pas manipuler ostensiblement de l'argent ; l'addition est présentée pliée ; elle se vérifie rapidement, sans insistance.

Hormis ces invitations préparées à l'avance, la situation la plus fréquente est d'aller dîner au restaurant à deux, trois, quatre ou plus, les uns invitant les autres ou chacun payant simplement sa quote-part. Il y a une façon discrète de s'enquérir de la gamme des prix d'un restaurant, dans un guide par exemple. Ce sont toujours les mêmes principes de discrétion qui s'appliquent pour le choix des plats et des vins : on évite les plats les plus chers ; il est peu correct, sauf entre bons amis, de s'étendre sur les prix, et le règlement par carte bancaire évite toute insistance sur l'addition.

S'il s'agit d'une invitation très formaliste, celui qui invite prend seul la carte et fait à sa partenaire des propositions de menu. Il est également judicieux de suivre les suggestions du « chef » qui offre le plat du jour et connaît les « arrivages ». Il existe également des cartes sans les prix, dans certains restaurants, destinées aux invité(e)s.

Quelques comportements spécifiques. L'homme qui entre avec une femme dans un restaurant passe le premier pour lui tenir la porte et lui frayer le chemin. Pour sortir du restaurant, l'homme passe également en avant, mais c'est la femme qui donne le signal du départ.

En entrant dans un restaurant, on signale sa présence au maître d'hôtel pour qu'il vous guide à votre table si celle-ci a été réservée à l'avance ou pour qu'il vous désigne une table libre. Dans un café, au contraire, où les tables ne se réservent pas, chacun choisit librement sa place. Les femmes s'installent sur les banquettes et les hommes prennent place sur les chaises.

Si l'on donne rendez-vous à quelqu'un, il faut essayer de se placer de façon ostensible et de guetter son arrivée pour lui éviter d'errer d'une table à l'autre ; on peut également prévenir le maître d'hôtel qui le guidera à la table réservée.

Il est tout à fait admis aujourd'hui qu'une femme aille seule au restaurant ou qu'elle y invite d'autres femmes. Mais, lorsqu'elle y va en compagnie d'un homme, elle laisse à celui-ci la charge de passer la commande au maître d'hôtel et de glisser le pourboire du vestiaire.

Lorsqu'on rencontre par hasard, à une autre table, une relation ou un ami, il convient de lui faire un petit salut de loin, mais il ne faut pas, s'il est accompagné, le déranger en allant s'installer à sa table, à moins qu'il ne l'ait expressément proposé. Parfois, la discrétion demande même à être poussée encore plus loin et de détourner les yeux.

Une femme ne sort pas en public son peigne, son poudrier ou son tube de rouge à lèvres.

L'homme goûte le vin avant de faire servir ses invités. Si quelque plat ou aliment lui déplaît, il ne prend pas à témoin la salle entière, mais il fait venir le maître d'hôtel et lui glisse quelques mots en aparté ; celui-ci fera changer le mets incriminé. Une réclamation ou une vérification concernant la note se fait également avec discrétion, mais il est tout à fait légitime de demander des précisions.

Le tabac est généralement peu prisé par les amateurs de bonne cuisine. Si on ne résiste pas à l'attrait d'une cigarette à la fin du repas, on s'assure qu'il est permis de fumer tout en demandant l'autorisation, non seulement à ses compagnons de table, mais également aux dîneurs de la table voisine. Le cigare est déconseillé en raison de sa forte odeur.

Il est incorrect de claquer les doigts pour appeler un serveur ; il faut attendre qu'il regarde dans la bonne direction et lui faire alors un signe de la main.

Il est préférable d'éviter le mot pourboire : on parle plutôt de « service ». Il est le plus souvent inclus dans les prix (il est normal de poser la question au moment de régler l'addition : « Le service est-il compris ? »). On peut ajouter une gratification pour remercier d'un service attentif ou soigné et manifester ainsi sa satisfaction, mais ce n'est nullement une obligation. En revanche, il est d'usage de donner une pièce à la personne chargée du vestiaire et au chasseur qui appelle un taxi ou s'occupe de votre voiture.

L'HÔTEL

Réservation, arrivée. Une chambre d'hôtel se réserve en principe à l'avance, par téléphone, ou encore par lettre, surtout lors des périodes chargées. Il faut donner son nom, la durée du séjour, le jour et approximativement l'heure de son arrivée, car, au-delà d'une certaine heure, l'hôtel n'est pas tenu de garder la chambre, sauf si la réception a été prévenue d'un éventuel retard. L'hôtel met parfois à la disposition de ses clients un restaurant et propose des formules de pension ou de demi-pension. Aujourd'hui, même pour une durée de deux ou trois jours, l'hôtel demande des arrhes qui consistent généralement en un pourcentage de la facture globale (10 p. 100) ou au moins une confirmation écrite (par téléfax ou lettre). Si l'hôtel n'est pas surchargé, on peut demander à voir la chambre avant de s'installer, et, éventuellement, à en changer pour des raisons de convenance personnelle (la vue ou le bruit par exemple). On peut également demander, le cas échéant, à réserver une place de parking.

Un hôtel de gamme moyenne comporte à l'accueil un bureau de réception ; c'est là que se prend et se remet la clé de la chambre. Un autre bureau sert de caisse, mais parfois les deux services sont tenus par la même personne. Un grand hôtel offre des services plus nombreux ; à côté du service de réservation et de la caisse, un « concierge » donne clé, courrier, renseignements divers et au besoin organise pour vous des excursions et retient un taxi ou des places d'avion ou de train. Au moment de partir, si on a fait appel à ses services, il est d'usage de l'en remercier financièrement.

Dans beaucoup d'hôtels, un bagagiste monte les valises et tient la porte : il est d'usage de lui donner un billet pour le remercier.

Le séjour. La chambre mise à votre disposition contient en principe ce dont vous avez besoin, mais vous pouvez demander par téléphone à la femme de chambre d'apporter une couverture, un oreiller supplémentaire, des cintres, etc. La vie d'hôtel ne signifie pas que tout est permis : il faut respecter le mobilier et le linge, ne pas essuyer ses chaussures avec le dessus de lit ni secouer la cendre d'une cigarette sur un drap ! On évitera également de transformer la salle de bains ou le balcon en buanderie où sèche le linge personnel. Lorsque la salle de bains est commune à plusieurs clients, la politesse élémentaire est de laisser les lieux tels qu'on les a trouvés, propres et rangés, et de ne pas y laisser traîner ses affaires personnelles. Enfin, beaucoup d'hôtels sont assez sonores et il faut respecter le repos des voisins en réduisant le son de sa radio ou de sa télévision et en baissant la voix dans les couloirs.

Lorsqu'une salle de restaurant est mise à la disposition des clients, il faut, au lieu de s'installer précipitamment, attendre à l'entrée de la salle qu'un maître d'hôtel vous place à une table non réservée ; il est bien sûr loisible à chacun d'indiquer ses préférences. Pour un séjour de longue durée, des arrangements sont pris entre maître d'hôtel et client pour la table, les menus et les boissons.

Les relations avec les autres clients. La courtoisie veut, lorsqu'on partage plusieurs jours la vie d'hôtel avec d'autres clients, qu'on salue ses voisins par une petite inclination de tête ou par quelques mots aimables ; mais il faut éviter en prenant place à table d'engager une conversation avec un convive déjà assis, qui préfère sans doute réserver son attention à son assiette ou à son vis-à-vis. Il est préférable également de ne pas nouer un dialogue de table à table, gênant pour les autres convives, et de faire preuve de beaucoup de discrétion lorsqu'on veut aborder un client inconnu de l'hôtel pour ne pas être importun : sauf en cas de relation appelée à se poursuivre, on ne demande pas son nom à son interlocuteur et on n'a pas besoin de se présenter soi-même.

La tenue doit être propre et décente ; en vacances, il faut respecter les usages de l'hôtel ; certains admettent plus ou moins de décontraction, mais, d'une manière générale, on s'habille un peu plus le soir qu'au déjeuner. Les conversations et les rires ne se feront pas trop bruyants ; on évitera de faire tinter les verres et les couverts. Il est malséant de dévisager les nouveaux venus ou de chuchoter à leur passage.

Départ, service. Lors du départ, la réception doit être prévenue un peu à l'avance des intentions du client et la chambre doit être libérée en fin de matinée. L'ordinateur permet aujourd'hui d'obtenir la note sur-le-champ : celle-ci récapitulera jour après jour les prestations offertes, et il est légitime d'en vérifier le contenu. Il est bien sûr tout à fait proscrit d'emporter « par inadvertance » un cendrier, une serviette ou un peignoir de bains... En revanche, il est normal de garder le savon de toilette ou le shampooing mis à votre disposition par la réception.

Le service est généralement compris dans la note. Dans quelques grands hôtels traditionnels, et en cas d'un séjour d'une certaine durée, vous vous concilierez les faveurs du maître d'hôtel et du sommelier en leur glissant – à mi-séjour – un billet, que vous compléterez le jour du départ. Cette gratification, usuelle autrefois (entre 10 et 12 p. 100 de la note), est devenue facultative : elle doit vous valoir les attentions toutes particulières du responsable du restaurant, en particulier si vous êtes un client « difficile » et si vous réclamez quelque privilège, par exemple un service plus rapide, une table mieux placée ou des modifications fréquentes au menu du jour. Dans les chaînes d'hôtels modernes, où le service est très simplifié et où le personnel change souvent, il n'y a pas lieu d'ajouter ce supplément. En revanche, en cas d'un séjour de plusieurs jours, il est encore usuel de donner un billet à celui ou à celle qui s'est chargé de la propreté et du confort de votre chambre.

VOYAGES ORGANISÉS

Le vie d'hôtel fait partie des circuits de voyages organisés et, dans la mesure où les participants partagent durant un temps déterminé le même mode de vie, il s'ensuit une forme de sociabilité qui a aussi ses règles. Qu'on voyage seul, en couple, en famille ou à plusieurs amis, la bonne éducation consiste à tenir le juste milieu entre une morgue distante et une familiarité déplacée. Il est normal, à l'intérieur d'un groupe nombreux, de se regrouper par affinités, à condition de pallier par le sourire et quelques mots amicaux le manque d'empressement à l'égard de certains. Il faut dire bonjour à ceux que l'on rencontre, sans exception, serrer les mains, s'enquérir de leur santé et de leurs projets ; mais on peut en rester là, sans se contraindre à faire table ou excursion commune.

Les défauts à combattre. Le portrait du mauvais voyageur de groupe est aisé à brosser : il proteste constamment contre la qualité des repas et le confort des hôtels qu'il juge insuffisants ; il se fait systématiquement attendre lors des départs collectifs, car il a oublié quelque chose dans sa chambre, ne parvient pas à fermer sa valise ou veut prendre une dernière photo ; il bouscule tout le monde pour entrer le premier dans le car, le train ou le bateau et pour choisir la meilleure place ; il commente à haute voix les visites ; il sait tout, emprunte sans cesse un guide, des jumelles et s'installe à une table de repas sans demander à ceux qui l'occupent si la place est libre et s'ils n'attendent pas un convive ; il rentre dans sa chambre à n'importe quelle heure, fait du bruit, ouvre grand la lumière, sans s'inquiéter du sommeil de celui qui partage la chambre.

Il ne parle que de lui, de ce qu'il a mangé ou de ce qu'il va manger, de ses achats et de ses bonnes affaires, du voyage organisé qu'il a fait l'an passé ou de celui qu'il projette de faire l'an prochain.

Mais trop de réserve peut être interprété comme un signe de snobisme. Un voyage organisé implique que chacun accepte de jouer le jeu de la vie collective. Le « bon voyageur » est celui qui s'offre courtoisement pour rendre service aux voyageurs plus âgés, qui partage son savoir sans accabler ses compagnons, et admet à sa table des membres isolés, tout en acceptant les inévitables imprévus ; il n'inflige pas aux autres le récit de sa vie.

Dans une chambre, on s'entendra avec son voisin pour le choix des lits. Chacun doit respecter l'espace et le mode de vie de l'autre. Une discrétion aimable constitue la meilleure manière de cohabiter pendant une ou deux semaines avec des personnes qu'on n'est pas appelé à revoir. Parfois aussi se nouent de véritables amitiés.

LA VIE
DANS L'ENTREPRISE
OU AU BUREAU

Le savoir-vivre n'offre pas de recette magique pour supprimer les frictions, tensions et incompatibilités d'humeur dues à la vie professionnelle, mais il permet d'atténuer les gênes et les blessures qu'entraînent presque nécessairement trente ou quarante heures hebdomadaires passées dans un bureau parfois exigu. Ce sont bien sûr les règles générales de la politesse, auxquelles s'ajoutent les nuances inhérentes aux rapports hiérarchiques, toujours sensibles, même s'ils sont enrobés de courtoisie et de cordialité.

LES RAPPORTS PROFESSIONNELS

Toute entreprise a son code. Le savoir-vivre est de s'y conformer : le comportement n'est évidemment pas le même dans une agence de publicité, un ministère ou le siège social d'une grande entreprise industrielle, et il appartient à chacun de trouver le ton juste dans ses relations professionnelles. Certaines sociétés adoptent la cordialité des manières américaines, d'autres préfèrent la distance, mais il ne faut être dupe ni de l'entrain « sur commande » des premières ni du ton compassé des secondes.

Comment s'appeler ? Tutoiement ou vouvoiement ? Il n'y a pas de règle générale mais des cas d'espèces : on s'appelle monsieur, madame, ou encore par le seul prénom selon l'intimité ou l'ancienneté de la collaboration. Alors que le nom de famille ne doit jamais suivre monsieur ou madame dans

les rapports mondains, il est usuel dans la vie professionnelle :
« monsieur Mangin ». L'usage veut que, si les hommes
s'appellent volontiers, pour abréger, par leur seul nom de
famille — « Mangin, apportez-moi ce dossier s'il vous plaît » —,
les femmes, elles, voient toujours leur nom précédé de madame
ou de mademoiselle — « Madame Mangin, apportez-moi ce
dossier, s'il vous plaît. » Dans certaines entreprises, le
tutoiement est institutionnalisé, dans d'autres il détonne ; mais
il est impossible d'associer un tutoiement au seul nom de
famille ; mieux vaut choisir entre « Pierre, apporte-moi ce
dossier » et « Pierre, apportez-moi ce dossier », ou encore
« monsieur Mangin, apportez-moi ce dossier ».

Le comportement. Le registre de la camaraderie est le
plus fréquemment adopté dans les entreprises modernes, et il
se pratique même dans le cas de différences hiérarchiques :
c'est alors à la personne la plus importante de donner le ton
de la relation. Dans le cas d'un stagiaire, et de tout emploi
transitoire, il est plus difficile de se situer ; on ne tutoie que
si l'autre vous tutoie ; un peu plus de politesse vaut mieux qu'un
peu moins. De toute manière, la simplicité, la détente, la
cordialité ne masquent pas tout à fait la structure hiérarchique
qui finit toujours par se faire sentir, et la familiarité a ses limites.
    Saluer, sourire, demander quelques nouvelles adoucissent
les rapports quotidiens. Lorsque des collègues se croisent dans
les couloirs de l'entreprise, ils se saluent, mais la poignée de
main n'est pas indispensable, réservée aux relations privées,
hors travail. Celui qui entre dans un bureau doit dire bonjour
à ceux qui s'y trouvent, qui répondent à leur tour. Mais, si
c'est un supérieur hiérarchique, il faut lui témoigner un signe
de déférence, par exemple se lever : celui-ci arrêtera le geste
par un mot : « Je vous en prie, restez assis » ou « Ne vous
dérangez pas ». Un femme ne se lève pas, sauf si elle est une
très jeune fille et qu'il s'agit du grand patron. Lorsqu'on
accueille quelqu'un dans son bureau, collaborateur ou client,
il faut se lever et lui présenter un siège.
    Évitez de prendre un air désapprobateur lorsqu'un de vos
collègues fait une plaisanterie que vous jugez déplacée, ou
emploie des formules « à ne pas dire ».

La secrétaire. Sur elle repose souvent la bonne marche du service. Elle n'est pas pour autant une esclave et mérite des égards ; ses horaires doivent être respectés et son travail planifié : il est bien connu que tout est toujours urgent ; néanmoins, un travail bien fait suppose du calme et des délais raisonnables. Chacun doit apprendre à exécuter soi-même quelques menues tâches sans remuer la terre entière : une photocopie, une lettre, une note à introduire dans un ordinateur. En revanche, une secrétaire ne transforme pas son bureau en cabinet de toilette : elle évite de se faire les ongles ou de se maquiller, opérations à réserver à la vie privée.

Deux valeurs : discrétion et estime. Être discret et savoir écouter sont des règles d'or, valables pour les patrons comme pour les employés. La première implique qu'on ne s'étende pas sur sa vie professionnelle, ses soucis d'argent ou de santé ; si, pour une raison ou une autre, vie privée et vie professionnelle interfèrent, il vaut mieux ne pas en donner le spectacle au bureau. Quant aux bavardages et ragots qui se propagent dans un service, leur prêter attention disqualifie ceux qui les écoutent autant que ceux qui les colportent. Il s'agit de rester objectif, de se faire son propre jugement – parfois de le garder pour soi – et de ne pas prendre pour vraie l'opinion d'autrui.

La retenue n'empêche pas la confiance et l'estime, qui se situent sur un autre plan. Patron et employés doivent collaborer, et leur entente, pour fonctionner, repose sur quelques principes : un patron accepte les échanges sans se barricader dans son bureau ; un employé ose demander des explications supplémentaires s'il en éprouve le besoin ; l'un et l'autre admettent qu'ils ne savent pas tout et peuvent s'assurer que le message ou le problème a été bien compris. De la facilité naturelle à échanger vient la qualité d'une équipe : le patron (chef de service et autres) attend que son collaborateur lui donne des idées, supplée à ses carences, sans pour autant se décharger de ses responsabilités ni abandonner son pouvoir de décision ; il ouvre sa porte, donne les rendez-vous à ceux qui le souhaitent sans faire attendre, admet les questions. Le moment du déjeuner peut être le moment de détente propice pour nouer des rapports plus chaleureux ; mais le supérieur doit aussi respecter le temps de liberté de l'employé et se faire discret, s'ils partagent la même cantine. Un patron s'efforce de ne pas retenir ses collaborateurs au-delà des heures de travail.

Devant un tiers – relations professionnelles avec un autre service ou avec l'extérieur –, le supérieur sait présenter et faire valoir ses collaborateurs. Toute remarque désobligeante, même justifiée, est à proscrire en public.

Demander une augmentation. Discuter son salaire fait partie de toute vie professionnelle, mais la démarche n'est jamais aisée. Elle doit être préparée, motivée par l'évolution de l'activité et l'accroissement des responsabilités, et faire l'objet d'un rendez-vous ; il faut éviter alors d'alléguer les salaires des collègues et s'interdire toute remarque désobligeante sur autrui ; mais on suggérera éventuellement une nouvelle affectation, plus conforme à ses qualités et compétences. Le patron, lui, doit connaître la situation professionnelle de chacun de ses employés.

Certaines entreprises ont instauré des « entretiens annuels » où chacun fait valoir les services rendus et où est dressé un bilan de la collaboration ; d'autres entreprises préfèrent des réunions plus régulières, indispensables à la cohésion et à la transmission des informations, où la courtoisie est de règle.

Bien que la vie privée ne doive pas empiéter sur la vie au bureau, un minimum d'informations est souhaitable quant aux situations personnelles de chacun, à la fois pour éviter des impairs et pour humaniser les relations. Un mot amical, une attention sont toujours appréciés s'ils sont discrets.

Un départ à la retraite est l'occasion d'une petite fête qui peut être organisée par le chef du service ou par les collègues ; ceux-ci se chargent de faire une collecte et d'offrir un cadeau.

Précautions indispensables au bureau. Le bruit. Il nuit à la concentration et ajoute à la fatigue. Or les cloisons des bureaux sont souvent minces : éviter de forcer la voix, de claquer les portes, de parler de bureau à bureau toutes portes ouvertes ;

Le tabac. De plus en plus nombreux sont ceux qui n'en supportent pas l'odeur. Il ne faut fumer qu'avec des collègues eux-mêmes fumeurs et s'abstenir de fumer au cours de réunions, dans des salles closes et mal ventilées ;

Le téléphone. Il est destiné à régler des affaires professionnelles et non des conversations privées : celles-ci devront donc être rares et réduites à l'essentiel. L'échange téléphonique gagne en clarté et en précision s'il est préparé à l'avance : si les pièces d'un dossier manquent, mieux vaut proposer de rappeler l'interlocuteur quelques instants après plutôt que le faire attendre inutilement sur la ligne ;

La note de frais. Il faut en user avec discrétion et savoir séparer sa vie privée de son activité professionnelle ;

Les horaires. Ils doivent être respectés. L'exactitude, la politesse des rois, s'impose à tous. Les manquements aux horaires retombent le plus souvent sur les collègues. Si les congés de maladie sont légitimes, le laisser-aller et les maladies diplomatiques finissent par empoisonner l'atmosphère et entamer la solidarité ;

La tenue. Dans la plupart des entreprises, aujourd'hui encore, la tenue compte beaucoup : cravate, complet, poignets propres et chaussures cirées sont de rigueur. La politesse réciproque veut que les hommes arrivent propres, rasés, et les femmes coiffées ; jeans et baskets, barbe de plusieurs jours ne s'acceptent que dans certains milieux bien caractéristiques et sont en principe à proscrire.

La décoration du bureau. Si le bureau est occupé par plusieurs personnes, la décoration doit être sobre et tenir compte des goûts de chacun : on peut être allergique aux plantes vertes ou à la multiplication des photos de famille ; chacun doit user avec discrétion de ses souvenirs personnels.

REPAS D'AFFAIRES

Le repas d'affaires constitue un moyen agréable de négocier et de traiter des problèmes dans un climat plus chaleureux. Il faut choisir le restaurant où doit avoir lieu le repas en fonction de la personnalité de l'invité, et également de la rapidité du service. On passe « chercher » l'invité à son bureau ou on se donne rendez-vous au restaurant, mais celui qui invite arrive le premier. L'invité ne doit pas se faire attendre et, en cas de retard, il prévient en donnant l'heure approximative de son arrivée. Les règles élémentaires sont les mêmes que pour toutes les invitations au restaurant.

La conversation professionnelle ne commence ni trop tôt ni trop tard, mais une fois les commandes faites, le vin choisi, les invités bien installés. Celui qui invite ne doit pas contraindre son hôte à boire une bonne bouteille ou à prendre un apéritif s'il se satisfait d'une eau minérale et veut garder les idées claires.

Au cours d'un déjeuner d'affaires, il n'est nullement incongru de prendre un stylo, un bloc-notes ou un document pour clarifier une question, à condition que les parties en présence sachent à quoi s'en tenir : un déjeuner peut n'être qu'une prise de contact, auquel cas il serait indélicat de sortir sa machine à calculer...

Quelle que soit la saveur des mets et des vins, on doit garder tête froide et manières courtoises.

Il faut savoir conclure un repas d'affaires et libérer son invité. Le temps de chacun est précieux et il s'agit de ne pas s'éterniser en sirotant café et liqueurs : on trouvera le prétexte d'un rendez-vous pour se quitter. L'addition se règle par une carte de crédit.

EN QUÊTE D'EMPLOI

Quelques règles et précautions balisent le parcours difficile de celui qui cherche un emploi et l'aident à franchir les étapes préalables à tout engagement, lettre de candidature, curriculum vitae (ou C.V.), entrevues avec le responsable du personnel.

La candidature. La candidature fait suite généralement à une annonce d'offre d'emploi : elle comprend une lettre et un curriculum vitae. La lettre, toujours manuscrite – certaines entreprises procèdent à une analyse graphologique –, n'a pas besoin d'être longue mais doit nécessairement comporter quatre points successifs : donner la référence de l'annonce à laquelle vous répondez (ou, s'il s'agit d'une recommandation,

Lettre pour une demande d'emploi

Ch. Royer
30, rue Pierre-Guérin
78000 Versailles

Demande d'emploi,
Annonce n° 27644,
du

Société XXX
25, rue Dufos
75008 Paris
À l'attention du responsable du
recrutement.

Versailles, le

Monsieur,

Suite à votre annonce parue dans *le Monde* du 6/07/19.., je vous adresse ci-joint mon curriculum vitae.

En effet, je pense que mon expérience passée correspond assez bien au profil du poste tel qu'il est proposé.

Par ailleurs, l'activité de votre Société m'intéresse vivement et me paraît offrir de larges possibilités ultérieures.

Aussi, je vous serais obligé de bien vouloir m'accorder un rendez-vous aussi prochain que possible, nous permettant de mieux envisager mon embauche éventuelle.

C'est dans cette attente, et avec cet espoir, que je vous prie d'agréer, Monsieur, l'expression de mes sentiments distingués et respectueux.

Charles Royer

Charles ROYER
Né le 11/06/68
Célibataire, dégagé des obligations militaires

30, rue Pierre-Guérin
78000 Versailles
Tél. : (1) 39-53-52-51

élève ingénieur (en cinquième année)
DE L'INSTITUT SUPÉRIEUR D'AGRICULTURE DE LILLE

LANGUES

Espagnol : niveau scolaire
Anglais : niveau courant (6 mois aux États-Unis)

*EXPÉRIENCES PROFESSIONNELLES
ET STAGES D'EXÉCUTION*

1990 : stage de six mois dans le service R & D
de l'INSTITUT PASTEUR

1989 : stage de deux mois chez S.E.P.I.A. (Société d'Étude
et de Promotion de l'Ingénierie Aquacole)

1988 : stage de six mois chez WILLIAM H. MINER INSTITUTE
(États-Unis) suivi d'un projet de recherches et de développement sur les céréales.

PASSIONS ET LOISIRS

Responsable d'une troupe de théâtre amateur.
Été 1987 : voyage humanitaire en Égypte.
Sport : voile, tennis.

EN COURS

Mémoire sur XXX.

Lettre pour une candidature
au poste de secrétaire de direction

Paris, le...

A.P.G. - Europe
25, rue Dufos
75008 Paris

Monsieur le Président,

Une solide formation linguistique et littéraire m'a permis d'occuper avec succès le poste de secrétaire de direction chez E.C.T. Publicité ; j'y pratique couramment l'anglais et l'espagnol. Après plusieurs années dans les différents services de marketing et de gestion, j'ai opté pour le secteur financier et juridique, où j'assure le suivi de plusieurs budgets.

À 37 ans, je pense avoir le sens des responsabilités, de l'action, de l'initiative. Équilibrée et calme, j'aime l'organisation.

Aujourd'hui, souhaitant valoriser mon acquis professionnel dans un secteur plus large, je serais vivement intéressée par un poste de secrétaire de direction dans une société à envergure internationale telle que la vôtre, en import-export, gestion de personnel, administration commerciale ou financière.

Je serais heureuse de discuter avec vous de la possibilité d'une collaboration, à l'occasion d'un entretien à votre convenance. Dans cette attente, je vous prie de croire, Monsieur le Président, en l'assurance de mes sentiments distingués.

Amélie Maugin

Hélène des Pins
27, boulevard des Batignolles
75017 Paris
Tél. : (1) 47-24-32-41

37 ans, mariée, 2 enfants

SECRÉTAIRE DE DIRECTION
E.C.T. Publicité.
29, av. Mac-Mahon 75017

FORMATION

Bac + 4
B.T.S. en communication
Langues : anglais et espagnol courants

CURSUS PROFESSIONNEL

1985 - 1992 : secrétaire de direction auprès du directeur financier. Responsabilité de coordination. Organisation de tables rondes.

1980 - 1985 : secrétaire de direction auprès du directeur commercial de MODI - FRANCE, secteur import-export.

EXPÉRIENCE

– Bonne connaissance de l'informatique
– Rédaction et expression orale aisées
  Disponibilité pour d'éventuels déplacements
– Sens de la communication et équilibre

LOISIRS

– Membre de la chorale de RADIO - FRANCE

135

« Sur le conseil de M. Untel, je me permets de... ») ; préciser en deux lignes l'adéquation entre le poste ou l'offre d'emploi et l'expérience ou le C.V. que vous avez ; motiver l'intérêt que vous portez aux activités de l'entreprise qui a retenu votre attention ; et, enfin, demander un entretien, en précisant que vous êtes à la disposition des responsables pour tout renseignement complémentaire. On peut éventuellement joindre une photographie ; mais, bien entendu, on n'envoie jamais une photocopie (ni de la lettre ni de la photographie).

Le curriculum vitae est dactylographié ; il peut se composer de plusieurs façons, mais il doit être adapté à l'emploi recherché. Il développera les points suivants : nom, adresse, âge, situation familiale, éventuellement militaire, charge d'enfants, diplômes, expérience professionnelle. L'ordre peut être inversé : ce procédé, moins traditionnel, présente l'avantage de mettre en tête les points forts du postulant ; le candidat donne l'état actuel de sa situation en définissant le poste qu'il occupe, son expérience, la taille de l'entreprise où il travaille : « Pierre Mangin, ingénieur électronicien, cinq ans d'expérience ». Puis il énumère ses diplômes, ses emplois précédents dans d'autres entreprises, la formation professionnelle qu'il a suivie. Il peut indiquer également les raisons qui le poussent à quitter la société et à en chercher une autre. Enfin, il indique les langues qu'il parle, son niveau de pratique et, éventuellement, ses stages à l'étranger et ses loisirs. Le curriculum vitae est destiné à accrocher l'intérêt et à obtenir un rendez-vous.

La première entrevue. Compte tenu du nombre de candidatures retenues, la première entrevue peut être décisive. Le candidat, qui cherchera à trouver le ton juste, sans timidité ni forfanterie, sait certes ce qu'il vaut, mais la concurrence ne lui facilite pas la tâche ; on lui demande de la simplicité sinon de l'aisance. La présentation compte toujours beaucoup, mais les critères de la bonne tenue se sont assouplis et dépendent du type d'activité professionnelle : un laboratoire de recherche, une agence publicitaire admettront plus de liberté vestimentaire qu'une société bancaire, mais, de toute façon, la tenue doit être propre.

Une des règles d'or pour le candidat convoqué consiste à attendre que son examinateur – généralement le directeur des relations humaines ou un de ses collaborateurs – lui pose des questions et à se garder de parler le premier. Un silence un peu long est difficile à supporter, mais c'est aussi à sa capacité de résister aux pressions et de ne pas se laisser dérouter qu'on juge du sang-froid d'un candidat. Celui-ci, pour se donner contenance, peut apporter avec lui un bloc et un crayon afin de prendre quelques notes concernant les structures de la société, son organigramme, ses activités, ses filiales. Il a le droit de poser lui-même des questions et d'expliciter ce qui l'intéresse. Son comportement sera naturel, son vocabulaire simple et il évitera le bluff, toujours décelable par les spécialistes de ce type d'entretien ; enfin il attendra, pour allumer une cigarette, que son interlocuteur fume le premier.

Dès le premier entretien, il est légitime de parler de ses prétentions salariales et de l'évolution d'une carrière. Faute d'aborder franchement la question au moment où tout se discute librement, des malentendus peuvent s'instaurer, délicats à lever par la suite quand l'embauche est décidée.

C'est l'examinateur qui conclut l'entretien ; si la conversation s'essouffle, le candidat peut demander s'il a bien répondu à toutes les questions et dans quels délais il peut espérer une réponse.

De son côté, le directeur doit s'efforcer de mettre à l'aise le candidat et prendre le temps nécessaire pour le faire parler. Il peut lui offrir, avant même de commencer, un café ou un jus de fruits. Parfois, il reste assis derrière son bureau, ou bien il s'installe dans un fauteuil aux côtés du candidat. Il évitera les interruptions téléphoniques, à moins qu'il ne se serve de ces incidents impromptus pour sonder les réactions de son interlocuteur...

LA DÉMISSION

Une telle décision se prépare par des démarches préalables. Mieux vaut donner sa démission au moment où l'on détient un contrat d'engagement dans une autre société !

Avant d'envoyer une lettre de démission, il peut être utile de rencontrer son chef de service ou le directeur du personnel, ou tout autre supérieur, en lui demandant un rendez-vous pour étudier avec lui les modalités d'une meilleure insertion au sein de l'entreprise, ou encore d'autres perspectives de carrière. Plutôt que d'« incompatibilités d'humeur » – ce mot, à la mode, laisse entendre que votre humeur est bien fragile –, vous parlerez de « certains malentendus » en raison desquels vous ne donnez pas toute votre mesure, et de votre désir de trouver un autre poste, une autre orientation plus conforme à vos intérêts et aux intérêts de l'entreprise. Votre directeur peut chercher à vous retenir en vous offrant une augmentation, mais il faut savoir qu'une situation inconfortable, même rattrapée par une augmentation, demeure inconfortable. Il peut également renvoyer à plus tard la décision à prendre. Dans tous les cas, même s'il est content de la décision de celui qui part, un directeur exprimera ses regrets devant ce départ.

Si vous décidez de quitter la société, vous devez un préavis à votre employeur, mais il n'est pas rare qu'employeur et employé cherchent d'un commun accord une date qui convienne à tous. Une démission se signifie par l'envoi d'une lettre (manuscrite ou dactylographiée), en recommandé, avec accusé de réception. La lettre doit être courte ; il n'est pas nécessaire de donner le motif de la démission : on se contentera de la formule passe-partout : « pour convenance personnelle ». Enfin, il faut savoir que ce type de démarche est très courant à une époque de mobilité de l'emploi : il n'y a donc pas lieu de lui donner un caractère trop solennel.

LE LICENCIEMENT

Il doit aussi se préparer par un entretien préalable. C'est au chef de service, après consultation du directeur du personnel, de convoquer l'intéressé. Le code du travail réglemente les conditions de licenciement, mais la courtoisie veut que l'intéressé soit prévenu avant que soit déclenchée la procédure. Le futur licencié peut solliciter un rendez-vous et demander des explications à son supérieur. Il peut également se faire accompagner par une personne de son choix, à condition qu'elle appartienne à la société, représentant syndical ou autre.

L'entretien permet de confronter les positions et d'ajuster éventuellement les modalités du départ. Une bonne négociation vaut sans doute mieux qu'un long procès.

Quel que soit le désagrément de la situation, ni l'intéressé, ni ses collègues, ni ses proches ne doivent en faire un événement exceptionnel et tragique : le licenciement – et il en va de même pour le chômage – ne met pas en cause la valeur professionnelle et il n'est pas un déshonneur ; à chacun donc de dédramatiser et d'abandonner les mines compatissantes, condescendantes ou contrites. De nos jours, les conditions techniques, sociales, économiques et démographiques du monde du travail ne sont plus celles d'une société de plein emploi et l'évolution rapide de la science, l'émergence de nouveaux métiers obligent tout travailleur à renouveler sa formation professionnelle. Les économistes préfèrent parler, plutôt que de chômage, de disponibilité professionnelle entre deux emplois, ou de mobilité et de recyclage.

PROFESSIONS LIBÉRALES

Certains professionnels sont en contact direct avec le client : ils ont leur propre code de savoir-vivre, code qui varie selon qu'ils sont avocat, notaire, médecin, etc., qu'ils travaillent seuls ou en cabinet. La plupart de ces professions sont représentées par des « ordres » qui peuvent être consultés pour connaître les modalités habituelles de rémunération et qui règlent les conflits qui peuvent surgir entre clients et professionnels avant qu'ils ne soient portés devant les tribunaux.

La salle d'attente. Elle doit être propre, fleurie, avec suffisamment de sièges confortables ; des revues (non déchirées et qui ne remontent pas à l'année précédente !) sont disposées sur une table pour aider à patienter. Lorsqu'un client entre dans une salle d'attente, il peut incliner la tête et sourire en guise de salutation, mais sans serrer la main ni engager de conversation. Si on arrive à plusieurs, on s'efforce de parler doucement, sans prendre à témoin les autres clients qui attendent.

L'exactitude. Elle est la première des politesses, d'un côté comme de l'autre. On veillera à ne pas surcharger son carnet de rendez-vous et, en cas d'un retard accidentel, de plus d'un quart d'heure, il convient de faire prévenir le client par une secrétaire et de lui proposer un rafraîchissement, en même temps qu'on exprimera ses excuses. Certaines professions, cependant, comme les professions de santé, ne peuvent pas maîtriser exactement la durée de leur rendez-vous ; il faut donc faire preuve de compréhension. Les passe-droits sont toujours ressentis avec amertume par ceux qui n'en profitent pas ; il faut donc en user parcimonieusement.

La consultation. Le client doit apporter le dossier le plus complet possible et indiquer, s'il y a lieu, par quelle filière ou quelle relation il a eu l'adresse de la personne qui le reçoit. Son interlocuteur l'écoute avec attention, il cherche à établir la confiance, au besoin en l'aidant par des questions, car tout le monde n'a pas la même facilité à s'exprimer ; il dérive sur son secrétariat les appels téléphoniques qui gêneraient l'échange ; s'il est obligé de recevoir un appel, il l'abrège. Le client évite les longues digressions.

Les honoraires. Certaines professions suivent des barèmes (huissiers, notaires, architectes, géomètres, médecins...), et leurs honoraires sont tarifés ; ils ne se discutent donc pas. Pour d'autres, les avocats par exemple, ils s'évaluent en temps passé, plus rarement au forfait : l'avocat doit préciser au client son mode de calcul (extrêmement variable en France et échelonné de 1 à 10), à partir de la première consultation, qui peut n'être qu'une visite de conseil ou d'orientation, gratuite. De son côté, le client doit demander à son interlocuteur quels seront ses honoraires. L'architecte est rémunéré en pourcentage sur les travaux exécutés. Certains professionnels demandent à être payés en espèces, mais il n'y a aucune obligation à le faire.

Les cadeaux. Un client satisfait – particulier ou entreprise – peut, pour entretenir la qualité des relations ou remercier d'une consultation gratuite, adresser un cadeau, par exemple, bouteilles de vins fins ou d'alcool à la fin de l'année. On n'envoie pas de cadeau à un fonctionnaire.

LE SAVOIR-VIVRE
DES JEUNES

Aujourd'hui, l'exemple chez les parents et les éducateurs est la meilleure manière d'inculquer aux jeunes la courtoisie, l'affabilité, la tolérance, les « bonnes » manières. « Les enfants ont plus besoin de modèles que de critiques », disait Joubert, un de nos plus pénétrants moralistes !

Le premier des principes à se remémorer, pour éviter les conflits inutiles, est que les enfants sont autant « les enfants de leur génération que vos enfants » ; ils suivent selon leur classe d'âge des règles bien à eux, variables d'une décennie à l'autre et qui déconcertent leurs aînés : la querelle des Anciens et des Modernes ne date pas d'aujourd'hui. La jeunesse est l'âge de la sincérité, de la générosité, de l'ardeur et, parfois, des excès ; à ce titre, elle repousse ce qui lui semble relever de l'hypocrisie : aux aînés de lui faire découvrir que la vraie politesse sort du cœur et d'établir un climat de confiance qui l'aide à trouver la « bonne distance » dans les rapports avec autrui. Si trop de règles briment et rebutent, l'absence de règles peut nuire aux enfants.

DES DEVOIRS RÉCIPROQUES

Le respect des autres repose sur le respect de soi-même ; c'est vrai à tous les âges et cela s'apprend dès l'enfance. Le respect de soi commence par le respect de son corps et par l'hygiène. Quel que soit le vêtement, par exemple jeans et baskets, l'enfant doit avoir tôt le réflexe de la propreté, qui se signale aux détails, ongles, dents, cheveux... Sa beauté tient à son naturel, à sa fraîcheur, à la grâce de ses gestes : il faut donc l'habituer à se tenir droit, à ne pas gesticuler, à coordonner ses mouvements, à regarder en face, à parler posément, toutes habitudes du corps qui doivent devenir naturelles et dureront toute la vie. La jeunesse, passionnée de sports, de records, de compétitions, se plie assez volontiers aux exercices physiques : la tâche de l'éducateur est d'exploiter ce goût en lui offrant la possibilité de mettre son corps à l'épreuve et de découvrir les vertus de la discipline.

La vie de famille est un échange réciproque. On est en droit d'attendre des enfants qu'ils participent à une discipline collective, tout en admettant également leur vitalité. Sur quelques points sensibles, on doit apprendre à trouver un juste équilibre, dans une sorte de contrat accepté le plus souvent par affection réciproque.

Ranger. L'ordre est à la base de l'organisation familiale et le désordre une source de conflits. Apprendre à ranger sa chambre, à classer ses affaires de travail, à rassembler ses jeux ou ses livres, c'est déjà faire l'apprentissage de la méthode. Il est impératif de ranger une salle de bains commune : plier les serviettes, rincer le lavabo et la douche, ne pas y laisser traîner ses affaires personnelles ni laisser derrière soi une mare. Les parents, évidemment, donnent l'exemple et fournissent les moyens du rangement. L'ordre n'est pas non plus une opération par le vide : l'enfant a droit à son espace privé, à ses trésors « secrets » et à ses souvenirs (il tient parfois plus à une vieille chemise trouée qu'à un pull tout neuf).

Le bruit. La jeune génération supporte des décibels qui assourdissent ses aînés. Elle doit savoir que les bruits excessifs font partie des « troubles » punis d'amende par la loi et que la jurisprudence réserve une rubrique toute spéciale aux divers instruments de musique, de la batterie au cornet à piston. C'est un devoir minimal de baisser le son des appareils de musique, dont les « amplis » de plus en plus perfectionnés font profiter tout l'immeuble, et de régler les baladeurs pour ne pas gêner ceux qui partagent une chambre ou une banquette de métro. Tout en s'habituant, même s'ils le déplorent, à la musique comme « fond sonore », les parents peuvent exiger le silence et la concentration durant le temps du travail ou des repas pris en commun. Quant au moteur qui pétarade dans la rue, il contrevient également aux règlements de la circulation.

Les horaires. Bien que la vie urbaine moderne rende difficile l'exactitude, les parents sont en droit d'attendre que leurs enfants respectent les horaires des repas, des sorties et que, en cas de retard, ils avertissent par téléphone. On leur demandera de même de prévenir s'ils ramènent un ami pour un repas, politesse minimale à l'égard de la mère de famille. L'enfant doit apprendre à mesurer son temps ; il le fera en participant à la vie collective.

La conversation. Elle commence par le salut matinal. Dire « bonjour », « merci », « pardon » fait partie du vocabulaire usuel de la vie collective et s'apprend dès le premier âge. L'enfant doit articuler correctement, dire « oui » d'une voix claire, ne pas parler en mangeant ou en mâchant du chewing-gum. Il n'interrompt pas une conversation – mais les adultes doivent aussi savoir lui donner la parole et lui laisser le temps de trouver les mots qu'il cherche. C'est à l'intérieur du foyer qu'il osera s'exprimer sans peur du ridicule, et ses proches l'aideront à formuler ses idées, à étendre son vocabulaire, à participer à une conversation générale : le repas du soir peut être à cet égard le moment privilégié d'un échange entre parents et enfants.

Le respect. L'enfant doit saisir tôt les rapports de distance et de respect vis-à-vis d'un adulte ou avec un autre enfant. Il apprend à vouvoyer ceux qu'il ne connaît pas, à dire « Bonjour monsieur ou madame » et non pas « Salut » ou « Bonjour ». Les gros mots sont à proscrire, au moins en compagnie des adultes.

C'est au respect face aux gens âgés que se mesure la bonne éducation. L'enfant apprend à saluer dans la rue un professeur ou une relation de ses parents. Il faut l'habituer à envoyer un dessin, puis à écrire une lettre de remerciements pour un cadeau, une carte de vœux ou simplement une lettre de vacances à ses parents et grands-parents pour leur donner de ses nouvelles : mieux vaut une lettre avec beaucoup de fautes d'orthographe que pas de lettre.

Certains parents veulent que les petits garçons apprennent tôt l'usage du baise-main ; du moins faut-il n'en user qu'à bon escient : l'enfant qui singe l'adulte perd toute grâce. Quant aux révérences des petites filles, elles appartiennent aux images du temps passé : une légère inclination de la tête, un sourire, une poignée de main franche sont préférables à des gestes qui sentent l'affectation.

Les amis. Ils constituent une part importante de la vie des enfants. Un enfant qui ramène chez ses parents un ami d'école doit apprendre à le présenter par son prénom et son nom ; celui-ci peut également se présenter lui-même, de la même manière : « Jacques Mangin ».

On peut être accueillant avec les amis de ses enfants, tout en imposant quelques règles de discrétion : par exemple, exiger qu'on ne vide pas le réfrigérateur, que l'on ne fume pas toutes les cigarettes de la maison, qu'on se soumette aux horaires de la famille, qu'on respecte le mobilier, les effets personnels, et qu'on se prête à un minimum de conversation. Invité dans une famille pour un séjour de vacances, l'ami(e) n'arrive pas les mains vides : son cadeau peut être minime, mais il indique une attention. L'ami aidera aux activités ménagères, fera son lit et remerciera de l'hospitalité offerte.

L'ami(e) de cœur. Cette situation est souvent délicate. La conduite des parents varie selon leur âge et leurs convictions. Plutôt que d'afficher une complicité ou au contraire une hostilité trop manifestes, on peut conseiller une certaine réserve, qui n'exclut pas la gentillesse mais qui, de l'avis de beaucoup, facilite les rapports et ménage l'avenir. La discrétion est toujours souhaitable et, quelle que soit la réponse donnée à ce phénomène moderne, la règle est de ne pas imposer aux autres, aux grands-parents et aux proches, une situation que leur morale ou leurs usages réprouveraient. En outre, il vaut mieux aborder franchement le problème avec les jeunes en leur expliquant les motifs de votre réticence que d'affecter d'ignorer

« l'autre ». La plupart du temps, les jeunes comprennent fort bien que, dans la vie quotidienne, dans un appartement, les parents n'acceptent pas un (ou une) petit(e) ami(e) à domicile ; par contre, en vacances, il est souvent d'usage aujourd'hui d'inviter celui ou celle qu'aime votre enfant à passer un moment avec la famille. Il n'est pas obligatoire, si vous n'y tenez pas, de les mettre dans la même chambre. Mieux vaut même l'éviter lorsque des personnes âgées (grands-parents) ou de jeunes enfants partagent vos vacances. Quelle que soit votre attitude, elle sera acceptée si elle est clairement expliquée. Il est recommandé de présenter son ami(e) à ses parents et d'attendre de leur part une invitation pour un séjour, sans imposer une présence non souhaitée.

Le téléphone. Inévitables, les conversations téléphoniques des jeunes irritent beaucoup de parents. Ceux-ci sont en droit d'y mettre quelques règles : ne pas téléphoner à l'heure des repas, ni tôt le matin, ni après dix heures du soir. Un jeune qui en appelle un autre doit immédiatement se présenter : « Bonjour monsieur (ou madame), ici Pierre Mangin, puis-je parler à Stéphanie ? » ; si la correspondante n'est pas là, l'interlocuteur peut demander à quelle heure il doit rappeler et il achèvera la communication par : « Excusez-moi de vous avoir dérangé. » En tout cas, la conversation doit être brève : certains parents fixent des créneaux horaires aux communications téléphoniques de leurs enfants et exigent qu'elles ne dépassent pas cinq minutes !

Argent. Il faut n'en parler ni trop ni trop peu. La société de consommation fait de l'argent une valeur qui prime tout, et il est bon d'apprendre aux enfants que d'autres valeurs sont également respectables.

L'enfant doit apprendre à respecter le travail qui procure l'argent. On peut l'habituer à faire un budget en lui donnant de l'argent de poche ; par ailleurs, la société moderne permet aux jeunes d'avoir très tôt une petite expérience professionnelle, soit par des stages d'été, soit par de « petits métiers » durant l'année scolaire – garde d'enfant, lavage de voiture... – qui développent la responsabilité et procurent une relative autonomie financière. Il est toujours désagréable de voir un enfant disposer de beaucoup d'argent donné par ses parents, jouant les adultes et mesurant la vie en termes uniquement matériels et économiques. Tout est une question de mesure ; les parents doivent tenir ferme face aux pressions d'autres familles qui gâtent excessivement leur progéniture et la privent du plaisir plus profond d'attendre et de désirer.

Reproches. Ils ne se font jamais en public, devant témoin, et surtout pas devant les amis des enfants. Les parents sont parfaitement en droit d'adresser des remontrances à leurs enfants, mais celles-ci seront plus efficaces si elles ne sont pas faites sous l'empire de la colère, en hurlant, mais d'une voix mesurée et ferme. Les parents entament une discussion ouverte avec leurs enfants en essayant d'expliquer clairement les raisons du code de conduite instauré. De même, il ne faut pas admettre de l'enfant des réactions violentes de colère ou des insultes. Un respect mutuel est indispensable dans les relations parents-enfants.

LES JEUNES ENTRE EUX

En dehors des « bonnes manières », certaines valeurs ont cours dans le savoir-vivre des jeunes : sincérité, souci de la vérité, respect des autres. La jeunesse élimine tout ce qui lui paraît artifices, compromis, conformisme étriqué, hérités d'une société du XIXe siècle, pour promouvoir un autre type de relations fondées sur les élans du cœur et sur la sympathie naturelle.

Le partage et la solidarité. À des degrés divers, ils font partie du savoir-vivre des jeunes. Au café, au restaurant, au cinéma, dans un voyage, chacun paye sa quote-part, sans souci de sexe, et quelle que soit la situation ou la fortune des parents. Les filles ne réclament aucun privilège. Le troc assure un mode d'échange honnête et normal des biens, à l'intérieur de l'école ou du lycée, sans qu'intervienne l'argent ; les parents ne doivent pas s'en offusquer ni introduire leurs propres valeurs d'échange. On se prête beaucoup, on s'entraide, mais tout est toujours rendu. En cas de fête, de petite réception, chacun s'efforce de rendre la politesse ou de faire un petit cadeau.

Les sexes. La mixité dans les écoles a modifié les comportements. L'école n'est pas forcément un terrain favorable à l'éclosion des sentiments amoureux (l'amour « casse » l'ambiance, et ceux qui veulent se dire des mots tendres s'excluent eux-mêmes de la bande). Mais chacun respecte l'ami(e) de l'autre et fait comprendre, s'il y a lieu, que la « chasse est gardée ».

Les filles ont une liberté que leurs mères n'avaient pas ; elles sortent seules ou à plusieurs et ne sont exclues d'aucune conversation. Une fille n'hésite pas à téléphoner à un garçon, à lui demander de l'accompagner à une soirée ou à un spectacle et danse autant qu'elle veut avec le même cavalier sans que nul n'y trouve à redire ou décèle une idylle naissante.

DÎNER ET SOIRÉES DANSANTES

Sauf à l'occasion des grandes soirées traditionnelles, encore semblables à celles des générations précédentes, les réceptions de jeunes sont moins formalistes qu'autrefois. Pour une réception d'une cinquantaine de personnes ou plus, une invitation écrite – souvent rédigée de manière amusante – et photocopiée est envoyée à chacun pour éviter les « invités surprises ». Si l'on invite peu de monde, les invitations se font par téléphone. Du repas improvisé en l'absence des parents – et avec leur permission – à la petite « boum » programmée huit jours à l'avance, celui ou celle qui reçoit peut faire appel à la contribution de ses invités. Les garçons apportent les bouteilles, les filles un plat ou des gâteaux. Le buffet est simple mais copieux et l'alcool peu recommandé avant un certain âge. La tenue est celle de tous les jours. Le savoir-vivre élémentaire consiste à respecter les lieux mis à la disposition : pas de mégots écrasés par terre ni de doigts poisseux sur les rideaux. Les parents doivent songer à enlever auparavant tous les objets et meubles fragiles. Une chambre sert de vestiaire. Si l'on danse, les voisins doivent être prévenus, et leurs enfants, au besoin, invités. À condition d'en demander la permission, un invité peut amener un de ses amis, mais celui qui invite doit savoir se défendre fermement de l'invasion d'inconnus, en prévenant que « les copains de copains de copains » seront impitoyablement refoulés. À la fin de la soirée, les amis aident les enfants à ranger et à faire la vaisselle.

Ambiance. Le rôle des jeunes maîtres de maison est de pourvoir à tout et de mettre de l'ambiance ; on présente les invités les uns aux autres au fur et à mesure de leur arrivée ; le choix de la musique est très important et il convient de prévoir platine, amplis et plombs de rechange dans un coin. Un petit attirail de pharmacie, des bougies font également partie des précautions utiles. La soirée « à thème », avec déguisements, lève aussi bien des inhibitions. Trop d'ambiance comporte d'ailleurs des risques. On peut alors confier à quelques amis proches le rôle de vigiles : ils surveilleront l'entrée, refouleront les non-invités et modéreront ceux qui auraient tendance à abuser de l'alcool. Quant aux parents, ils peuvent être présents au début de la soirée, mais ils s'éclipsent généralement assez vite, quitte à revenir pour signifier la fin des réjouissances...

Dans certaines soirées, l'usage est de plus en plus fréquent de demander une participation financière ; cette formule n'a rien de choquant ; elle se pratique surtout lorsque les organisateurs ont une salle à louer ou un très petit budget.

Le « rallye dansant ». Il est une manière de faire se rencontrer des jeunes gens avec la bénédiction de leurs parents et de les préparer à la « vie mondaine ». L'organisatrice d'un rallye, qui lui donne généralement son nom, dresse des listes de jeunes gens et de jeunes filles après avoir obtenu l'accord de leurs parents. Elle réunit alors le plus souvent les parents pour débattre avec eux des modalités du rallye (type de réceptions, horaires, buffets, participation financière à l'organisation). Les membres du rallye doivent alors se plier au règlement ainsi établi (qui sera envoyé aux participants avec la liste des garçons et des filles), et, en particulier, aux horaires prévus.

Les parents des jeunes filles s'engagent à recevoir le rallye dans un délai fixé et l'organisatrice établit le calendrier des réceptions sur deux ou trois ans : le rallye commence en effet par le cours de danse pour les 15-16 ans, qui a lieu généralement le samedi en fin de journée, de 17 à 20 heures, puis viennent l'année suivante les premières soirées plus habillées, de 18 à 24 heures pour les 16-17 ans ; enfin, les troisième et quatrième années de rallye donnent lieu à des soirées qui se déroulent depuis 19 ou 20 heures jusque tard dans la nuit et s'entourent de plus d'apparat : robes du soir, cartons imprimés... Les parents ajoutent aux membres du rallye leurs amis personnels ; ils reçoivent également les parents qui désirent passer quelques instants en spectateurs de la fête. Certains jeunes sont inscrits à plusieurs rallyes et se rendent le même soir de l'un à l'autre, car, au moins à Paris, plusieurs réceptions peuvent avoir lieu le même jour.

Une réception traditionnelle. Qu'il s'agisse d'un rallye ou d'une soirée dansante, les mêmes règles, les mêmes impératifs commandent l'organisation d'une réception traditionnelle : choix d'une salle, envoi des invitations, organisation d'un buffet, déroulement de la soirée.

Une mère reçoit pour sa fille, mais, bien souvent, pour alléger les frais, deux ou trois mères de familles, dont les filles se connaissent et ont environ le même âge, peuvent se réunir pour recevoir. La dimension des appartements ne permettant généralement pas de rassembler beaucoup de personnes pour danser, il faut louer un salon destiné à cet effet, en s'y prenant longtemps à l'avance. Avant de retenir une date, les parents doivent s'efforcer de savoir si d'autres grandes soirées n'ont pas lieu ce même jour.

Les invitations. Ce sont généralement, pour les grandes soirées, des cartons imprimés, où sont indiqués le jour, l'heure, le lieu de la réception, l'adresse où doit être envoyée la réponse, et parfois un plan, si la réception a lieu à la campagne. Ces cartons admettent beaucoup plus de fantaisie qu'autrefois, et, même, ils rivalisent d'originalité : cartons de couleur, rayés, gravures anciennes, photographies d'un paysage ou d'une maison, support d'un texte qui, lui, ne change guère.

Le carton. Il doit être envoyé de trois semaines à un mois à l'avance, et la réponse souhaitée doit parvenir dix jours avant la date de la soirée. Il faut mentionner la tenue, et, de plus en plus souvent, le carton d'invitation est exigé à l'entrée, ainsi qu'une pièce d'identité, pour éviter l'afflux d'indésirables. La jeune fille ajoute à la main, si elle le désire, « nom et adresse d'un danseur », auquel elle enverra également un carton.

Madame Mangin
recevra pour sa fille Amélie
le 30 juin 1995
dans les salons du X-club
27, rue de l'Amirauté

20 heures

Réponse souhaitée
avant le 15 juin

Tenue de soirée
Carte exigée à l'entrée   29, rue Fernand-Léger

Autre formulation :

MADAME MANGIN   MADAME DE PLEURRE

recevront pour leurs filles
Amélie et *Françoise*

à partir de 20 heures
dans les salons de l'Amirauté
rue François-Ier

R.S.V.P.   Tenue de soirée

29, rue Fernand-Léger   8, rue Jacques-Guérin

Le buffet. L'organisation de la réception est confiée à un traiteur. Quand il s'agit des très jeunes gens, on ne prévoit que des jus de fruits, mais ensuite le buffet doit comprendre un alcool et du champagne. C'est au traiteur de déterminer, selon les horaires de la réception et le nombre des invités, l'importance du buffet, qui se mesure en mètres de longueur : il faut compter un minimum de vingt « pièces » par personne – deux fois plus de salé que de sucré –, réparties sur un ou deux buffets selon le nombre des salons. La plupart du temps, la commande au traiteur a lieu avant que soit parvenue la totalité des réponses et confirmée avec plus d'exactitude quelques jours avant la réception (la règle générale est d'estimer à 30 p. 100 le nombre des refus). Il n'est pas rare, pour « calmer » l'ambiance, de retirer pendant une heure les alcools (par exemple vers 23 heures) puis de les remettre après.

Les fleurs, la sono. L'hôtesse qui reçoit doit veiller aux fleurs et à la décoration de la salle, tandis qu'un spécialiste se charge des lumières et de la sono. Les orchestres ont à peu près disparu de ces soirées, ils sont remplacés par des appareils de musique très performants, un éclairage style « boîte de nuit » et les services d'un « disc-jockey » qui veille à la musique. Outre le personnel du buffet et du vestiaire, le traiteur peut fournir deux ou trois « pointeurs » qui contrôlent à l'entrée les cartes d'invitation, en sachant qu'aux heures d'affluence, entre 23 heures et 1 heure du matin, il est difficile de filtrer les passages.

Les réponses. Il est impératif de répondre dans les délais demandés. La formule de remerciement doit être rédigée simplement, sur un papier à lettre ou un carton libre, à la main, ou sur une carte de visite des parents, où le jeune a mis son prénom en barrant M. et Mme d'un trait tiré à la diagonale – car les jeunes n'ont généralement pas de carte de visite à leur nom. La réponse est adressée à la mère de la jeune fille que l'on connaît : « Guillaume Milot présente ses respectueux hommages à Madame Mangin et la remercie de son aimable invitation à laquelle il aura le plaisir de se rendre. » Ou :

« Delphine Milot présente ses respectueux sentiments à Madame Mangin et la remercie de son aimable invitation, à laquelle elle a le regret de ne pouvoir se rendre en raison d'un autre engagement pris ce jour-là. »

D'autres réponses peuvent être moins conformistes, surtout si l'invitation est libellée de façon humoristique, si les enfants sont liés ou si l'invité connaît bien la maîtresse de maison. « Chère Madame, je suis sûr que cette soirée sera une des plus réussies de l'année et je me réjouis d'en être ! Si je peux vous être utile, j'en serai heureux. Acceptez, avec mes remerciements, mon respectueux souvenir. »

Il ne faut jamais remercier par téléphone. On évite de faire inviter des amis, sauf en cas de liens très intimes avec la personne qui invite.

La tenue. Aucune règle ne préside à la tenue, qui dépend de la mode et de l'invitation : smoking ou costume de ville, robe longue ou courte, cheveux coiffés, barbe rasée. À part l'année du cours de danse, les jeunes ont tendance à avoir des tenues très élégantes, en particulier les jeunes filles. Les parents qui reçoivent portent généralement une tenue de cocktail.

Le bal. Pour accueillir leurs invités, les maîtresses de maison – une ou deux mères – et leurs filles se tiennent à l'entrée du salon jusqu'à 22 heures ou un peu plus tard. Il n'y a généralement plus d'« aboyeur » pour annoncer le nom des arrivants, qui se présentent donc eux-mêmes en articulant clairement leur nom.

Si l'ouverture du bal et la « première danse » n'existent plus que dans certains récits romanesques, les jeunes gens invités sont toujours tenus de faire danser une fois la jeune fille qui reçoit. Ils cessent impérativement de fumer lorsqu'ils invitent une jeune fille à danser.

Les parents maîtres de maison restent présents jusqu'à la fin de la soirée. Souvent, ils convient quelques bons amis, pères et mères des jeunes invités pour leur tenir compagnie ; un petit salon est aménagé à leur intention, où sont posées quelques assiettes de petits-fours.

La soirée se prolonge souvent très tard dans la nuit ou au petit matin. C'est par la sono que les maîtres de maison font annoncer que la soirée s'achèvera dans un quart d'heure ou que l'on joue la dernière danse.

Les remerciements. Un mot de remerciement, quelques jours après la soirée, fait toujours plaisir aux maîtres de maison et dénote une éducation raffinée. Cet usage ne devrait pas se perdre. Le mot s'adresse d'abord à la mère de famille, mais il peut aussi être envoyé à la jeune fille : « Chère Amélie, l'heure tardive à laquelle je suis partie a dû te dire combien ta soirée a été un succès. Tout était réussi, les invités, la musique, le cadre. Mon seul regret a été de ne pas beaucoup te voir... Veux-tu transmettre à ta mère à nouveau mes remerciements ? », ou : « Chère Madame, je garde un souvenir merveilleux de cette soirée ; il est rare qu'il y ait autant d'ambiance. Permettez-moi de vous remercier à nouveau et acceptez mes respectueux hommages. »

Les jeunes gens évitent de « filer à l'anglaise » et remercient en partant les maîtres de maison. Les filles sont souvent raccompagnées par les garçons lorsque leurs parents ne viennent pas les chercher.

LA CONVERSATION

« Le plaisir le plus délicat est de faire celui d'autrui », disait La Bruyère en parlant de l'art de converser. Plus encore que de l'art de briller, le talent de la conversation est fait de l'art d'écouter et de mettre en valeur ses interlocuteurs, de sorte que chacun se trouve content de soi et des autres. Un tel art suppose le contrôle de soi, le respect des sensibilités et le maniement correct de la langue française.

LA VOIX

Le charme d'une voix est un instrument de séduction tel qu'il peut effacer bien des disgrâces. S'il est difficile de dire à quoi tient ce charme, on sait parfaitement ce qui le détruit : la vulgarité et la préciosité ne se pardonnent pas plus l'une que l'autre. La première tient à une sorte de négligence qui traîne sur les syllabes et déforme les mots ; la seconde affecte la délicatesse en prononçant certaines consonnes à l'anglaise et en modulant les syllabes artificiellement. La langue française admet peu – ou pas – d'accent tonique et les chaudes inflexions de la langue d'oc sont déplacées dans le Nord. Il est donc préférable de gommer son accent régional. Une jolie voix est une voix posée, qui articule clairement et ne cherche pas les effets : une conversation n'est ni une plaidoirie ni un discours.

DIRE ET NE PAS DIRE

Certaines expressions sont à proscrire, soit parce qu'elles sont incorrectes du point de vue de la syntaxe française, soit parce qu'elles constituent des régionalismes qui sentent le terroir et n'ont de charme que pour un spécialiste des vieux parlers français, soit encore parce qu'elles sont ampoulées et pédantes. L'argot est à proscrire chez les adultes.

Voici quelques tournures à éviter :

NE PAS DIRE	mais	DIRE
Bonjour, messieurs-dames		Bonjour, monsieur, Bonjour, madame
Bonjour, monsieur Dupont Bonjour, monsieur Yves		Bonjour, monsieur
Bonjour, madame la Comtesse		Bonjour, madame
Au revoir, mesdames		Au revoir, madame (dire au revoir à chacune)
Au plaisir, tchao, salut		Au revoir, monsieur
Enchanté		« Enchanté » ne se dit jamais seul ; il faut dire « enchanté de faire votre connaissance ». Un homme dit « mes hommages » à une femme et « bonjour Monsieur » à un homme
Comment va votre dame ?		Comment va madame Dupont ? ou, si la personne est liée : Comment va Annie ?
Comment va votre femme ?		Comment va votre épouse ?
Bonjour à votre femme		Mon bon souvenir à Mme Dupont

NE PAS DIRE	mais	DIRE
Dites le bonjour chez vous		Transmettez mon souvenir à votre épouse
Votre jeune fille		Votre fille
Monsieur Dupont et sa dame		M. et Mme Dupont
Comment va votre papa ?		Comment va votre père ?
Moi et mon mari		Mon mari et moi
Le fils à M. Dupont		Le fils de M. Dupont
Pépé, mémé, tonton, tatie...		Grand-père, grand-mère, oncle, tante...
Ma bru		Ma belle-fille
Belle-maman		Belle-mère
Mon futur		Mon fiancé
Ce midi		À déjeuner
Ce tantôt		Cet après-midi
Quand mangeons-nous ?		À quelle heure dînons- (déjeunons-) nous ?
Qu'est-ce qu'on mange ?		Qu'y a-t-il pour dîner ?
Bon appétit (familier)		(Ne rien dire)
À la vôtre (familier)		(Ne rien dire)
Un complet veston		Un costume

NE PAS DIRE	mais	**DIRE**
Remettez-vous		Asseyez-vous
Quoi ? Comment ?		Pardon ?
Vous me remettez ?		Vous vous souvenez de moi ?
La grande musique		La musique classique
Venez prendre l'apéritif		Venez prendre un verre
Je vais au coiffeur, au dentiste		Je vais chez le coiffeur, chez le dentiste
À vos souhaits		(Ne rien dire)
Je m'excuse, faites excuse, excusez		Excusez-moi, je vous prie de m'excuser
Faites donc, à votre service, de rien		Je vous en prie
Plaît-il ? Quoi ?		Comment ? Pardon ?
Permettez...		Permettez-moi...
Lire sur le journal		Lire dans le journal
De suite		Tout de suite
Des fois		Quelquefois, parfois
Disputer quelqu'un		Gronder, réprimander quelqu'un
Il y a de la boue après mes chaussures		Il y a de la boue sur mes chaussures

157

NE PAS DIRE	mais	DIRE
Il est furieux après moi		Il est furieux contre moi
Je le fréquente		Je sors avec lui
Le livre à Pierre		Le livre de Pierre
Il me cause		Il me parle
Les vécés, les waters		Au restaurant, on demande où sont les toilettes. Chez des particuliers, on trouve une périphrase : « Où puis-je me laver les mains ? »
Mince ! Je te jure !		Mieux vaut employer l'argot ou même un franc juron qu'une expression commune.
C'est classe		C'est élégant

Évitez toutes sortes d'abréviations inélégantes, telles que « la Sécu, le bus, la télé »...
Évitez les expressions à la mode (la mode change) et communes : « faut l'faire », « c'est pas triste », « bonjour les dégâts », « chapeau », « c'est pas ma tasse de thé »...

DES TOLÉRANCES

Des mots se créent tous les jours, dérivés de l'anglais ou de techniques nouvelles, ou encore forgés à partir de la langue parlée. Il faut les tolérer, mais certains puristes amoureux de la langue française continueront de préférer « résoudre » à « solutionner », ou « prendre contact » à « contacter »...

DES FAUTES DE FRANÇAIS COURANTES ET À ÉVITER :

Infractus	Infarctus
Aréoport	Aéroport
Pallier à une situation	Pallier une situation
Amener un plat (un objet)	Apporter un plat (un objet)
Se rappeler de quelque chose	Se rappeler quelque chose
Je m'en rappelle	Je me le rappelle (ou je m'en souviens)
Pareil que	Pareil à
Partir à Paris	Partir pour Paris
Au point de vue de	Du point de vue de
Tâcher moyen de	Tâcher de
En face le métro	En face du métro
Un espèce de chien	Une espèce de chien
C'est les amis que j'ai vus	Ce sont les amis que j'ai vus
Un azalée	Une azalée
Une effluve	Un effluve
J'hésite entre deux alternatives	J'hésite entre deux possibilités
Dilemne	Dilemme
Pécunier	Pécuniaire

LIAISONS ET PRONONCIATIONS

Les liaisons doivent venir naturellement, sans insistance : elles donnent du moelleux aux sonorités, à condition de ne pas devenir un jeu précieux et de ne pas être incorrectes. Lorsqu'un mot se termine par une consonne muette et est suivi par une

LES NOMS À PRONONCIATION PARTICULIÈRE

Certains noms de famille célèbres ont une prononciation particulière, qui ne correspond pas à leur orthographe et qu'il faut connaître. Par exemple : les Broglie – leur nom se prononce « Breuille » (mais celui du château se prononce « Broglie ») ; les Castries – se prononce « Castres » (mais le château « Castries ») ; les Croy – se prononce « Croui » ; les La Trémoille – se prononce « La Trémouille ». Pour d'autres patronymes moins connus, auquel le terroir donnerait une certaine prononciation, il n'est pas interdit de demander aux intéressés quel est l'usage de la prononciation : en Savoie, par exemple, le z des noms qui se terminent par « az » ne se prononce pas.

D'une manière générale, il faut s'efforcer de ne pas écorcher les noms propres, ce qui serait le signe d'une indifférence qui peut être ressentie comme blessante. Dans un nom composé, n'oubliez pas une des deux moitiés du nom, sauf si l'intéressé lui-même l'omet. Si vous avez affaire à un nom étranger, essayez de bien le prononcer, même si vous ne vous risquez pas à mettre l'accent tonique.

Faites-vous rappeler par un ami le nom d'une relation que vous auriez oublié mais ne l'appelez en aucun cas « truc » ou « machin ».

voyelle, cette consonne se prononce : « comment t'allez vous ? », « allez z'y », « un charmant t'ami »... Le « h » aspiré doit être légèrement marqué par l'intonation et il ne donne pas lieu à une liaison : « un hamac » (mais « un n'horaire »).

Lorsque le français a adopté un mot anglais, la prononciation de ce dernier est parfois francisée « un square » – mais garde parfois le son d'origine : « un parking » (et non parkinge).

La consonne x ne doit pas se confondre avec la consonne s : il faut articuler « extrême » et non « estrême » – à moins qu'il s'agisse d'une prononciation locale : « Bruxelles » peut se prononcer « Brusselles ».

Les mots « sensibles ». Ce sont des mots qui contiennent une connotation péjorative ou ambiguë ; ils touchent généralement à la race, à la couleur, ou encore aux mœurs et doivent être bannis du vocabulaire : ne dites pas « un nègre » ni « un noir » mais « un Africain » (ou, mieux, « un Ivoirien », « un Sénégalais »...), ou « un Afro-Américain ». Les expressions trop à la mode, le jargon technique sont à éviter dans la conversation courante ou mondaine.

Le langage « branché », le « verlan » doivent être laissés à la jeune génération.

À QUI ET COMMENT PARLER ?

Chaque type de conversation suit ses règles : celles de la réunion professionnelle ne sont pas celles du duo amoureux ou de la visite de salon.

Dans la vie professionnelle, on ne saurait être trop clair, simple et précis. Lorsqu'on prend la parole, il faut savoir que le temps de chacun est précieux, c'est-à-dire qu'il faut éviter les digressions ; mais il faut prendre également le temps d'énoncer ses arguments.

La conversation est un art de société ; les échanges font le plaisir des réceptions mondaines, des visites, des repas ; ils exigent du tact, de la tolérance, du contrôle, mais aussi de la spontanéité et de la sincérité : la conversation est donc un équilibre difficile entre un propos impersonnel à force de se vouloir discret et la vivacité de ton qu'entraîne le naturel.

Dans un dîner. Ce sont les maîtres de maison qui jouent les chefs d'orchestre et accordent les voix, comme dans un concert où chaque instrument doit pouvoir se faire entendre – mais à tour de rôle. Ils s'efforcent de mettre la conversation sur un terrain général pour que chacun y participe ; ils font valoir leurs invités en présentant leurs activités ou leurs intérêts et en les aidant à s'introduire dans l'échange. S'il y a des sujets tabous, ils préviennent à l'avance leurs invités qu'il ne faut pas parler de tel ou tel sujet : « Évitons de parler d'accident ou de suicide, la dernière fille d'Untel a fait une tentative... »

Un convive brillant causeur est une chance pour des maîtres de maison ; il donne le ton de la conversation, à condition toutefois que son talent n'éclipse pas celui d'autres invités, qui seraient non moins spirituels mais plus réservés. L'aisance se reconnaît justement à ce qu'elle n'a rien à prouver ; elle n'écrase pas les autres et attend sans précipitation le bon moment.

Autour de la table d'un repas, chaque convive s'adresse tour à tour à son voisin de droite et de gauche, sans négliger l'un au profit de l'autre. Si la table est grande, il est impoli de s'interpeller d'un bout à l'autre de la table. Il faut également éviter de couper une conversation déjà engagée par une immixtion intempestive.

La conversation peut être animée et vive, sans que les propos prennent un tour agressif ; il faut parler avec pondération, en respectant son interlocuteur – pas de ton « protecteur » – et, si on se laisse aller à la véhémence pour défendre un point de vue, il faut admettre, en guise de justification, que le sujet touche à un point sensible et faire excuser son emportement ; c'est aux maîtres de maison de calmer le jeu ou de faire dévier la conversation.

Il n'est certes pas interdit de contredire son interlocuteur ; mais encore faut-il le faire avec gentillesse, en s'interdisant les démentis brutaux du genre : « C'est faux », « Vous mentez », « Vous dites une contre-vérité » ; on le ménage par une périphrase : « Je ne suis pas de votre avis », ou « Permettez-moi de vous exposer ma manière de voir », ou « Il me semble que vous n'êtes pas totalement informé »...

L'esprit de contradiction, le goût du paradoxe systématique ont leur limite. L'humour, l'esprit, l'ironie, la plaisanterie ne sont pas toujours bien tolérés ; il ne faut en user qu'avec des personnes qui goûtent ce type d'échanges.

Le plus jeune des interlocuteurs cède la parole au plus âgé et au plus important.

Il est tout à fait discourtois de couper la parole, de poser une question sans attendre la réponse, d'accaparer la parole pour raconter des souvenirs, des histoires, des anecdotes qui n'intéressent pas forcément l'entourage, à moins d'être expressément prié de poursuivre. C'est au maître ou à la maîtresse de maison de faire abréger, avec tact, un hôte trop prolixe, en « repassant la balle » à un autre convive par une question du type : « J'aimerais précisément avoir l'avis de M. Cayrol sur ce sujet. »

On ne dément pas en public, devant témoin, un conjoint s'il exprime une opinion qu'on ne partage pas. De même, il est peu courtois de se substituer à lui pour continuer une

ÊTRE INFORMÉ

Si on mène une vie mondaine, il est nécessaire de se tenir informé des grandes manifestations de la vie publique et de connaître les sigles ou les abréviations qui sont utilisés aujourd'hui :

les sigles ou les locutions qui désignent les grandes Écoles : un cyrard (en jargon militaire : un saint-cyrien) ; E.N.A. (École nationale d'administration : on parle d'un énarque) ; E.N.S., École normale supérieure (on peut dire également un « Ulm » normalien de la rue d'Ulm –, ou un « cloutier » – normalien de Saint-Cloud) ; H.E.C. (Hautes études commerciales) ; E.S.S.E.C. (École supérieure de sciences économiques) ; Sciences Po. (Institut d'études politiques) ; X (École polytechnique) ; INSEAD (Institut européen d'administration des affaires ; MBA (Master of business administration) ; Ph.D. (Doctorat d'une université américaine). Vous devez savoir que « sortir de la botte » signifie « sortir de l'École polytechnique dans les premiers rangs, c'est-à-dire dans les grands Corps » ; sortir « major » signifie sortir premier d'une promotion ;

les sigles qui désignent des cercles et des clubs : A.C.F. (Automobile-Club de France) ; A.N.F. (Association de la noblesse française) ; C.I. (Cercle interallié) ; CIN (société des Cincinnati) ; J. (Jockey-club) ; L.C. (Lions club) ; M. (Cercle militaire).

Quelques expressions souvent utilisées : la « jet society », la société mondaine qui se rend en avion à une soirée à l'autre bout du monde ; un « raout », une grande soirée ; les « happy few », les quelques privilégiés de la Terre. B.C.B.G. : bon chic bon genre. V.I.P. : very important person, personnalité de marque.

histoire qu'il a commencée ; de lui couper ses effets ou de l'encenser sans retenue et de régler ses comptes personnels en public.

Évitez les trop longs apartés avec un voisin de table lorsque la conversation est devenue générale. Même un esprit primesautier ne doit pas papillonner d'un sujet à l'autre ; il faut laisser le temps de la réflexion lorsqu'on pose une question, renoncer à « mettre son grain de sel » à tout propos.

S'il y a un art de parler, il y a aussi un art de se taire : mieux vaut garder un silence attentif que de prendre la parole sur un sujet dont on ignore tout ; nul n'est censé tout connaître : votre discrétion, votre réserve sont à mettre au crédit de votre intelligence ; si vous êtes exclu trop longtemps de la conversation, c'est aux maîtres de maison de vous y ramener en faisant glisser le sujet sur un terrain qui vous est propice ; vous pouvez d'ailleurs avouer votre ignorance et, par vos questions, manifester votre intérêt.

Dans un cocktail ou une réception, si une personne se joint à votre groupe, présentez-la toujours et mettez-la brièvement au courant du sujet dont vous débattiez pour qu'elle puisse participer à la conversation. Ne vous joignez pas à un groupe en pleine discussion, mais attendez un peu à l'écart que l'on vous fasse signe pour vous introduire. La maîtresse de maison doit savoir passer d'un groupe à l'autre, entraîner les personnes isolées, les présenter.

Si vous êtes retenu par une personne qui vous ennuie, ne regardez pas constamment à gauche et à droite dans l'espoir de dénicher quelqu'un qui vous délivrera, mais, au bout d'un temps raisonnable, dites fermement à votre interlocuteur que vous devez rencontrer Untel et que vous regrettez de l'abandonner.

Évitez de parler à quelqu'un avec des lunettes noires sur les yeux ; il faut qu'on puisse voir votre regard.

DE QUOI PARLER ?

Nos voisins britanniques évitent les questions et les remarques personnelles et affectionnent les sujets météorologiques. Ils privilégient la discrétion, le flegme et, en ponctuant de « heu... » leurs phrases, ils se donnent le temps de réfléchir ; les tempéraments latins admettent plus d'expansion. L'idéal est de trouver un juste milieu, le bon ton. Une conversation dépourvue de toute référence personnelle manque parfois de chaleur. Cependant votre vie privée, vos maux divers, vos exploits sportifs n'intéressent vos interlocuteurs qu'un temps limité, en fonction de votre intimité avec eux, et une conversation, partie d'un point particulier, doit, dans le monde, pour soutenir l'intérêt, déboucher sur des idées générales.

Il est souhaitable que les maîtres de maison aient pensé à l'avance à quelques sujets d'intérêt commun, tenus en réserve, pour relancer la conversation lorsqu'un silence durable s'installe : par exemple la vie culturelle, les voyages...

Dans une réception ou un repas où les invités se connaissent peu, certains sujets sont « à risques » et il ne faut avancer qu'avec prudence sur les terrains sensibles tels que les opinions politiques, les convictions religieuses, les mœurs ou les races.

Il faut éviter de parler des personnes absentes, a fortiori d'en dire du mal, ou encore de colporter des histoires. On ne parle pas devant quelqu'un d'une personne qu'il ne connaît pas, ou alors on explique pourquoi son évocation peut intéresser la discussion présente.

Les hommes et les femmes qui parlent de leur vie professionnelle apportent presque toujours des éléments intéressants, à condition toutefois de ne pas se lancer dans des explications incompréhensibles pour le profane.

Le bon goût exige qu'on ne jette pas à tout propos dans une conversation ses relations, sa fortune, ses responsabilités professionnelles, ses conquêtes.

LA GAFFE

Qui n'en a fait dans sa vie ? La gaffe faite, il faut avoir le courage de glisser rapidement sur un autre sujet plutôt que de chercher à réparer l'irréparable en s'enlisant dans de mauvaises explications. Il faut se contenter de dire ses regrets ou ses excuses ; un peu plus tard, peut-être, vous trouverez l'occasion de montrer que vos intentions n'étaient pas blessantes. Lorsque la gaffe a lieu devant témoins, ceux-ci auront à cœur d'aider le gaffeur en reportant la conversation sur un autre sujet, quitte à intervenir discrètement après : « Je connais bien Untel ; il n'a pas voulu vous blesser... »

LES COMPLIMENTS

« Aimez qu'on vous conseille et non pas qu'on vous loue »... disait Boileau. En fait, les petits compliments font partie de la vie en société et ils sont tout à fait normaux dans la

165

conversation, à condition de ne pas être insistants ni de tourner à la flagornerie. Les compliments, pour être crus, doivent être vraisemblables !

Vous devez complimenter une maîtresse de maison qui vous a reçu sur la finesse de son repas, l'agrément des convives : « Une fois de plus, ma chère Isabelle, vous vous êtes surpassée » ou « Ton canard est digne d'un grand chef ! » ou « Ton appartement est si joliment arrangé qu'il crée déjà une atmosphère »... Mais le compliment doit être fait discrètement, en évitant les témoins qui mettraient à trop rude épreuve la modestie de l'intéressée.

Un homme peut faire un compliment à une femme sur sa tenue, ou sur son charme, mais il doit user de tact sinon il frôle la vulgarité, ou la gaffe du genre : « Vous étiez si jolie que je ne vous aurais pas reconnue. »

Méfiez-vous des compliments qui ont l'air d'en quémander en retour ; ne rabaissez pas constamment vos mérites, ce qui oblige votre interlocuteur à vous flatter.

Ne refusez pas un compliment ; on vous taxerait de fausse modestie ; mais acceptez-le simplement, retournez-le si vous avez l'esprit d'à-propos ; vous pouvez toujours dire avec un sourire : « Vous êtes très indulgent » ; ou « Je suis touchée de votre compliment, bien que je ne me sente pas vraiment à la hauteur ! »

Ne soyez pas dupe des compliments. Si vous sentez que votre interlocuteur « en fait un peu trop », vous trouverez un zeste d'ironie pour le remercier : « Je sens que je vais bientôt me prendre pour Bocuse », « Je sens une auréole me pousser autour de la tête », ou « J'aimerais tant y croire ! »

LA CORRESPONDANCE

Le téléphone ne remplace pas l'usage épistolaire, même s'il est vrai qu'on écrit moins aujourd'hui qu'autrefois et qu'on téléphone davantage. La lettre laisse des traces matérielles, ce qui est indispensable dans les relations d'affaires ; elle permet d'exprimer subtilement une gamme de nuances et de sentiments ; enfin, elle a l'avantage de la discrétion puisque son destinataire la lit quand bon lui semble.

À quelle occasion écrit-on ? Pour féliciter, pour remercier, pour donner des nouvelles, pour solliciter, pour réclamer, pour protester, chaque fois que le téléphone apparaît comme une intrusion trop directe et donc discourtoise.

Toute lettre demande une réponse écrite, dans un délai qui ne doit pas dépasser quinze jours ; une lettre de remerciement n'appelle pas de réponse.

Tout le monde ne peut prétendre avoir le talent de la marquise de Sévigné ! En revanche, il est indispensable d'écrire en bon français, d'éviter les fautes d'orthographe, au besoin avec l'aide d'un dictionnaire, et de se relire.

PAPIER À LETTRES, PRÉSENTATION

Les règles sont moins strictes qu'autrefois ; il convient de suivre les prescriptions de La Poste en utilisant un format standard, des envcloppes de 16 × 11,5, ou 22 × 11, ou 19 × 11 cm. La feuille de papier est celle des blocs que l'on trouve dans le commerce ; on utilise la feuille généralement dans sa dimension verticale - mais quelques-uns préfèrent, pour la commodité, inverser le sens des feuilles de petit format, 21 × 15 cm.

La simplicité du papier à lettres est recommandée, il doit être blanc et de bonne qualité ; ceux ou celles qui souhaitent apporter une nuance plus personnelle à leur correspondance peuvent néanmoins choisir un papier de couleur pâle, gris ou ivoire par exemple, mais la fantaisie dans ce domaine, tel le papier parfumé, est à déconseiller. Pour la correspondance un peu cérémonieuse, il convient d'utiliser des enveloppes doublées et assorties au papier à lettres ; le papier doit être assez épais pour que l'écriture ne transparaisse pas au verso.

Il est élégant, mais plus coûteux, d'avoir à sa disposition du papier à lettres à en-tête, gravé, imprimé ou en relief. On fait imprimer son adresse et son numéro de téléphone en haut à gauche de la feuille ; sauf pour des relations professionnelles, on n'indique ni ses initiales ni son nom.

On peut également utiliser des cartons de correspondance, des bristols qui permettent d'écrire succinctement, sans toutefois être aussi bref que sur une carte de visite.

La courtoisie veut qu'on écrive au stylo, ou au stylo-feutre, qui rend l'écriture plus souple, plus déliée, plus nette et donc plus facile à déchiffrer ; le stylo bille est à réserver aux correspondances vraiment très familières ou à quelques courriers administratifs. L'encre doit être de préférence de couleur sobre, bleue ou noire. Les lettres dactylographiées sont en général peu recommandées dans la correspondance privée. Il faut écrire à la main quand on s'adresse à des personnes âgées et toujours vérifier qu'on est lisible.

La mise en page suit un certain nombre de règles. Le lieu d'où l'on écrit et la date figurent en haut, à droite de la feuille : « Nantes, le 18 mars 1992 » ; juste au-dessous (mais pas en bas de la page), on inscrit son adresse et son numéro de téléphone, lorsqu'on ne dispose pas de papier imprimé et lorsqu'il est besoin de rappeler ses coordonnées à son correspondant :

Nantes, le 18 mars 1992
22, rue des Remparts

Une marge convenable de quelques centimètres doit être laissée de part et d'autre de la feuille, verticalement et latéralement (au moins 5 cm sur le côté gauche). Le texte commencera au deuxième tiers de la page, en laissant un blanc d'une ligne au moins entre le « Cher Pierre, » et le corps du texte. Il faut s'efforcer de maintenir son écriture régulière et horizontale et de ne pas couper les mots à la fin de la ligne.

La lettre doit être aérée, ponctuée, et doit comporter des paragraphes bien distincts pour faire ressortir les parties ; elle sera propre, sans ratures, sans taches. Mieux vaut éviter les post-scriptum qui ressemblent à des oublis. Par contre, on doit « remplir » une page entamée presque à moitié avant d'y apposer sa signature.

On n'écrit pas dans les marges transversales, ce qui rendrait la lecture difficile et semblerait indiquer qu'on hésite à entamer une nouvelle feuille. En cas de papier fin, on se sert de plusieurs feuilles qu'on numérote au besoin.

La signature achève la lettre. Elle se détache bien du texte, et se place au gré de chacun au milieu ou à droite, quelques lignes en dessous du texte ; elle est toujours écrite à la main. Il faut éviter les paraphes alambiqués, les volutes, les gribouillis illisibles, surtout quand on a affaire à des correspondants peu familiers. Si on a pris l'habitude de signer d'un sigle succinct, on réécrit alors lisiblement son nom au-dessous (cela est indispensable pour une correspondance professionnelle ou administrative).

On signe de son prénom, ou de son prénom suivi de son nom de famille, ou de son initiale suivie de son nom, selon le degré d'intimité ; mais on n'inverse jamais le prénom et le nom : « Pierre Martel » et non « Martel Pierre ». On ne fait jamais précéder sa signature de « monsieur », « madame » ou « mademoiselle ». On ne mentionne pas davantage « veuf » ou « veuve ». La femme divorcée signe de son nom de jeune fille. Une femme peut souhaiter conserver son nom de jeune fille lorsqu'elle signe. En ce cas, le nom de jeune fille précède le nom marital : Florence Dubois Martel.

La lettre est pliée à la dimension de l'enveloppe, de manière que la signature apparaisse dès que l'enveloppe est décachetée par son destinataire. Si vous remettez une lettre à quelqu'un pour qu'il la poste à votre place, l'usage est de lui tendre l'enveloppe non cachetée : il doit alors la fermer devant vous. Cet usage tend d'ailleurs à disparaître ; du moins faut-il s'excuser auprès des gens : « Excusez-moi, j'avais déjà cacheté l'enveloppe. »

LA RÉDACTION DE L'ADRESSE

Sur l'enveloppe, l'adresse s'inscrit juste un peu en dessous du milieu : soit centrée, soit encore décalée légèrement sur la droite. Elle porte le nom du destinataire, précédé de « Monsieur », « Madame », « Mademoiselle », « Monsieur et Madame » (les termes ne doivent pas être inversés), écrits en toutes lettres, puis, à la ligne suivante, l'adresse et le code postal. Aujourd'hui, on peut ajouter au dos ses propres coordonnées.

Le nom d'une femme mariée doit être précédé du prénom de son époux : « Madame Pierre Martel », et jamais de son propre prénom, sauf en cas de lettres professionnelles où elle intervient alors en dehors de toute relation familiale. Mais, dans le cas d'une famille possédant un titre ou descendant d'un membre de la noblesse, le prénom du mari s'omet lorsque la personne représente la branche aînée de la famille : Madame (ou Comtesse) des Pins de la Traversière.

L'adresse doit mentionner les titres nobiliaires du destinataire : « Comtesse des Pins » ou « Comte et Comtesse Jean des Pins » ; on n'écrit jamais « Monsieur le Comte des Pins » : seuls les ducs et les duchesses se font appeler « Monsieur le duc » et sont souvent présentés ainsi : À Monsieur, Monsieur le duc des Pins.

Certains titres attachés à des fonctions ou à des dignités doivent être mentionnés :

Monsieur le professeur Pierre des Pins

ou Monsieur Pierre des Pins
Professeur à l'université de Bordeaux

ou Monsieur Pierre des Pins
de l'Institut

ou Maître Pierre des Pins (pour un avocat, un avoué ou un notaire)

ou Monsieur l'abbé Pierre des Pins

ou Père des Pins
Curé de Notre-Dame-de-la-Garde.

Les grades se mentionnent également :

le Général des Pins

ou le Général et Madame des Pins.

(Pour les personnages officiels, voir la dernière partie de l'ouvrage.)

Dans la correspondance professionnelle, on indique les titres du destinataire :

Monsieur Pierre Martel
Vice-Président de l'U.F.P.

ou Monsieur le Directeur Pierre Martel.

Si le destinataire fait un séjour chez des amis, il faut mentionner le nom des hôtes :

Monsieur Pierre Martel
aux bons soins de Madame des Pins
rue des Villas-de-la-Mer

ou chez Madame des Pins (ou c/o – care of – comme les Anglais).

La lettre doit être suffisamment affranchie, le timbre-poste posé d'aplomb dans le bon sens en haut à droite. (On ne met pas de timbre pour la réponse, sauf dans le cas d'une correspondance administrative.)

LES CARTES DE VISITE

Elles ne tolèrent guère de fantaisie, mais les règles se sont assouplies. Autrefois, les cartes à usage mondain devaient être obligatoirement gravées et la plaque de gravure, conservée par le graveur, servait aussi longtemps que l'adresse demeurait la même. Aujourd'hui, on admet les cartes en relief, moins coûteuses, et les cartes imprimées sont plutôt réservées à l'usage professionnel.

La carte est un bristol blanc, avec des caractères sobres (capitales toutes droites). Le format est conditionné par les réglementations postales : 12 × 8, ou 15,5 × 11, ou 10,5 × 8 cm. Les cartes de visite des femmes sont encore fréquemment plus petites que celles des hommes.

Le prénom en toutes lettres puis le nom de famille sont centrés au milieu du bristol, ou légèrement décalés vers le haut pour laisser plus de place à la correspondance. L'adresse et le code postal figurent indifféremment en bas de la carte, à droite ou à gauche, ou parfois en haut à droite. Autrefois, le numéro de téléphone ne devait pas figurer sur la carte,

---

M. et Mme Pierre Martel

22, rue Rousselet 75007

---

ou

22, rue Rousselet 75007
Tél. : 43.32.64.98

M. et Mme Pierre Martel

---

aujourd'hui une tolérance s'est établie et seuls les passéistes refusent de l'y inscrire.

Lorsqu'il s'agit d'un couple, M. et Mme figurent en abréviation (jamais Mme avant M..) ; le prénom de l'époux est mentionné, sauf s'il est le représentant de la branche aînée :
Un homme seul indique son prénom, son nom, son adresse ; il n'utilise pas « Monsieur » :

Pierre Martel

Une femme, si elle est célibataire, indique son prénom et son nom, qu'elle ne fait pas précéder de « Mademoiselle » (sauf si elle est âgée) :

Anne Martel

Si elle est mariée, son nom de famille est précédé du prénom de son mari et de « Madame » (sauf si son époux est le chef de famille) :

Madame Pierre Martel

Si elle est divorcée, elle reprend son nom de jeune fille précédé de « Madame » et de son prénom :

Madame Anne Martel

Les jeunes filles peuvent disposer d'une carte de visite, ce qui était impensable dans les générations antérieures. Elles y inscrivent leur prénom et leur nom de famille, mais omettent leur adresse, qui est celle de leurs parents.

Utilisation. Une carte de visite se barre en diagonale lorsqu'on désire y modifier une mention : par exemple, une femme utilisera une carte de visite au nom du ménage en barrant la mention M. Une jeune fille utilisant la carte de visite de sa mère barrera « Mme Alain » et inscrira, au-dessus et à la place, son propre prénom.

Les titres et certains grades s'inscrivent :

Cte et Ctesse Alain des Pins (comte et comtesse en abrégé)
Colonel et Madame Martel
Capitaine de vaisseau Pierre Martel

Un titre et un grade peuvent s'inscrire ensemble, mais seulement s'il s'agit d'un grade élevé :

Général baron des Pins (mais son épouse : Baronne des Pins).

Les diplômes, d'une grande école ou non, et la fonction ne figurent pas sur une carte de visite à usage mondain, mais seulement sur les cartes de visite professionnelles, qui ont pour objet de renseigner aussi complètement que possible le destinataire des qualifications de l'expéditeur :

Pierre des Pins
Architecte D.P.L.G.

ou Pierre Martel
Directeur du marketing

ou Pierre Martel
Ancien élève de l'École polytechnique

Les officiers n'inscrivent leur grade avant leur nom qu'au-dessus du grade de capitaine. Au-dessous de ce grade, ils l'inscrivent plus bas (le grade est censé changer) :

Pierre Martel
Lieutenant au 3ᵉ régiment d'infanterie

Les décorations ne sont pas mentionnées, même par un symbole.

Rédaction. Une carte de visite se rédige à la troisième personne, d'un bout à l'autre du texte ; elle s'adresse à son destinataire également à la troisième personne :

Madame Alain des Pins

adresse ses plus vives félicitations aux jeunes fiancés et les prie d'accepter ce petit souvenir en témoignage d'amitié.

La carte de visite ne se signe pas. (Mais il n'est pas interdit, dans des relations familières, d'utiliser la carte de visite comme un carton de correspondance.)

Quand l'utiliser

Pour inviter, pour féliciter (mariage, naissance, fiançailles, promotion, décoration) :

Madame Pierre Martel

adresse ses vives félicitations à Monsieur Alain des Pins pour sa promotion dans l'ordre du Mérite et le prie de croire en son fidèle souvenir.

Pour remercier d'un bouquet de fleurs, ou d'une boîte de chocolats .

Madame Pierre Martel,

très touchée de son aimable intention, remercie Monsieur des Pins des fleurs qu'elle vient de recevoir et le prie d'accepter son amical souvenir.

Pour accompagner un cadeau, envoi de fleurs et de chocolats... Quelques mots suffisent :
« Avec nos affectueuses pensées. » (On peut même ne rien écrire sur la carte de visite.)

Pour exprimer des condoléances

Monsieur et Madame des Pins

prennent part à l'épreuve qui touche Monsieur Martel et lui adressent l'expression de leur fidèle sympathie.

LA RÉDACTION D'UNE LETTRE

Commencer une lettre. Si on s'adresse à un parent ou à un ami, il faut commencer par le prénom, précédé de « Cher » ou de « Mon cher » (ne pas omettre les majuscules), puis passer à la ligne en sautant un blanc : « Cher Alain, »...

Si on s'adresse à un correspondant moins proche, on écrit : « Cher Monsieur », ou « Chère Madame » (jamais Ma chère Madame ni Chère Madame Untel), ou « Cher Ami ».

Si on s'adresse à quelqu'un qu'on ne connaît pas ou qui a droit à notre respect, on écrit « Monsieur » ou « Madame ». Un titre de noblesse ne se donne jamais : on n'écrit pas « Mon cher Comte », mais « Cher Monsieur » ou « Cher Ami ».

Le contenu de la lettre. Dans la mesure du possible, il faut s'efforcer de ne pas commencer la missive par « je » – au moins lorsqu'on s'adresse à une personne âgée et traditionaliste ; on trouve alors une formule du genre : « Voici bien longtemps que je voulais vous écrire », ou « Votre lettre m'est parvenue hier et... », ou « Pardonnez-moi mon silence », ou « Permettez-moi de vous donner quelques nouvelles »...

Il faut, au début ou à la fin de la missive, s'enquérir de la santé ou des soucis de son correspondant.

S'il s'agit d'une réponse, on peut reprendre les questions posées par le correspondant : « Vous me demandez où en sont les études de Pierre : il passe actuellement sa licence... » ; il est recommandé, afin de ne rien oublier, d'avoir sous la main la lettre qui motive la réponse.

Les formules finales. Toutes sortes de nuances s'y glissent, selon qu'on s'adresse à un homme, à une femme, à une personne âgée, à des jeunes, à un supérieur hiérarchique, ou selon qu'on est soi-même un homme, une femme... La formule doit chercher à cerner au mieux la qualité et le genre de rapports instaurés entre les correspondants.

En cas de liens intimes entre parents et amis, il suffit d'utiliser la formule que le cœur dicte : « Amicalement à vous », « Affectueusement », « Affectueuses pensées à vous et à votre entourage », « Mon amical souvenir », ou, plus intime : « Je t'embrasse avec toute mon affection. » Mais il faut éviter les « bisous » et les « bons baisers ».

En cas de liens de camaraderie ou d'amitié plus relâchée : « Cordialement », « Fidèlement à vous », « Bien à vous », « Croyez en mon amical souvenir. »

Lorsque le respect s'ajoute à l'affection, il faut s'efforcer de faire paraître les deux sentiments : « Croyez à ma déférente affection », ou « Acceptez mon affectueux respect », ou « Acceptez mes sentiments dévoués et respectueux. »

Lorsque les liens sont moins intimes, toute une gamme de formules de politesse exprime les degrés de respect, dont voici quelques exemples :

UNE FEMME ÉCRIT À UNE AUTRE FEMME

Très âgée ou de rang supérieur : « Veuillez croire, Madame, en l'expression de mes sentiments respectueux. »

À une égale, qu'elle ne connaît pas : « Veuillez croire, Madame, à mes sentiments les meilleurs. »

À une égale avec laquelle elle a des relations épisodiques : « Veuillez croire, chère Madame, à mes sentiments les meilleurs » ou « à mes sentiments les plus sympathiques ».

À une femme plus jeune : « Croyez, chère Madame, à mon bon souvenir et à toute ma sympathie. »
D'une manière générale, la formule « Croyez en l'expression de mes sentiments... » est plus courtoise que « Croyez en l'assurance de mes sentiments... », l'assurance étant réservée à des rapports administratifs et professionnels.

UNE FEMME ÉCRIT À UN HOMME

Elle remplace la formule « veuillez croire » par « croyez » ; on disait autrefois qu'elle ne devait pas adresser de « sentiments » ni de « respect » à un homme ; en fait l'usage moderne l'admet, mais, si elle écrit à un homme âgé et traditionaliste, mieux vaut l'éviter et remplacer par : « Croyez, cher Monsieur, en l'expression de mon déférent souvenir » ou « Croyez, Monsieur, en l'expression de ma déférente considération. »

Dans les autres cas, elle utilisera diverses formules : « Croyez, cher Monsieur, en l'expression de mes sentiments les meilleurs » ou, mieux, « de ma considération distinguée ».

UN HOMME ÉCRIT À UN AUTRE HOMME

À un homme très âgé : « Veuillez agréer (ou « Je vous prie d'agréer »), cher Monsieur, l'expression de mes sentiments respectueux » ou « l'expression de ma respectueuse sympathie ».

À un égal : « Veuillez croire, cher Monsieur, à mes sentiments les meilleurs » ou « à mes sentiments distingués » ou « Veuillez croire, cher Monsieur, à mon fidèle attachement » ; il peut ajouter une formule de politesse pour l'épouse : « Acceptez, cher Ami, l'expression de mes sentiments les meilleurs, et veuillez présenter mes respectueux hommages à Madame Martel. »

À un supérieur : « Je vous prie d'agréer, Monsieur, l'expression de ma haute considération », ou « Veuillez agréer, cher Monsieur, l'expression de mes sentiments fidèles et dévoués », ou « de mon fidèle dévouement », ou « de mon fidèle attachement », ou « de mon respectueux souvenir ».

UN HOMME ÉCRIT À UNE FEMME

À une femme de son âge ou plus âgée : Il exprime des hommages et du respect : « Veuillez agréer, Madame, l'hommage de mon profond respect. » « Veuillez agréer, chère Madame, l'expression de mes respectueux hommages. »

À une amie : « Acceptez, chère Amie, mes hommages affectueux. » « Recevez, Chère Catherine, l'expression de ma sincère amitié. »

Lettres professionnelles : le terme « assurance » est le plus usité : « Je vous prie de croire, chère Madame, en l'assurance de mon fidèle dévouement » ou « Veuillez accepter l'assurance de mes sentiments distingués. » Ou encore « Veuillez agréer, chère Madame, l'expression de mes sentiments les meilleurs. » L'expression « Acceptez mes salutations distinguées » est vraiment réservée à des rapports professionnels ou commerciaux et reste très impersonnelle et peu élégante.

QUELQUES MODÈLES DE LETTRES

Il faut chercher à s'exprimer simplement, avec naturel, et remplacer, à chaque fois que c'est possible, les formules conventionnelles par des expressions qui viennent du cœur ou se rapprochent d'un sentiment réellement éprouvé.

À l'occasion d'événements familiaux

Félicitations pour des fiançailles ou un mariage

Chers Amis,
La nouvelle des fiançailles de Clarisse nous a fait un immense plaisir. Je tiens immédiatement à vous exprimer nos félicitations et vous prie de transmettre tous nos vœux de bonheur à l'intéressée.

ou

Tes fiançailles, ma chère Clarisse, nous font un immense plaisir à Pierre et à moi. L'élu a de la chance ! Je sais qu'il s'agit d'un charmant garçon et que la famille s'agrandit ainsi de façon heureuse. J'imagine que les visites familiales vous occupent beaucoup, mais, quand vous aurez un peu de temps disponible, vous nous ferez plaisir en venant dîner, très simplement. Affectueusement à toi.

ou

Cher Philippe,
Tu as déniché l'oiseau rare et je ne sais pas lequel des deux, d'elle ou de toi, a le plus de chance. En tout cas, tes amis se réjouissent. Mais ne cache pas Armelle, venez dîner tous deux, à la fortune du pot.

Annonce de fiançailles

Cher Grand-Père et chère Grand-Mère,
Voici une nouvelle qui va vous réjouir (ou « Vous serez les premiers, après nos parents, à apprendre la nouvelle) : je viens de me fiancer à Pierre Martel ; je l'ai rencontré l'été dernier durant les vacances, et nous nous sommes beaucoup vus lors des deux derniers trimestres ; il a trente ans et il travaille à

la société X. La nouvelle sera officielle dans une quinzaine de jours et le mariage est prévu pour l'été. J'espère vous le présenter un week-end prochain. En attendant, il me prie de vous dire ses sentiments respectueux. Je vous embrasse tendrement.

Les fiancés annoncent la nouvelle à des amis :

Chère Isabelle, cher Marc : vous vous en doutiez et peut-être même l'avez-vous pressenti. Bref, Paul et moi nous nous marions avant la fin de l'année : c'est la bonne décision...

ou

Cher Philippe, lis ma lettre assis : ton vieux copain lâche le peloton des célibataires ! J'épouse en juin Isabelle Granger, dont tu feras la connaissance dès mon retour à Annecy. Nous avons beaucoup de choses en commun, elle travaille chez B & C, comme ingénieur. Je n'aurai pas le ridicule de te faire son éloge, mais je serais profondément heureux que vous vous entendiez.

Annonce d'une naissance

Chère Grand-Mère,

Tu seras heureuse d'apprendre que tu as un nouveau petit-fils. Philippe est né le 4 mai. Marianne va bien et se remet sans peine ; elle regagne la maison dans deux jours...

ou

Cher Marc,

La septième merveille du monde a vu le jour la semaine dernière : c'est un gros garçon, Victor ; je t'épargne les détails de ses qualités, ils n'intéressent qu'une mère et il est encore un peu jeune pour plaire à ta fille. Je voulais surtout que tu ne l'apprennes pas par les journaux. L'heureux père cache derrière ses lunettes un air attendri...

ou

Chers amis,

Voilà une nouvelle page de notre vie tournée, nous sommes parents depuis deux jours. Isabelle a mis au monde une jolie ou future jolie petite fille ; je suis un peu intimidé par ce bout de femme qui pèse 3 kilos...

Annonce d'un divorce

Chère tante Marie,

Nous avons décidé, Pierre et moi, de nous séparer. Cette nouvelle vous fera de la peine, je le sais, mais la décision était devenue inévitable. C'est une épreuve bien difficile, mais que je surmonterai, au moins pour les enfants qui semblent bien l'accepter. Je garde pour le moment notre appartement. Dès que je pourrai, je viendrai vous faire une visite. Acceptez toute mon affection.

ou

Chère Caroline,

Je t'écris juste quelques lignes pour que tu n'apprennes pas par des tiers notre décision, prise d'un commun accord, à Pierre et à moi, de nous séparer. Ce n'est pas très gai et je n'ai pas trop envie d'en parler : il faut que les plaies cicatrisent. Mais garde-nous ton amitié à l'un et à l'autre, nous y comptons bien tous les deux.

Lettres de condoléances

Une règle impérative est d'éviter le mot de « condoléances », les adjectifs trop conventionnels (cruel, douloureux...) et les termes qui peuvent raviver la peine (on évite les mots de décès, mort, défunt, cancer et on parle par pudeur de « perte », « disparition », « maladie »). Vous aiderez au contraire ceux qui sont dans la peine par un témoignage personnel et en évoquant un souvenir précis de votre relation avec le (ou la) disparu(e). La lettre n'a pas besoin d'être longue mais il faut l'écrire dans un délai bref.

Lettre à un proche

Cher Pierre,

La nouvelle de la disparition d'Élisabeth nous a bouleversés. Tu sais combien nous l'aimions et combien son souvenir demeure présent en nous. Sache que nous pensons beaucoup à toi et aux enfants, et que tu peux compter à tout moment sur notre fidèle amitié.

Chère Marie,
Pierre m'apprend que vous venez de perdre votre mère. Permettez-moi de m'associer à votre peine et de vous dire toute mon affection. Madame Martel était une personne tout à fait remarquable et je me souviens encore de sa visite l'été 1990 : nous avions été impressionnés par l'acuité de son esprit (ou « je garderai d'elle le souvenir de quelqu'un de chaleureux et d'indulgent, qui savait écouter... »). N'hésitez pas à faire appel à notre amitié.

Lettre à une relation

Chère Amie,
J'apprends avec une infinie tristesse le deuil qui vous touche. Je sais quel fut le courage de Madame Martel ces derniers temps et nous partageons votre peine. Il n'y a guère de paroles qui puissent consoler et j'ai éprouvé moi-même la mort d'une mère ; mais sachez que mon amitié vous est fidèle et que vos amis désirent vous entourer. Acceptez mes pensées de profonde sympathie.

Si vous ne connaissez pas le défunt, mais seulement sa famille

Chère Amie,
Le journal de ce matin m'apprend le deuil qui vous touche. Je connaissais l'attachement que vous aviez pour votre père et à travers ce que vous m'en avez dit je peux deviner quelle remarquable figure il a été. Il n'y a pas d'âge pour être orphelin. Permettez-moi de m'associer à votre chagrin et acceptez ce message de ma profonde sympathie.

Si vous ne pouvez pas aller à l'enterrement

Chère Marie,
Combien nous sommes peinés, Pierre et moi, d'apprendre la triste nouvelle. Je savais vos inquiétudes concernant la santé de votre sœur, sans en mesurer la gravité. Nous aimions

Marianne à travers ce que vous nous en disiez et sommes d'autant plus navrés de ne pouvoir être à vos côtés pour cette épreuve. Du moins par la pensée (« et par la prière », s'il s'agit de croyants), sommes-nous proches.

Lettre à une personne plus âgée

Chère Madame,

Permettez-moi de vous dire par ces quelques lignes combien je prends part au deuil qui est le vôtre. Anne me parlait beaucoup de son grand-père, qui devait sûrement être une grande figure. Acceptez, je vous prie, ce témoignage de ma respectueuse sympathie.

Des jeunes à d'autres jeunes,

Chère Marie,

Ta peine est aussi la nôtre. On a beau se préparer à l'inéluctable, le coup est toujours terrible et je le sais par expérience. Ne reste pas trop seule, viens prendre un repas avec nous : nous parlerons, ou nous ne parlerons pas si tu préfères, de Jacques, mais tu sentiras notre affection et notre désir de t'aider.

Remerciements pour un cadeau

Chère Martine,

Tu fais preuve, une fois de plus, à la fois d'imagination et de goût. Pierre va avoir la garde robe d'un petit prince. Comment te remercier de ta gentillesse ? Viens dîner un soir de la semaine prochaine pour voir la merveille.

Félicitations pour une décoration ou une distinction

Cher Pierre,

Me permettras-tu de joindre ma modeste voix à ce concert d'éloges ? J'ai vu dans le journal ta promotion au grade de commandeur et je tiens à t'en féliciter. Je suis heureux de voir que l'État sait reconnaître le talent...

Lettres « de château »

Chère Martine, (Chère Madame),
Ces quelques lignes ne vous diront jamais assez le plaisir que nous avons eu à partager votre vie pendant ces huit jours, et la reconnaissance que nous vous en gardons. La chaleur de votre accueil, la beauté du pays, les attentions dont vous nous avez entourés, tout restera un magnifique souvenir. J'espère que vous poursuivez vos vacances paisiblement. Pour notre part, nous regagnons Bordeaux...

ou

Cher Martin,
Ce fut un week-end de rêve ! Et finalement le mauvais temps nous a permis d'avoir, autour de tasses de thé et de café, de longues conversations qui n'auraient jamais dû finir, tant fut grand le plaisir de se découvrir des intérêts communs. Hélas, j'ai repris le collier, mais j'espère bien que vous nous ferez le plaisir de venir dîner un soir...

Lettres d'excuse

À un professeur pour excuser un enfant absent

Monsieur le Professeur,
Mon fils Pierre, élève de votre classe A2, ne pourra malheureusement pas assister au cours de physique, mardi 12, et je vous prie de bien vouloir l'en excuser. Il doit passer un examen médical pour ses yeux et c'est le seul rendez-vous que j'ai pu obtenir. Il rattrapera de son mieux le cours perdu et s'est déjà entendu avec un camarade qui lui prêtera ses notes.
Croyez, Monsieur le Professeur, en l'expression de mes sentiments distingués.

À un professeur, pour obtenir un rendez-vous

Monsieur le Professeur,
Ma fille Isabelle, élève de votre classe A2, éprouve beaucoup de difficultés à suivre le cours de mathématiques et elle me semble accumuler du retard. Je souhaiterais avoir votre avis

et parler avec vous des solutions possibles. Puis-je vous demander de m'accorder un rendez-vous, à l'heure qui vous conviendra ?

En vous remerciant, je vous prie d'agréer...

Vous avez oublié d'aller à une réception

Chère Françoise,

Je m'en veux de cette confusion de jours que j'ai faite et qui m'a privée d'une soirée dont je me réjouissais, et qui fut, m'a-t-on dit, très réussie. J'espère que votre amitié me pardonnera. Je dois être bien fatiguée pour noter si mal mes rendez-vous !

(Vous pouvez trouver une excuse valable, en cernant de plus ou moins près la vérité. « Un accès de grippe m'a privée du plaisir de participer à cette fête, dont la perspective me réjouissait. »)

Vous vous êtes emporté au cours d'un dîner

Mon cher Pierre,

Peux-tu m'excuser pour ce stupide incident d'hier soir ? Les mots ont nettement dépassé ma pensée, et j'ai perdu tout sens des nuances. J'espère que ton amitié me pardonnera ce qu'il faut mettre sur le compte de la fatigue d'une semaine trop chargée.

Lettres de sollicitation

Qu'il s'agisse d'une situation, d'une aide, d'un délai ou d'une dérogation, le service doit être demandé par écrit et ne jamais prendre le correspondant à l'improviste. Mais on vous saura gré d'aller droit au but, en sachant y mettre les formes.

Pour demander une recommandation

Monsieur le Directeur,

Sur le conseil de Pierre Martel, je me permets de vous exposer ma situation actuelle : étudiant à X, mon école me demande de faire un stage d'été pour acquérir une expérience pratique et je souhaiterais vivement le réaliser au sein de votre entreprise. Je vous adresse ci-joint mon curriculum vitae. En espérant ne pas vous importuner (ou « en vous priant d'excuser la liberté que j'ai prise »), je vous prie d'agréer, Monsieur le Directeur, l'expression de ma haute considération.

ou

Monsieur le Directeur,
Permettez-moi d'attirer votre bienveillante attention sur ma situation actuelle. Je travaille dans votre société depuis mars 1990 en qualité de X et je souhaiterais améliorer ma formation et mon expérience grâce à un poste à l'étranger. Je crois savoir que votre filiale à Londres (...).
Je vous serais reconnaissant de m'accorder un rendez-vous et me tiens à votre disposition.
En espérant que vous considérerez ma requête avec bienveillance, je vous prie de croire en l'expression de ma haute considération.

Lettre administrative à un fonctionnaire

Monsieur l'Inspecteur,
Suite à la réclamation reçue de vos services fiscaux, j'ai l'honneur de vous prier de bien vouloir examiner avec bienveillance mon cas : ayant eu des difficultés professionnelles, je me trouve dans l'impossibilité de régler la totalité de l'imposition ; je sollicite donc un échelonnement des paiements sur deux ans.
Je vous prie d'agréer, Monsieur l'Inspecteur, l'assurance de ma haute considération.

Lettres diverses

Pour relancer un correspondant qui n'a pas répondu

Monsieur,
Mon courrier du 12 mars est resté sans réponse ; j'espère qu'il vous est bien parvenu. Je vous serais reconnaissant de me faire savoir dans les meilleurs délais quelles sont vos intentions...

ou

Mon courrier étant resté sans réponse, puis-je vous demander où en est le dossier que je vous ai confié...

Pour réclamer des travaux, une commande qui n'est pas honorée dans les délais prévus

Monsieur,

Nous étions convenus, lors de la signature du contrat, que les travaux seraient achevés en juillet 1992 ; or nous sommes à quelques jours de cette date et rien ne me semble avancer. J'attire votre attention sur le préjudice qu'entraînerait pour moi un retard et vous fais part de mes réserves sur les suites à donner à ce sujet.

Je vous prie de croire, Monsieur, en l'assurance de mes sentiments distingués.

Lettre de demande d'emploi

Monsieur le Directeur,

Votre annonce du 12 mars (références de l'annonce) a retenu mon attention. Diplômé de l'École X, j'ai acquis au cours de cinq années de travail à la société Dupuy une expérience approfondie des gros budgets publicitaires, expérience qui correspond, je crois, au poste à pourvoir dans votre société. Je vous adresse ci-joint mon curriculum vitae et me tiens à votre disposition au cas où vous voudriez me rencontrer.

Avec l'espoir que vous voudrez bien prendre ma candidature en considération, je vous prie de bien vouloir agréer, Monsieur le Directeur, l'expression de mes sentiments distingués.

Pour recommander une femme de ménage

Madame Lopez a travaillé sept années de suite chez moi et j'ai été très satisfaite de ses services : elle est ponctuelle, soigneuse, digne de confiance et sait prendre des initiatives. C'est avec plaisir que je peux la recommander. Voici mon numéro de téléphone, si vous souhaitez de plus amples renseignements.

Pour introduire une réserve

Madame Lopez a travaillé trois ans chez moi et j'ai été satisfaite de ses services. Sa vie personnelle semble actuellement lui poser des problèmes, ce qui explique sans doute un certain flottement de ses horaires ; mais il s'agit, je pense, seulement d'une petite mise au point. Je suis à votre disposition pour tout renseignement complémentaire.

Demande d'inscription dans un établissement scolaire

Monsieur le Directeur,

Sur le conseil de Mme Despins qui a ses deux fils dans votre établissement, je me permets de vous adresser une demande d'inscription pour mon fils Gustave. Il finit sa classe de 4e au lycée Hoche et son dernier trimestre a donné d'assez mauvais résultats en raison d'un ennui de santé. Je souhaiterais beaucoup qu'il achève ses études dans votre établissement et vous adresse ci-joint son dossier et les appréciations de ses professeurs. Je souhaiterais vous rencontrer et me tiens à votre disposition pour tout rendez-vous que vous voudrez bien m'accorder.

Je vous prie d'agréer, Monsieur le Directeur, l'expression de toute ma considération.

Si l'enfant a des problèmes de scolarité, mieux vaut les expliquer de vive voix et ne pas se lancer par lettre dans de longs développements. Ne vous livrez pas non plus à un éloge déplacé. La lettre a essentiellement comme but de vous obtenir un rendez-vous. Il est utile de pouvoir se recommander d'un autre parent d'élève.

SAVOIR-VIVRE
À L'ÉTRANGER

Même si les facilités de déplacement ont aboli les distances et nivelé les mœurs, toutes sortes de coutumes spécifiques héritées du passé continuent de signaler les identités nationales.

Il n'est pas question d'envisager dans le cadre d'un savoir-vivre français les singularités de tous les pays de la planète, mais plutôt de donner quelques exemples de comportements à travers de grands ensembles géographiques ou économiques, pays d'Europe latine, pays d'Europe anglo-saxonne, Maghreb, États-Unis, Japon. De toute manière, on ne saurait trop conseiller à celui qui voyage pour affaires ou par plaisir de se renseigner sur l'histoire et les habitudes culturelles du pays dans lequel il va se rendre. Cela lui permettra de saisir les mentalités et de participer à la conversation. Enfin, si vous vous trouvez dans une situation délicate et si vous ignorez les usages, calquez votre comportement sur celui de la maîtresse de maison ; au besoin, au cours d'un bref aparté, demandez-lui, avec simplicité, un conseil.

ALLEMAGNE

Les usages ont beaucoup évolué depuis les vingt dernières années et ils se caractérisent par moins de formalisme.

Titres et salut. De l'étiquette ancienne, les Allemands ont gardé l'habitude de donner leur titre à leurs interlocuteurs, lorsqu'ils les présentent ou lorsqu'ils engagent une conversation : ainsi presque tout le monde a droit au titre de « herr Doktor », car omettre le titre, ce serait risquer de « froisser », tandis que le donner, même à tort, est toujours flatteur ; ce titre bien sûr ne concerne pas seulement les médecins mais presque tous les notables ; on dit également « herr professor », ou « frau Professor Wolf » ; en tout cas l'appellation de « monsieur » ne s'emploie jamais seule, elle est toujours suivie – à l'inverse des usages français – du nom de l'intéressé ; il faut donc dire « mein herr Wolf ». Les femmes, lorsqu'elles ont plus de vingt ans, sont toujours appelées « madame » et non « mademoiselle », qui garde un relent péjoratif.

Le salut se fait par une inclination légère du buste, ou, si l'on se connaît bien, par une poignée de main ; mais l'habitude, très française, de s'embrasser à tout bout de champ est tout à fait proscrite. Comme en France, le baisemain tend à disparaître et signale plutôt les milieux aristocratiques. Dans l'ensemble, les relations sont simples et directes, le tutoiement gagne du terrain ; en particulier dans les relations profession-nelles, l'usage du prénom et du tutoiement sont courants – sauf dans les cas de grande distance hiérarchique.

Être reçu. Si dans la vie quotidienne on ne fait pas de grands efforts vestimentaires, on s'habille davantage le soir, en particulier pour aller au spectacle, au théâtre ou au concert, ou encore pour aller dîner chez des amis ou au restaurant.

Dans la rue, l'homme se tient toujours à gauche de la femme.

La ponctualité est la première des politesses ; invité chez des amis, il faut renoncer à arriver, à la parisienne, avec dix minutes ou plus de retard, ou alors il faut prévenir et s'excuser par un coup de téléphone.

Le cadeau, lorsqu'on est reçu pour un repas, un apéritif ou un long séjour, est de rigueur, même s'il ne s'agit que d'un très petit cadeau : un pot de confiture, un livre, une bouteille ou un bouquet de fleurs – on retrouve ce même usage en Suisse. Les fleurs ne s'offrent pas de la même façon qu'en France : si l'invité les apporte lui-même, il doit, avant de les tendre à son hôte, les ôter de leur papier et seulement alors les offrir.

La table. C'est peut-être à table que se marque la spécificité du savoir-vivre allemand. Les Allemands font assez peu la cuisine et il est extrêmement fréquent d'être invité pour un « Glas Wein », littéralement un verre de vin, servi dans le salon, autour de 20 heures. Cela signifie que vos hôtes sont censés avoir déjà dîné – et vous aussi –, dîner qui consiste en « tartines » de charcuterie et de fromage vers 18 ou 19 heures. La réunion n'a donc pas pour but de manger, mais de parler et de boire ; quelques cacahuètes seulement accompagneront le verre. De cet usage, il découle que les invitations à dîner sont assez rares et, lorsqu'elles ont lieu, dans les milieux de l'aristocratie et de la vieille bourgeoisie, elles s'entourent d'un certain apparat : il faut alors s'habiller et respecter les formes ; la table, en particulier, est toujours soignée. Que vous soyez invité à dîner ou à prendre un verre, vous ne devez pas vous éclipser avant une heure avancée de la nuit, le plus souvent minuit.

Boire, porter un toast sont des moments importants de la convivialité. L'usage est d'attendre que le maître de maison lève son verre et le porte à ses lèvres pour faire de même ; il y a quelques années on devait même, pour boire durant le repas, attendre que le maître de maison en donne le signal ! Au moment de boire, le maître de maison porte un toast en prononçant le rituel « prosit » en l'honneur d'une personne ou d'une cause. Toutes les occasions sont bonnes pour porter un toast durant une soirée ; il suffit de trouver un convive sympathique ou une dame charmante pour boire à sa santé ou pour décider toute l'assemblée à lever son verre, mais il faut respecter le rituel : on regarde dans les yeux la personne que l'on veut honorer, puis on trinque, on se regarde à nouveau et enfin on a le droit de boire une gorgée et de reposer son verre ; il n'est pas question d'écourter la cérémonie, qui se pratique de la même façon dans les pays nordiques.

Les Allemands aiment converser et les longues discussions ; ils parlent volontiers, avec gravité, de sujets sérieux – un Français évitera d'évoquer l'époque douloureuse de la Seconde Guerre mondiale –, mais, lorsqu'ils ont un peu bu, leur réserve naturelle s'envole ; certaines réunions amicales sont même organisées délibérément pour « faire la fête » et l'invité doit savoir participer à la liesse générale en remplissant sa chope ou son verre aussi souvent que nécessaire. Le vin se boit à peu près comme de la bière et il n'est pas rare d'offrir, vers 19 heures, le cognac.

La simplicité. Les Allemands vivent leur vie professionnelle de façon plus détendue que les Français : moins de hiérarchie, plus de familiarité dans les échanges ; les discussions sont également beaucoup plus directes et y gagnent en efficacité. Les femmes sont beaucoup moins présentes qu'en France sur le marché du travail pour la simple raison que leurs enfants terminent tôt l'école, vers 13 ou 14 heures, et qu'elles doivent assumer le rôle de mère au foyer.

Le dimanche, chacun se lève tard, aussi évite-t-on de téléphoner chez ceux qui ne sont pas des amis intimes ; le brunch est entré dans les usages, suivi vers 14 ou 15 heures du « Kaffee Trinken », où des gâteaux sont servis en même temps qu'une tasse de café.

Le civisme. C'est une sorte de politesse nationale, qui se mesure au comportement dans la rue : il faut traverser la chaussée dans les clous, conduire – souvent vite – en respectant les piétons, ne pas jeter de déchets sur les trottoirs ; l'automobile tient un grand rôle dans la vie d'une famille et quelquefois le garage dépasse en importance la maison ! Il est inconcevable de laisser une carrosserie rouillée ou enfoncée par un choc sans la faire aussitôt réparer – une amende peut même pénaliser la négligence dans ce domaine. Enfin, la préoccupation écologique fait partie du civisme : chacun respecte la nature, la propreté de l'environnement, les aires de pique-nique le long des autoroutes, et pratique une sorte d'autocensure.

ANGLETERRE

La langue. Dans ce pays de grande courtoisie, où le rituel et la tradition demeurent une valeur sûre, la politesse s'apprécie aux nuances. D'abord les nuances de la conversation et du langage. C'est à l'accent, à la prononciation que se juge quelqu'un et que s'apprécie l'appartenance à la bonne société : quelques mots suffisent à situer un inconnu - métier, catégorie sociale. Mais l'étranger bénéficie de beaucoup d'indulgence s'il n'aspire pas le « h » avec l'élégance d'un Oxfordien et s'il manie mal l'accent tonique ; on lui demandera seulement de ne pas écorcher les noms propres, beaucoup plus importants que les noms communs ; on lui saura gré de garder en tout de la mesure et de ne pas appuyer ses propos par des gesticulations ou des mimiques : une certaine économie de geste est toujours appréciée. On évitera de même les tenues voyantes et les parfums trop appuyés.

Quant à la conversation, elle doit à tout prix éviter les sujets personnels : le « how do you do » (comment allez-vous ?) ne demande aucune autre réponse que « how do you do ? » ; la météorologie, la beauté des jardins anglais, le sport, le derby, les animaux comptent parmi les sujets les plus appréciés. Le Français doit avoir conscience des différences régionales : un Écossais ne ressemble pas à un Anglais de Cambridge et ne doit pas être traité d'« Anglais ». Il doit savoir aussi que la cravate rayée signale l'appartenance à un club ou à un collège.

La bienveillance. L'humour est une spécialité anglaise, bien différente de notre esprit ou de notre ironie voltairienne. Il suppose l'indulgence ; on sourit de soi mais non des autres ; les invités d'un repas ou d'une réunion, à plus forte raison s'ils sont étrangers, ont un « crédit » de bienveillance qui doit leur permettre de se sentir toujours à l'aise. De cette gentillesse naturelle, il découle une grande simplicité de la conversation et il paraît presque impoli de vouloir « briller ». Pas de conversation générale non plus à table ; il faut parler avec ses deux voisins tour à tour, en maintenant un temps équitable de part et d'autre.

La cérémonie des présentations se fait le plus simplement possible, en gommant les titres - que l'on respecte beaucoup - et les distinctions - qu'on ne porte généralement pas. L'appellation « Monsieur » ou « Madame » doit toujours être suivie du nom de famille, « Mr. Brown », « Mrs. Smith », ou même du prénom s'il s'agit d'un familier ou d'une personnalité connue : Sir Winston ou Sir John. Une fois les présentations faites, on renonce à se serrer la main lors des prochaines rencontres et on se contente d'une inclination de tête ; en principe, il faut attendre d'avoir été présenté pour s'adresser à quelqu'un ; mais, une fois les présentations faites, gage d'honorabilité, les échanges peuvent rapidement prendre un tour direct et familier.

Les clubs. Ils sont la plupart du temps réservés aux hommes et n'admettent comme partout que leurs propres membres. Être invité dans l'un de ces clubs fermés est un signe de confiance de la part de votre hôte. Respectez les usages sans vous moquer pour ne pas le faire rougir de vous.

La table. La table anglaise présente une certaine originalité par rapport à la table française, et pas seulement concernant les habitudes culinaires. Le maître et la maîtresse de maison président en bout de table de sorte qu'il y a huit places d'honneur au lieu de quatre. On sait que les fourchettes se posent pointes en l'air et que, à gauche de la grande assiette, une petite assiette est destinée à recevoir le pain ; le verre est légèrement décalé par rapport à l'assiette. La fourchette se tient constamment dans la main gauche et le couteau, dans la main droite, est destiné ou à couper ou seulement à aider à piquer l'aliment avec la fourchette. Les cuillères à soupe sont rondes et on absorbe la soupe en l'aspirant par le côté. Les convives ne posent pas les mains sur la table, mais ils les gardent sur leurs genoux entre les plats. Dans un repas amical, le maître de maison peut découper à table la pièce de viande servie ; les condiments, sel, poivre, moutarde ou ketchup, sont posés sur la table. La plupart du temps, le fromage se sert après le dessert.

À la fin du repas, dans les grands dîners, la maîtresse de maison emmène les dames avec elle ; elle leur propose de s'éclipser un instant dans la salle de bains, où elles pourront se repoudrer. Pendant ce temps, le maître de maison installe les hommes dans un coin du salon et leur offre un digestif : les sexes sont donc séparés. Pour le dîner, les femmes s'habillent – un peu plus qu'en France.

Le breakfast, le petit déjeuner, est considéré comme un véritable repas : pas question d'y paraître dans une tenue négligée.

Si vous êtes invité pour un week-end ou un séjour dans un

foyer anglais, il faut savoir que vos hôtes vous laisseront tout à fait libre d'organiser votre programme de la journée et ce n'est nullement un signe de négligence ou de désintérêt, mais de courtoisie. L'usage est d'apporter un petit cadeau, et vous serez tenu d'écrire une lettre de château, « bread and butter letter », sauf en cas de relations très proches.

Les « pubs » sont fréquentés en majeure partie par les hommes et divisés en un bar public ouvert à tous et un « private bar » ; l'habitude est de se faire servir au comptoir et de payer immédiatement sa consommation, sans laisser de pourboire. La ségrégation des sexes, qui était impérative autrefois, l'est de moins en moins aujourd'hui, depuis que les femmes mènent une vie professionnelle semblable à celle des hommes. Par contre, les enfants ne sont jamais admis dans les pubs.

La correspondance. On admet, beaucoup plus qu'en France, la simplicité des formules finales de politesse : vous terminerez, selon votre degré d'intimité, « yours truly », « yours sincerely ». Vous commencerez vos lettres par « Dear Mrs. Smith » ou « Dear Sir » et non par « Dear Mr. ».

La rue. Il faut terminer par le civisme britannique. La politesse des individus les uns à l'égard des autres, le respect des règles, l'urbanité font de la ville et de la rue le lieu d'un échange courtois qui ne ressemble pas à cette jungle que l'on voit dans tant d'autres pays. Les piétons ont droit de passage dans les clous ; chacun attend paisiblement son tour dans les files et rien n'irrite plus l'Anglais que la resquille ou la débrouillardise, au mépris du voisin, qui caractérisent trop souvent l'impatience française.

BELGIQUE

Les usages belges, au moins en pays wallon, sont fort proches des usages français – dans les provinces flamandes, le mode de vie ressemble davantage à celui des Pays-Bas. Mais la Belgique est un pays de monarchie, profondément attaché aux souverains, à la famille royale et à ses traditions ; l'aristocratie a ses règles, ses cercles, et elle donne le ton : il s'ensuit que les soirées sont encore très traditionnelles et habillées ; les femmes portent leurs bijoux, les invitations se font par carton. Les titres se donnent dans toutes les occasions et souvent il y a encore un « aboyeur » dans les grandes réceptions ; les décorations se portent. Les hommes saluent les femmes par un baisemain protocolaire. Le bon ton veut qu'on soit anglophile, y compris dans son vocabulaire. Si l'on évite de parler argent, il est cependant tout à fait admis, et dans tous les milieux, de parler « business ». Enfin, envoyer des fleurs pour une réception ou pour un mariage signale la bonne éducation. Bruxelles est aussi une plaque tournante de l'Europe, où s'appliquent donc les usages diplomatiques du protocole européen. Ces différents milieux, aristocratique, d'affaires ou diplomatique et politique, se mêlent volontiers entre eux.

Ce que l'on peut conseiller au Français qui visite les trésors artistiques de la Belgique, qui voyage pour affaires ou qui est invité dans une famille belge, c'est de faire preuve de la courtoisie et de la politesse qui régnèrent longtemps en France. Il doit avant tout éviter cette pseudo-supériorité, ce contentement de soi qu'il nourrit à l'égard des pays francophones et qui le rendent plutôt fat et ridicule. Pas d'« histoires belges » – seuls les Belges eux-mêmes ont droit de les raconter – ; pas de railleries sur les « moules-pommes-frites » ou sur l'accent et les tournures linguistiques ; enfin ayez beaucoup de prudence pour aborder le problème flamand-wallon, qui touche à vif les sensibilités.

La générosité belge est légendaire et vous pourrez toujours y faire appel. Les Belges reçoivent beaucoup, avec simplicité ou avec largesse selon les moyens ou les occasions ; ils aiment la diversité et ils ouvrent volontiers leur maison ou leur table aux étrangers. Le foyer est toujours très soigné et son agrément compte beaucoup dans la vie quotidienne. La Belgique est également un pays de bonne chère, où les plats régionaux, le waterzoi (émincé de poisson ou de poulet dans un potage crémeux), les fondues au parmesan ou l'anguille au vert côtoient la cuisine française, arrosée de préférence de bourgogne.

Le respect pour la vie publique et le civisme font partie des qualités belges : le vote est obligatoire et chacun se doit de prendre au sérieux les discussions politiques et la vie municipale.

À LA COUR

Certains pays, la Belgique, la Grande-Bretagne par exemple, vivent sous un régime monarchique et connaissent de ce fait des règles protocolaires particulières. Voici quelques usages à respecter.

La tenue vestimentaire en présence du souverain ou d'un membre de la famille royale est prévue par le protocole : les messieurs revêtent, en principe, le soir, le smoking ou l'habit (selon les indications figurant sur l'invitation) et, le jour, une tenue de ville. La jaquette claire ne se porte qu'à l'occasion d'une garden-party ou d'un mariage. Les dames porteront une robe longue ou une toilette d'après-midi selon la circonstance. Chapeaux et gants ne sont plus obligatoires.

Lorsque le souverain, ou un membre de sa famille, assiste à une cérémonie ou à une assemblée, il y arrive le dernier et tous les invités doivent être déjà présents ; l'assistance se lève à son entrée et ne s'assied qu'après lui. Les invités ne se retirent jamais avant le souverain.

Les invitations à la cour priment tout autre engagement. Il faut accuser réception au secrétariat du palais royal, dont le téléphone est indiqué sur l'invitation.

Lorsque le souverain se rend chez un particulier, il convient de l'attendre au seuil de la demeure et de lui donner la présidence de la table ; selon les circonstances, la maîtresse de maison se place en face de lui ou à sa gauche. Si le roi et la reine se rendent ensemble à un repas non officiel, ils président la table l'un en face de l'autre. Les maîtres de maison doivent se mettre en rapport avec le maître de cérémonies de la cour pour lui soumettre la liste des invités et la composition des tables. Le même protocole s'applique aux souverains et aux cardinaux qui ont le traitement d'Altesses royales.

Au moment où le souverain entre dans un salon, les invités se lèvent. Il est d'usage que les dames fassent une révérence quand le souverain s'approche d'elles – mais ce n'est pas obligatoire. Il est souhaitable, mais non requis, de s'adresser à lui en employant la troisième personne. Lorsque la reine ou une princesse tend la main à un homme, celui-ci s'incline et baise la main respectueusement.

L'usage veut, dans la noblesse belge, que les parents annoncent le mariage de leurs enfants au grand maréchal de la cour en le priant d'en faire part au roi et à la reine.

(Association de la noblesse du royaume de Belgique)

ESPAGNE

Peu de pays européens ont vécu autant de transformations que l'Espagne dans les cinquante dernières années : les changements politiques, le développement industriel, le brassage de populations qui voyagent davantage, l'entrée dans le Marché commun ont intégré l'Espagne dans le savoir-vivre européen, tout en laissant intactes un certain nombre de traditions héritées de l'âge d'or. L'aristocratie a maintenu beaucoup de son ancienne étiquette et il y a en tout Espagnol un « hidalgo » qui sommeille, mais la tradition contestataire existe également avec force.

Le respect. Le touriste ne doit pas se laisser prendre au « pittoresque » de certaines manifestations folkloriques ou religieuses : elles demeurent enracinées dans la mémoire profonde et empreintes de dignité, aussi convient-il de les regarder avec respect ; on s'incline au passage d'une procession ou on garde un maintien correct ; on respecte les périodes de célébration religieuse, les fêtes patronymiques. La rue n'est pas un lieu où tout est permis. Le touriste ne se laissera pas davantage prendre à cette « décontraction » qui semble libérer les mœurs, par exemple dans le domaine vestimentaire ; la bonne éducation veut que l'on s'habille et l'élégance est naturelle.

Le foyer. Protégé des regards, il constitue le pivot de la société. Le couple et le foyer restent traditionalistes ; les femmes sortent encore assez peu seules, mais plutôt à deux, et, sauf dans les très grandes villes, elles ne s'installent pas dans les cafés ! Les maris sont fiers de leur épouse, mais également ombrageux et la galanterie française paraît toujours un peu suspecte. La conversation, qui ne répugne pas aux sujets sérieux, frôle toujours plus la gravité que le badinage.

Les repas. Ils se prennent tard, même l'hiver : le déjeuner se sert vers 14 heures, suivi d'une sieste, et le dîner vers 22 heures. Le soir, quelle que soit la température, les hommes gardent leur veston. Si l'après-déjeuner est un moment de repos respecté par tous – mieux vaut ne pas téléphoner –, la soirée est au contraire un moment de grande animation dans la rue et elle se prolonge tard dans la nuit, par le « paseo », promenade traditionnelle à laquelle tous participent : enfants, parents et grands-parents, et qui est un moment de rencontres.

Invitation. Invité dans un foyer espagnol, vous devez arriver avec au minimum un quart d'heure de retard. Les cadeaux ne s'offrent pas aussi fréquemment qu'en France ou en Allemagne ; et en tout cas on n'offre guère de fleurs : mieux vaut apporter une boîte de chocolats ou, si l'on est intime, une bouteille de vin. À quelqu'un qui vous propose quelque chose, la réponse « merci » veut toujours dire « merci oui » ; si vous voulez refuser, ne dites que « non » avec un sourire.

ITALIE

Personne ne peut rester insensible au plaisir de vivre que donnent le soleil, le charme des paysages et des villes, l'instinct de la beauté, l'enjouement – au moins en surface – de l'Italien. Ce pays de très vieille civilisation demande aux relations humaines de la légèreté, de la séduction, de la chaleur et même de l'exubérance, ce qui n'exclut pas un fond de tristesse.

Cordialité. Si vous êtes invité dans une famille, n'ayez pas peur des compliments, des superlatifs, ni de vous montrer cordial et même expansif ; mais la cordialité n'est pas la familiarité, qui pourrait comporter une nuance de condescendance : la susceptibilité, d'autant plus vive que Français et Italiens sont frères latins, se cache parfois sous les démonstrations d'affection. Comme chacun sait, l'enfant est roi dans la famille ; apportez-lui donc un petit cadeau à votre arrivée et ne vous offusquez pas de ce qu'on le laisse rire, crier, jouer, s'égosiller et même interrompre votre conversation...

Les différences régionales. Il n'y a pas si longtemps, l'Italie était composé d'États et de royaumes différents ; chaque ville avait sa petite cour ; il en demeure une certaine variété des usages, et une fierté régionale : un Napolitain ne réagira pas comme un Milanais et il faut tenir compte de la diversité des sensibilités dans la conversation : à Rome on se tutoie beaucoup plus facilement que dans les villes du Nord ; au bureau, les cadres les plus élevés de la hiérarchie n'hésitent pas à parler leur langue – ou leur patois – régional ; à Turin, les familles « chics » parlent français entre elles.

Les titres. Dans la conversation, les titres se donnent très facilement, qu'il s'agisse d'un titre aristocratique, d'un titre professionnel ou qui indique le niveau d'études. Tout le monde ou presque est « dottore », même si l'on n'a pu décrocher son baccalauréat ; il faut dire « presidente », « avvocato », « ingeniere », « maestro », « professore » ; le parlementaire a droit au titre de « onorevole » ; à une femme dont vous ne connaissez pas exactement le titre vous dites « donna » (noble dame) en faisant suivre le prénom, jamais le nom de famille ; vous ne direz jamais non plus « monsieur » tout seul mais « signor Umberto ». Deux titres sont très utilisés : « commenda-tore » et « cavaliere » (commandeur et chevalier), et ils concernent certains fonctionnaires, certains notables qui ont reçu une décoration (analogue à notre ordre du Mérite ou de la Légion d'honneur) ; quant à l'aristocratie, on lui donne tous ses titres au cours de la conversation (à l'inverse de l'usage français) ; il faut donc dire : « contessina », « marchesino », « come va, duchessa ? ». À un ministre, à un diplomate, à un évêque, on dit « eccellenza ». La règle des présentations est exactement la même qu'en France. Les titres s'inscrivent également sur les enveloppes et dans la correspondance, et le nom de famille peut être précédé d'un adjectif ou d'un superlatif : « gentilissime signora » ou « egregio professore », ou « illustre maestro », ou « reverendissimo don ». La lettre s'achève par de longues formules de politesse.

Invitation. Invité à un dîner, vous devez arriver à l'heure, généralement vers 21 heures – le délai de grâce est assez semblable à celui en vigueur en France. La courtoisie est de faire envoyer des fleurs. La table, au cours d'un repas de cérémonie, est mise avec un soin extrême. On boit le consommé, versé dans une tasse d'argent ou de fine porcelaine posée à côté de l'assiette. L'invité qui ne manie pas avec dextérité la fourchette pour enrouler ses pâtes les coupera discrètement avec le tranchant de la fourchette (mais non avec un couteau) ; il ne se servira en aucun cas de sa cuillère. Un paquet de cure-dents est parfois posé sur la nappe ; cet usage, tout à fait proscrit en France, demande beaucoup de discrétion, le geste doit être caché dans le creux de la main. La conversation se déroule sur un ton brillant ; il faut connaître le bel canto, savoir badiner et manier l'esprit.

Les Italiens s'habillent le soir et ils apportent à leur tenue beaucoup d'élégance et de raffinement ; les femmes portent des bijoux, leurs maris aiment à les voir très habillées ; au théâtre, à l'opéra, les gants blancs, longs, complètent la robe de soirée. Dans les cercles aristocratiques de certaines villes, les soirées conservent souvent un certain côté cérémonieux et même guindé. Il est toujours conseillé d'envoyer un petit mot de remerciement après une invitation à une soirée.

PAYS-BAS

Les Pays-Bas sont un pays de grande liberté et d'esprit d'entreprise. L'efficacité est la règle d'or et on ne s'embarrasse pas d'une politesse excessive qui gêne plutôt qu'elle ne fait plaisir ; il faut être naturel, direct, cordial, ponctuel, précis. Les Hollandais reçoivent simplement et leur accueil est généreux et spontané, la vie de foyer tenant une place importante ; on ne cherche pas d'abord l'élégance, mais le soin et le confort. Tous, et surtout les jeunes, voyagent beaucoup et facilement, en particulier dans les pays du soleil, et témoignent d'une grande curiosité d'esprit : ces habitudes itinérantes rendent leur conversation vivante et les échanges aisés. L'activité est très matinale ; le petit déjeuner fait figure de repas complet, où se discutent déjà des affaires. Le pragmatisme dicte les règles de conduite, auxquelles l'étranger s'adapte facilement, car chacun respecte l'espace et la liberté de l'autre. Les préoccupations écologiques sont presque aussi poussées qu'en Allemagne : la propreté règne partout, dans les fermes comme dans les jardins, les rues et les maisons.

SUISSE

Bien que de petites dimensions, la Suisse offre dans son mode de vie toutes sortes de nuances, selon que vous vous trouvez dans un canton tourné vers l'Allemagne, la France ou l'Italie, protestant ou catholique. Beaucoup d'étrangers – diplomates, hommes d'affaires, intellectuels – vivent en Suisse, appartenant généralement à une élite, et ils influencent d'autant la vie sociale. Genève, par exemple, accueille une importante communauté internationale qui ne se mélange pas à la société traditionnelle ; Berne au contraire mêle volontiers les milieux. D'autres villes sont davantage repliées sur elles-mêmes et sur une vieille « bourgeoisie » dont les origines remontent à la Renaissance ou plus haut encore. Aussi est-il difficile de faire des généralités ; en pays protestant, une certaine dignité, de la rigueur, voire de l'austérité président à la vie sociale : quelles que soient la fortune et la famille, il convient de se montrer réservé, discret, de rouler dans une voiture modeste même si la Rolls Royce attend au garage, et on évite de faire étalage de ses biens. Sauf grande intimité, il est incorrect de livrer ses sentiments et les relations gardent toujours une certaine distance. La vie mondaine apparaît comme frivole et les réceptions particulières ne sont pas fréquentes ; on s'habille peu (sauf à Berne) et les bijoux de famille demeurent au coffre. Il est usuel d'inviter amis et relations au restaurant, ce qui est une manière de protéger sa vie privée. Le repas improvisé, « à la bonne franquette », chez soi, n'existe guère. Une femme seule suscite toujours un peu d'inquiétude ou de méfiance parce qu'elle dérange un certain ordre social. Le baisemain ne se pratique plus.

Ni les titres nobiliaires ni les décorations ne se portent : il ne s'agit de toute manière que de décorations et de titres étrangers. Certains résidents disposent même de deux jeux de cartes de visite, l'un à usage intérieur où le nom et l'adresse sont seuls indiqués, l'autre où est mentionnée l'appartenance à un ordre étranger ! En revanche, les titres professionnels sont mentionnés. Le protocole privé est le même qu'en France ; mais certaines villes, lors de réceptions publiques, conservent un protocole qui leur est propre.

En pays valaisan, ou au Tessin, latin d'origine, la vie sociale connaît moins de formalisme. La traditionnelle « raclette » est une réception bon enfant, joyeuse, où le fendant frais et les exquises tranches de fromage fondu dérident les plus sévères des hommes d'affaires. On reçoit pour une raclette, mais la fondue est réservée à la famille ou se savoure au restaurant (parce qu'elle dégage davantage d'odeurs).

Dans quelque canton que ce soit, un hôte apporte toujours un petit cadeau, chocolats, bouteille ou fleurs, à celui qui le reçoit.

La propreté de la Suisse est une qualité connue du monde entier : aussi convient-il de ne rien jeter dans les rues et de respecter les intérieurs, toujours très soignés.

PAYS DU MAGHREB

Le comportement du touriste doit respecter le passé, les traditions, la sensibilité de ces vieux pays, qui ont d'ailleurs, plus que tout autre, le sens de l'hospitalité.

La politesse s'entoure de beaucoup de manifestations extérieures, de compliments auxquels il faut répondre avec le même empressement. Mais les rapports seront un peu différents selon qu'il s'agit de Maghrébins ayant fait des études ou séjourné en France ou non, et selon qu'ils seront musulmans pratiquants ou non. En tout cas, l'accueil est toujours chaleureux ; il faut s'habiller, porter des bijoux et accepter de partager un repas extrêmement copieux, qui peut durer de longues heures : vous blesseriez votre hôte en refusant les excellents plats africains qu'il vous proposera ; en revanche, si vous n'êtes pas très sûr de votre adresse, assis sur un coussin de cuir, pour prendre avec trois doigts un morceau de poulet ou d'agneau, vous pouvez tout à fait demander une fourchette pour vous aider. La règle veut qu'on rende, lorsque c'est possible, les invitations – et cela vaut également pour les Maghrébins qui habitent en France ; mais ce premier échange, toujours chaleureux, n'implique nullement des relations suivies ultérieurement. Dans les familles traditionalistes, l'épouse n'apparaît pas pendant le repas, mais, si vous êtes vous-même une femme, vous pouvez prendre l'initiative d'aller lui dire bonjour.

Les musulmans, même dans leur pays d'accueil, respectent scrupuleusement le ramadan, qui est, avec la prière, l'aumône et le pèlerinage à La Mecque, un des devoirs du croyant : durant un mois – et la période change en fonction du calendrier et de la Lune –, ils jeûnent du lever du Soleil à l'apparition de la première étoile ; sachez que lorsque la nuit tombe les restaurants sont alors envahis et tenez-en compte dans votre emploi du temps. N'invitez pas un musulman à un repas pendant le ramadan. Évitez de manger ou de boire devant lui durant la journée.

Les pourboires se donnent presque systématiquement ; à l'origine ce sont de petits cadeaux destinés à marquer la qualité des relations. Ne pas en donner serait signifier le mécontentement du client. En revanche, il faut résister aux grappes d'enfants qui quémandent dans les rues des villes touristiques. Si vous séjournez dans un hôtel et si vous n'êtes pas très sûr de vous, vous pouvez demander à la direction de l'hôtel un de ses employés, que vous rémunérerez à la journée, pour qu'il vous accompagne dans certains de vos déplacements ; ce « guide » improvisé vous épargnera beaucoup de désagréments et saura vous parler de son pays sans être conventionnel.

Le marchandage est une coutume habituelle des pays du Maghreb et des pays d'Orient : il se pratique un peu comme un jeu et témoigne de l'intérêt que vous portez à la marchandise. Ne le méprisez donc pas et acceptez-en les règles. Mais, si le marchandage est usuel, formulez votre prix dans une fourchette raisonnable (parfois la moitié du prix demandé) et mesurez aux réactions de votre interlocuteur la marge qui vous est laissée : on jugera là votre finesse.

CANADA FRANÇAIS

Bien qu'il s'exprime en français et dans une langue pleine de charme qui a parfois gardé des tournures du XVIIIe siècle, ne croyez pas que le Canadien vous ressemble comme un frère. Il est beaucoup plus proche par son mode de vie de ses voisins américains, dont il partage l'esprit d'entreprise et la vitalité.

Le désir de réussir est le moteur de tout Canadien et c'est à cette réussite – avec les moyens financiers qui en découlent – que se mesure son niveau social : la fonction définit l'homme plus que son milieu d'origine et on ignore toutes les subtilités hiérarchiques de la société française, survivances de l'Ancien Régime. Le Canada est un pays de « middle class », où l'éventail des salaires est resserré, et où le mode de vie dépend du niveau de ressources.

Le Canadien est accueillant ; il vous invite volontiers chez lui, plutôt pour l'après-dîner que pour le dîner, car le repas du soir se prend sans aucun protocole, à la cuisine, vers 18 heures, c'est-à-dire de bonne heure, la journée commençant très tôt et le déjeuner n'existant quasiment pas tant il est rapide. Il s'agit donc plutôt d'une invitation à boire un verre que d'un repas et, vers 23 heures ou un peu plus tard, on vous offrira biscuits et petits gâteaux, signal que le moment de se retirer est proche. On boit peu de vin, on mange d'ailleurs sans boire, mais on propose toujours apéritif et café.

Le formalisme est exclu de la vie canadienne, bien qu'il faille venir au bureau en cravate – mais « on ôte sa veste » ; le baisemain est inconnu et même le shake-hand ne se pratique pas toujours ; le tutoiement se fait rapidement ; les décorations ne s'exhibent pas ; en revanche, sur les cartes de visite, le diplôme d'ingénieur, le doctorat, la fonction professionnelle sont signalés : c'est la recherche de la simplicité et de l'efficacité qui préside aux règles du savoir-vivre. Il n'y a guère que le soir, pour dîner au restaurant, que l'on s'habille un peu, ce qui n'empêche pas de chausser ses « caoutchoucs » – on disait autrefois ses « claques » – pour braver les intempéries. Mais, dès qu'on arrive chez soi, le confort reprend ses droits.

C'est dans l'attachement à la langue française que se marquent les liens ancestraux. La télévision maintient un quota d'émissions de culture française. Le vocabulaire très riche, l'accent, savoureux, peuvent dérouter le voyageur français, et il lui faudra vite apprendre le sens particulier de quelques locutions telles que « jaser », qui veut dire « bavarder », « dîner », qui peut signifier « déjeuner », le « char », qui désigne familièrement l'auto, la « blonde », qui désigne la petite amie.

ÉTATS-UNIS

Comment parler des usages d'un pays qui compte plus de 250 millions d'habitants, 52 États et des millions de kilomètres carrés, et où New York constitue à elle seule toute une manière de vivre ? Le cosmopolitisme côtoie le provincialisme, les idées les plus avancées les mœurs puritaines ; l'esprit pionnier et égalitaire n'exclut pas l'attachement aux traditions et aux symboles du passé tels que les incarnent l'ordre des Cincinnati – ordre créé en 1783 par les officiers de l'armée révolutionnaire – ou encore la fête nationale de « Thanksgiving », qui commémore l'installation sur le sol américain des premiers colons, les « pères pèlerins » venus d'Angleterre par le *Mayflower*, en 1621.

La liberté. La seule règle est peut-être qu'il n'y a pas de règle et qu'en tout domaine mieux vaut le naturel. L'Américain s'est débarrassé de la coquille de réserve qui protège si souvent l'Européen et il cherche à communiquer sa joie de vivre : simple, souriant, expansif, il attend de l'autre une amabilité et une gentillesse réciproques ; le naturel fait partie de ses valeurs parce qu'il permet à chacun d'être soi et d'exprimer ainsi la diversité de ses origines ou l'originalité de sa culture. Ainsi en va-t-il également de l'apparence et de la tenue extérieure : tout est permis à condition de favoriser l'aisance, quoique, en fait, dans les métiers financiers ou aux postes de responsabilité, hommes et femmes s'habillent respectivement en costumes sombres et en tailleurs classiques.

La première image qui frappe l'Européen lorsqu'il met le pied sur le sol américain est celle du dynamisme et de l'efficacité, traduction moderne de l'esprit pionnier. Hommes et femmes marchent d'un pas assuré et rapide dès les premières heures du jour jusque tard dans la soirée ; leur activité ne semble jamais s'arrêter, et le petit déjeuner pris à 7 heures dans un hôtel new-yorkais offre le spectacle d'une population pleine d'entrain dont les appétits, dans tous les sens du mot, sont grands ouverts : le petit déjeuner est d'ailleurs l'heure privilégiée des rencontres professionnelles, qui revêtent ainsi un caractère détendu.

Les relations sont empreintes de cordialité ; le Français bénéficie d'ailleurs d'un préjugé de sympathie à condition de ne pas vouloir tout expliquer ni tout diriger. Très vite, l'Américain l'appellera par son prénom ou son diminutif et lui demandera d'en user de même ; il l'invitera à son domicile pour une party ou un brunch ; mais il se peut aussi, dans les très grandes villes du moins, que, pressé par le rythme ultra-rapide de la journée, il prenne à peine le temps de le saluer s'il le rencontre dans une avenue par hasard : le temps ne se gaspille pas. D'une certaine façon, les relations, toujours cordiales, ne débouchent pas forcément sur l'intimité.

L'égalité démocratique n'est pas un vain mot. N'attendez pas de traitement de faveur, sous prétexte que vous êtes étranger ; ne cherchez pas, à l'hôtel, au restaurant ou devant le cireur de chaussures, à vous faire servir plus vite que les autres ; le goût du travail bien fait exclut la précipitation et le client nerveux, qui s'impatiente, est mal jugé : chacun respecte l'ordre de la file d'attente à une station de taxi ou dans un magasin ; lorsque vous réglerez votre note d'hôtel, vous observerez que le client attend à une distance respectable, un mètre environ, que celui qui le précède devant la caisse ait réglé sa facture et rangé son portefeuille. Lorsque vous arrivez dans un restaurant, vous attendrez sagement à l'entrée qu'un maître d'hôtel vienne vous placer.

Dans un restaurant ou un hôtel, le service n'est pas compris dans la note, qui comporte généralement deux chiffres, le prix du repas (ou de la chambre) et la taxe ; à vous d'ajouter les 15 p. 100 réglementaires de service.

Les repas admettent plus de simplicité, moins de formalisme qu'en France. Le maître et la maîtresse de maison président en face l'un de l'autre, mais seule la place à droite de la maîtresse de maison est considérée comme une place d'honneur ; pour les autres invités – sauf lors de dîners officiels –, on improvise. Il n'est pas interdit de fumer entre les plats. Une petite assiette individuelle reçoit le pain, qu'il est impoli de poser sur la table. Il est conseillé de laisser quelque chose dans son assiette, ce qui signifie qu'on a mangé à sa faim. Le café est généralement servi à table et non au salon. Les convives s'habillent volontiers le soir. Il est courtois de remercier le lendemain de la soirée, par un coup de téléphone ou un mot écrit ; on peut également envoyer des fleurs, à l'exclusion des œillets, qui sont comparables à nos chrysanthèmes. On évite le chiffre treize à table car la superstition du treize demeure vivace (dans certains buildings, le treizième étage a même été supprimé).

Si vous circulez en voiture aux États-Unis, vous respecterez le code de conduite en usage (permission de tourner sur sa droite même si le feu est rouge par exemple), mais vous ralentirez devant les passages réservés aux piétons et, lorsque vous serez à un croisement marqué par quatre « stops », vous saurez que la priorité appartient au premier arrivé, puis au second et ainsi de suite, sans question de droite ou de gauche.

Le féminisme. C'est une composante importante de la société américaine, bien en avance sur l'Europe en ce domaine. Non seulement les femmes ont droit aux égards traditionnels de leur sexe, mais elles accomplissent les métiers masculins avec la même compétence et le même professionnalisme que leurs homologues masculins, dont elles deviennent parfois des adversaires plus que des partenaires. Les droits de la femme paraissent souvent exorbitants à nos vieux pays latins ; en particulier lors d'un divorce, la femme est systématiquement protégée dans ses intérêts économiques par la loi ; ses droits sont constamment rappelés dans les entreprises, dans les bureaux, les universités ; aussi les rapports entre sexes s'en ressentent-ils : le Français, emporté par sa sympathie et son admiration, doit être prudent avant de se livrer à des propos galants ou à des avances qui pourraient être mal interprétés ; le « harcèlement sexuel », dont les journaux offrent presque tous les jours des témoignages au sein des entreprises, est sévèrement puni par la loi.

JAPON

Un journal économique disait récemment que, si les Français accédaient si difficilement au marché japonais, la raison en était qu'ils manquaient d'un manuel de savoir-vivre susceptible de les aider à comprendre la subtilité de la politesse nipponne !

La vie professionnelle. Elle pèse d'un poids énorme dans la vie quotidienne du Japonais ; elle empiète sur une vie privée réduite à la portion congrue, dont elle est nettement séparée. Les relations de travail ne recoupent généralement pas celles de l'intimité familiale ; en tout cas l'étranger en est exclu.

Les sociétés et les entreprises disposent généralement d'abonnements dans des clubs où les cadres pourront converser avec leurs invités tout en se détendant. Il est impoli de refuser ce type d'invitation qui prolonge l'entretien professionnel du bureau dans de meilleures conditions, autour d'un verre de cognac allongé d'eau (le cognac se boit comme le whisky et le Japon est le plus grand consommateur de cognac du monde entier). Vous froisseriez également vos hôtes en refusant de les accompagner, jusque tard dans la nuit, dans une tournée bien arrosée.

Toute négociation demande beaucoup de temps et de patience avant d'être conclue, car à chaque niveau les personnes intéressées doivent être consultées, d'un bout à l'autre de l'échelle hiérarchique ; chaque mot du projet sera minutieusement discuté. On ne doit donner aucun signe d'agacement, ni élever la voix : celui qui s'énerve a d'ailleurs reçu un qualificatif, « furyo gaïjin ». Il ne faut pas non plus faire passer de messages personnels, ou tenter des pressions et des apartés : tout le monde doit pouvoir entendre les éléments de discussion et d'ailleurs plusieurs collègues partagent généralement le même bureau. Mais, une fois la décision prise, elle est suivie.

Le repas est un moment important de la convivialité, et surtout le repas d'affaires : il a lieu généralement dans un bon restaurant, extrêmement rarement chez un particulier, et les Japonais sont à juste titre fiers de leur cuisine. Ce repas ne comporte pas de fromage ni de dessert et durant le déjeuner il est assez mal vu de boire de l'alcool. S'il a lieu au domicile privé, il n'admet aucune improvisation et s'entoure de formalisme.

La politesse. Elle fait l'art de vivre des Japonais ; elle ressemble à un cérémonial et s'entoure de toutes sortes de raffinements ; on n'en finit pas de remercier. Le salut se fait par une inclination de la tête et du buste, rarement par une poignée de main. On ne s'embrasse jamais en public. Il faut commencer par saluer les personnes les plus âgées. Les Japonais ont un grand respect des anciens : l'ancien a toujours le dernier mot ; en particulier dans une négociation, ce sont les jeunes qui parlent les premiers et l'ancien conclut. L'Occidental a la surprise, quand il croit son affaire réglée, de découvrir que son interlocuteur ne peut rien signer sans la présence et l'accord de l'aîné.

Dire non, refuser une proposition est d'une extrême impolitesse ; il faut toujours éviter de dire non, et même oui, et préférer une locution plus neutre, « soo des me » ou « soo des ka », que l'on peut traduire : « Eh bien il en est ainsi ». Il ne faut pas aborder de front l'affaire qui vous amène, mais prendre des détours et savoir attendre. Il faut également se garder d'accepter trop vite une proposition. Les compliments font partie des échanges les plus habituels et le sourire ne doit jamais quitter votre visage : il dissimule tous les sentiments intérieurs. Lorsqu'un Japonais vous dit au revoir, il vous quitte en reculant, car il est impoli de présenter son dos à un interlocuteur.

Le vol n'existe quasiment pas au Japon. Si vous oubliez votre serviette ou votre appareil photographique dans un taxi, son chauffeur vous les rapportera aussitôt. Le pourboire est également inconnu et vous froisseriez quelqu'un à qui vous donneriez une gratification en argent. En revanche, les cadeaux sont appréciés et font partie de la vie sociale.

Les femmes sont peu présentes dans la vie professionnelle, sauf peut-être dans les carrières administratives, et elles n'ont pas du tout les mêmes possibilités d'avancement que les hommes. Elles restent au foyer. Il faut toujours demeurer discret lorsque vous prenez de leurs nouvelles.

LES ÉVÉNEMENTS FAMILIAUX

NAISSANCE
ET
CÉRÉMONIES RELIGIEUSES

L'humanité a pu mettre des milliards de bébés
au monde, la naissance d'un enfant constitue toujours un
événement neuf, unique, préparé avec soin et vécu dans
l'émotion. Elle se célébrait fastueusement dans le passé
pour marquer l'avènement d'un héritier. Aujourd'hui, on
préfère l'intimité du cadre familial, qui laisse place à la
spontanéité des sentiments.

NEUF MOIS DE PRÉPARATIFS

Neuf mois de préparatifs : rien de trop quand on songe au
bouleversement qu'apporte le nouveau-venu dans le foyer, et
quand on sait qu'une place dans une maternité ou dans une
crèche se retient des mois à l'avance !

L'attente. La future mère évite de claironner son secret
sur la place publique avant le troisième mois ; elle peut même
garder la discrétion sur son état jusqu'à ce qu'il ne puisse plus
passer inaperçu : elle y gagnera beaucoup de tranquillité dans
sa vie privée, en s'épargnant la sollicitude et les attentions
excessives. En revanche, les futurs grands-parents peuvent être
prévenus dès que la conception est confirmée. À moins d'avoir
été averti personnellement, l'entourage évite les questions
importunes ou indiscrètes et surtout les conversations déplacées sur les difficultés de l'accouchement, ses dangers, etc.
Le trousseau du bébé se prévoit plusieurs semaines à
l'avance, mais, quel que soit le plaisir de choisir le linge, la
mère doit savoir qu'elle recevra beaucoup de cadeaux de

naissance et qu'il est inutile de multiplier les vêtements du nourrisson : de 0 à 2 mois, le linge s'use peu et sert d'un enfant à l'autre. Il n'en allait pas de même autrefois : le trousseau préparé pour le bébé d'une riche bourgeoise de la fin du XVIIIᵉ siècle pouvait comprendre 50 petits bonnets, 30 brassières, 24 cols de baptiste, 16 bavoirs, couches, langes, cornettes de nuit, parures, coiffes, mitaines !

La future mère doit également préparer le matériel nécessaire aux soins de l'enfant : berceau, chauffe-biberon, pèse-bébé, table à langer, draps, taies...

L'usage veut qu'on n'offre pas de cadeaux avant la naissance.

La maternité. On n'accouche plus chez soi comme autrefois. Les maternités donnent à la future mère la liste des affaires nécessaires à emporter pour le jour « J », mais il ne lui est pas interdit d'y ajouter des effets personnels. Elle peut mettre dans ses valises, si le règlement de l'établissement le permet, des draps fins pour elle et pour le bébé ; elle veillera également à apporter pour elle de jolies chemises de nuit pour recevoir ses visites.

Quant aux « nouveaux pères », ils ne ressemblent plus guère à leurs prédécesseurs émus et embarrassés de leur personne, qui arpentaient les couloirs en attendant les premiers vagissements annonçant la naissance. Ils participent de près à l'événement et même, souvent, ils participent à l'accouchement en restant près de leur femme en salle de travail. Ils auront à cœur d'entourer la mère de leurs prévenances (attention : la plupart des maternités interdisent les fleurs pour des raisons d'hygiène).

Le « cadeau de naissance ». La tradition veut que le père offre à la jeune mère un « cadeau de naissance », qui peut être, quand ses moyens le lui permettent, un bijou.

ANNONCES

La déclaration. Le père a trois jours pour déclarer l'enfant à la mairie de la commune ou de l'arrondissement de la ville où a eu lieu la naissance. C'est alors qu'est définitivement fixé le prénom du bébé. Donner un prénom engage loin : il faut veiller à l'euphonie du prénom et du nom de famille, éviter les prénoms qui ridiculiseraient l'enfant plus tard, accepter parfois les prénoms traditionnels de famille.

Cartons de naissance. Beaucoup de maternités proposent aux parents des cartons de naissance qui permettent d'en faire rapidement l'annonce aux proches : « Monsieur et Madame Martel ont la joie de vous annoncer la naissance de Caroline » ; on ajoute la date de naissance et parfois le numéro de téléphone de la maternité. Ces cartons ne doivent jamais être imprimés avant l'événement. Ils ont la taille d'une grande carte de visite et admettent, dans leur présentation, une petite note personnelle humoristique ou tendre – mais mieux vaut exclure les dessins ou les couleurs violentes.

Les parents peuvent également faire part de la naissance du bébé sur leur carte de visite en écrivant à la main, après les noms :

ont la joie de vous faire part de la naissance de leur fille Caroline, le 12 mars 1992 à Paris.

Le faire-part de naissance. Inséré dans un quotidien, il doit s'en tenir aux formules classiques du type :

Monsieur et Madame Martel, née Claire Doucet, sont heureux [ou « ont la joie de... »] de vous annoncer la naissance de leur fille Caroline, le 12 mars 1992, 20, rue Bosio, Paris 75016.

S'ils ont déjà des enfants, ils peuvent écrire :

Monsieur et Madame Martel laissent à Jules et à Jérémie la joie de vous annoncer la naissance de Caroline, le 12 mars 1992.

Quelquefois, ce sont les grands-parents, maternels ou paternels, qui annoncent l'événement, lorsqu'il y a eu plusieurs naissances dans la famille et que celles-ci ne sont pas trop éloignées les unes des autres.

Monsieur et Madame des Pins sont heureux de vous annoncer la naissance de leurs 15e et 16e petits-enfants : Caroline dans le foyer de Pierre et Anne Martel, le 12 mars à Paris, et Gilles dans le foyer de Jacques et Marie des Pins, le 14 avril à Bordeaux.

Lorsque le bébé décède quelques heures ou quelques jours après la naissance, l'annonce peut être ainsi rédigée :

Monsieur et Madame Martel font part du bref passage sur terre (ou, s'ils sont croyants : « de la naissance et du rappel à Dieu ») de Caroline. Paris, le 12 mars 1992.

Répondre. Il faut répondre dans les huit jours par une lettre ou une petite carte de félicitations et de vœux, qui sera rédigée à la troisième personne sur une carte de visite, ou de façon plus personnelle :

Monsieur et Madame Gilot

apprennent avec joie la naissance de Caroline
et adressent toutes leurs félicitations
aux heureux parents.

ou

adressent à Monsieur et Madame Martel toutes leurs félicitations à l'occasion de la naissance de Caroline.

ou

Chers Amis,

Nous prenons part à votre joie et nous vous prions d'accepter nos plus sincères félicitations.

ou

Nous nous réjouissons de l'heureuse nouvelle et nous formons des vœux de bonheur pour la petite Caroline.

VISITES ET CADEAUX

Visites. La jeune mère reste généralement une semaine à la maternité. Seuls les parents et amis intimes, auxquels la nouvelle a été expressément annoncée, viennent lui rendre visite ; les moins proches attendent qu'elle soit de retour chez elle. L'usage, surtout s'il s'agit d'un premier-né, est d'apporter un cadeau : peluche, vêtement, parure de berceau, ou encore fleurs, fruits, friandises, livre pour la mère. Celle-ci appréciera parmi ces présents un vêtement d'enfant destiné à un âge plus avancé, 6 ou 9 mois, car l'enfant grandit vite. En principe, les hommes n'apportent pas de cadeau de naissance, mais ils peuvent envoyer des fleurs, au retour de la maternité.

Cadeau. Le cadeau est ouvert en présence du donateur, sauf si d'autres visiteurs venus les mains vides l'entourent, auquel cas un petit coup de téléphone le soir ou le lendemain permettra de remercier chaleureusement de l'objet. Au moment où la mère allaite, le visiteur doit proposer discrètement de s'éclipser ; on ne reste pas trop longtemps pour ne pas fatiguer l'accouchée ni encombrer la chambre, généralement petite, et on cède la place lorsque d'autres proches arrivent.

Savoir-vivre à la maternité. Lorsque l'accouchée partage sa chambre avec une autre mère, les visiteurs s'efforcent de parler bas et ils n'envahissent pas toute la pièce afin de ne pas gêner le repos de l'occupante du lit voisin. La politesse veut que celle-ci soit saluée d'un sourire. Les deux mères peuvent échanger les friandises qu'elles ont reçues.

L'APRÈS-NAISSANCE

Voici comment ce remarquable observateur des mœurs françaises que fut L.S. Mercier décrit le déroulement de l'après-naissance, à la fin du XVIIIᵉ siècle : « Étendue, à demi couchée sur une chaise longue, enveloppée dans le plus beau linge, l'accouchée se perd dans une infinité d'oreillers grands et petits. On ne voit que dentelles artistement plissées et de grosses touffes de rubans. Elle attend sur ce trône les visites de tout le monde ; elle a tout préparé pour qu'on admire jusqu'à son couvre-pied [...]. Quand une femme se porterait assez bien pour être relevée de couches au bout du 12ᵉ jour, elle attendrait jusqu'au 21ᵉ pour reparaître. Jusqu'alors, elle doit, quand il entre quelqu'un, retomber sur sa chaise longue, jouer la langueur et l'abattement, recevoir trente visites au lieu de se promener dans un jardin.

Au moment où elle quitte la maternité, la jeune mère laisse à l'infirmière qui lui a prodigué le plus de soins les friandises qu'on lui a apportées : en principe, dans une clinique privée, elle remet aussi une enveloppe à l'infirmière responsable et aux puéricultrices, pour grossir leur cagnotte.

Le retour chez soi. Les visites s'échelonnent sur plusieurs semaines au domicile de la mère et s'annoncent par un coup de téléphone préalable. La mère présente son bébé avec une fierté légitime, mais elle évite de s'étendre trop longuement sur les détails de l'accouchement et cherche plutôt, selon les règles du savoir-vivre, à placer la conversation sur un terrain agréable à son interlocuteur.

L'ADOPTION

Comme la naissance, l'adoption peut faire l'objet d'une annonce dans un quotidien, formulée ainsi :

Monsieur et Madame Pierre Martel

sont heureux d'annoncer l'arrivée dans leur foyer de Laure, née le 10 juillet (ou, selon le cas, âgée de... ans). Paris, le 20 octobre.

Les usages qui entourent l'adoption d'un bébé sont les mêmes que ceux qui entourent la naissance : baptême, cadeaux, réception intime. Si l'enfant est plus âgé, on choisira le prétexte de son anniversaire pour faire une petite réception amicale ; mais la discrétion s'impose alors.

LE BAPTÊME

Le baptême marque l'entrée dans la communauté religieuse. C'est le premier de tous les sacrements. Toutes les confessions chrétiennes – les catholiques, les orthodoxes et les protestants – administrent le baptême et se réunissent dans cet acte de foi, malgré des différences dans le déroulement et le rituel. L'eau est le symbole principal du baptême, celui du passage de la mort à une vie nouvelle avec Jésus-Christ. C'est au moment du baptême que l'enfant reçoit officiellement son prénom chrétien, traditionnellement choisi parmi les noms de la Bible, des saints ou des grandes fêtes religieuses.

PARRAIN ET MARRAINE

Tout baptisé, enfant ou adulte, est accompagné d'un parrain et d'une marraine. Le rôle de ceux-ci ne se limite pas à participer à la cérémonie et à faire des cadeaux à l'enfant, mais à l'assister jusqu'à l'âge adulte, dans son éducation religieuse et dans sa vie personnelle. Ils doivent établir avec leur filleul une relation privilégiée de confiance et de tendresse, s'engageant à assumer son éducation religieuse en cas de disparition ou de défaillance des parents.

Le choix d'un parrain et d'une marraine. La manière de choisir un parrain et une marraine a beaucoup évolué. Sous l'Ancien Régime, le nombre de parrains et marraines n'était pas limité – le plus souvent, deux parrains et une marraine pour les garçons et un parrain et deux marraines pour une fille ; ils appartenaient à de riches familles capables de donner une protection puissante à l'enfant ; ce rôle, coûteux, rebutait les intéressés, à une époque où l'on ne se souciait pas trop des petits enfants, ce que Sébastien Mercier se charge de ridiculiser : « Le père vous sollicite avec un air un peu honteux car c'est une petite corvée dont on se passerait bien. On l'impose aux plus proches parents quand on n'est pas brouillé avec eux ; le parrain donne des dragées à la marraine, et les baptêmes tournent au profit des confiseurs... Plusieurs riches pour l'abréger font aujourd'hui comme les plus pauvres : ils prennent le bedeau de la paroisse pour parrain et la mendiante au tronc pour marraine » !

Être choisi pour parrain ou marraine aujourd'hui apparaît comme un signe d'amitié et un honneur, mais implique aussi des charges. Traditionnellement, les grands-parents remplissaient cet office au XIXe siècle, mais les parents d'aujourd'hui préfèrent de beaucoup choisir quelqu'un de leur génération.

Parrain et marraine sont souvent choisis parmi les membres de la famille et les amis proches. Mais il y a des règles à respecter dans ce choix. Ils doivent être chrétiens tous les deux, et de la même confession que l'enfant. Ils doivent être assez mûrs pour être capables d'assumer leurs devoirs, par exemple on ne choisira pas un enfant trop jeune. Enfin, ils doivent avoir reçu les trois sacrements de l'initiation chrétienne : baptême, eucharistie (communion) et confirmation.

Décliner l'offre. Le parrain ou la marraine pressenti(e) peut décliner l'offre, à condition de le faire avec courtoisie et de bonnes excuses. Tout en remerciant avec chaleur de cette marque de confiance, on peut arguer d'un grand nombre de filleuls pour assumer en conscience ce rôle, ou encore d'une vie professionnelle trop mouvementée pour consacrer le temps nécessaire à cette responsabilité. Il convient alors pour les parents de ne pas insister.

Cadeaux de baptême. Parrain et marraine se concertent pour offrir à l'enfant un cadeau de baptême, traditionnellement à caractère religieux : chaîne et croix de baptême, médaille, ou icône du saint patron pour les orthodoxes. S'ils ne se connaissent pas, ils parlent simplement de leurs intentions aux parents du bébé, qui très souvent penseront ainsi à les présenter l'un à l'autre.

Un usage ancien qui tend à disparaître veut que le parrain offre à sa « commère » un petit cadeau ; la mère du bébé l'aide dans ce choix : bibelot, coupe, vase..., destinés à marquer le souvenir de la fête.

Les dragées. C'est le parrain qui prend en principe en charge l'achat des dragées. Mais, de plus en plus, aujourd'hui, ce sont les parents du bébé qui se substituent à lui pour offrir les dragées. Une solution moins onéreuse est la confection de petits sacs de dragées (achetées en vrac) de tissu de couleur et fermés par un ruban. Des maisons spécialisées vendent des boîtes ou des cornets, de couleur rose pour les filles, bleue pour les garçons (mais le choix de ces couleurs n'a rien d'impératif) où est imprimé le prénom de l'enfant.

Il faut prévoir assez de boîtes de dragées pour chacun des membres de la famille, des proches et des invités.

LE BAPTÊME CATHOLIQUE

L'Église catholique recommande aux parents de faire baptiser leur enfant dès le plus jeune âge, c'est-à-dire, en général, au cours de la première année du bébé.

Préparation et organisation du baptême. La date est choisie par les parents, plusieurs semaines avant, en accord avec la paroisse où doit avoir lieu le baptême. Un temps de préparation est nécessaire : entretiens avec un prêtre de la paroisse, rencontre d'autres parents... Souvent, les paroisses proposent des baptêmes collectifs d'enfants, à l'issue d'une messe dominicale, mais les parents peuvent demander, s'ils le souhaitent, une cérémonie individuelle, à une date et à une heure qui leur conviennent. De la même façon, ils peuvent choisir l'église où aura lieu le baptême et s'adresser à un prêtre de leur choix, par exemple ami de la famille, ou avec qui ils ont des liens particuliers. Si le baptême n'a pas lieu dans la paroisse habituelle des parents, celle-ci devra être informée.

Avant d'aller à l'église, il faut prévoir de donner à l'enfant un repas ou un biberon, pour qu'il ne s'égosille pas pendant toute la cérémonie, qui dure, en général, une demi-heure.

Pour un baptême individuel, la famille peut décorer la chapelle ou l'église de fleurs blanches.

Le plus souvent, seule la famille proche, parents, grands-parents, parrain et marraine assistent à la cérémonie.

Vêtements. Pour la circonstance, l'enfant porte, normalement, un vêtement blanc : simple et joli vêtement de bébé, ou robe de baptême traditionnelle, longue, blanche, amidonnée, ornée de plis ou de dentelles, avec le petit bonnet assorti (souvent, c'est une robe de famille, qui se transmet de génération en génération).

Déroulement de la cérémonie. La cérémonie se déroule en quatre phases. Tout d'abord, le prêtre accueille l'enfant dans l'Église, en lui donnant son prénom chrétien, il le signe de la croix, imité par les parents, parrain et marraine. Puis l'assemblée célèbre la Parole de Dieu : lectures, homélie, prières. Vient ensuite la célébration du sacrement : le prêtre bénit l'eau ; les parents, le parrain et la marraine professent leur foi, le prêtre demande à l'assemblée de faire acte de foi, et chacun peut répondre selon sa conviction ; le prêtre verse de l'eau, trois fois, sur l'enfant (ou le plonge trois fois dans l'eau) en le baptisant et l'oint du saint chrême. Enfin, le prêtre bénit l'enfant, ses parents, l'assistance ; il fait signer le registre de baptême par les parents, parrain et marraine. Pendant toute la cérémonie, le cierge pascal est allumé, symbole de la lumière du Christ.

C'est en général la mère (assistée de la marraine) qui tient l'enfant pendant la célébration, le père et le parrain se tiennent à leurs côtés.

La célébration du baptême est gratuite, mais l'usage veut que les parents remettent au curé une enveloppe contenant une certaine somme pour la paroisse.

Si le parrain ou la marraine ne peuvent pas, pour des raisons impérieuses, assister à la cérémonie, ils donnent leur acceptation par écrit et demandent à un proche ou à un membre de la famille de les représenter.

RÉCEPTION DE BAPTÊME

Le baptême est une grande joie et une fête pour tous, famille et communauté chrétienne. La cérémonie est généralement suivie d'une réception de caractère familial et intime plutôt que mondain.

Elle peut consister en un déjeuner ou un goûter, au domicile des parents. Le prêtre qui a administré le sacrement participe à cette réunion familiale.

Les amis, la famille et les proches sont invités par un coup de téléphone, une carte manuscrite ou par l'envoi d'une carte de visite de ce type :

Monsieur et Madame Martel

recevront leurs proches amis à l'occasion du baptême de Jérémie, le samedi 30 juin, de 18 à 20 heures.

R.S.V.P.

Table, cadeaux. L'appartement est fleuri : le matin ou la veille du baptême, le parrain a envoyé des fleurs blanches ou de teintes très claires. Sur la table du repas ou du buffet, sur les meubles, sont disposées des coupes remplies de dragées.

Lors d'un repas assis, le prêtre – ou le parrain si le prêtre n'assiste pas à la réception – est placé à la droite de la maîtresse de maison. Les grands-parents sont également installés aux places d'honneur. Le héros de la fête est présenté quelques instants puis recouché dans son berceau.

Cette réception peut être l'occasion, pour les amis qui ne l'ont pas encore fait, d'apporter un cadeau. Outre la chaîne et la médaille, parrain, marraine, grands-parents peuvent offrir une timbale, un rond de serviette, une gourmette gravés au prénom de l'enfant, ou encore un couvert, un coquetier...

Traditionnellement, pour le premier enfant, la belle-mère offrait à sa belle-fille un bijou de famille pour la remercier d'avoir donné un héritier à la famille. Plus simplement aujourd'hui, elle lui marque sa reconnaissance en lui offrant un souvenir.

Au moment du départ, les maîtres de maison remettent à chaque convive un cornet de dragées. Des boîtes plus importantes sont destinées aux grands-parents, parrain et marraine ; d'autres sont tenues en réserve pour être envoyées aux amis absents avec un petit mot amical : « Nous tenons à vous associer au baptême de Jérémie et vous adressons toute notre affection. »

Cadeaux d'anniversaire. Les parrain et marraine veilleront sur leur filleul pendant toute son enfance et son adolescence. Ils n'oublieront pas, selon l'usage, de lui faire un cadeau pour son anniversaire et lors des événements importants de sa vie : profession de foi, mariage...

LE BAPTÊME PROTESTANT

Il est célébré au temple, par un pasteur, souvent à l'issue du service dominical. Son déroulement est très proche de celui du baptême catholique. Par respect pour la foi protestante, il faut éviter d'offrir à l'enfant des médailles de saints et de la Vierge – qui ne font, dans la religion réformée, l'objet d'aucun culte – et se limiter à la croix de baptême.

LE BAPTÊME ORTHODOXE

Il est en principe célébré individuellement, quarante jours après la naissance, parfois au début de la liturgie dominicale, mais souvent un autre jour.

Le baptême orthodoxe est une célébration très importante, puisque, ce jour-là, l'enfant reçoit successivement les trois sacrements de l'initiation chrétienne : baptême, eucharistie (communion) et chrismation (confirmation). Parrain et marraine remplissent un rôle important, ils sont donc obligatoirement de religion orthodoxe.

Déroulement du baptême. La liturgie est très longue (au moins deux heures et demie), et l'assistance ne s'assied pas, mais chacun peut bouger, notamment les enfants, qui jouissent d'une très grande liberté.

Avant d'entrer dans l'église, ou quelques jours avant le baptême, a lieu la cérémonie de purification de la mère, au cours de laquelle l'enfant reçoit son prénom. C'est toujours un prénom unique : il n'y a pas de prénom double chez les orthodoxes.

Après avoir prononcé un certain nombre d'exorcismes, le prêtre baptise l'enfant, entièrement dévêtu, en l'immergeant trois fois dans l'eau des fonts baptismaux, puis il le revêt du vêtement blanc des nouveaux baptisés.

Aussitôt après le baptême, le prêtre confirme l'enfant, en pratiquant des onctions avec le saint chrême. Au cours de la liturgie qui suit, enfin, l'enfant baptisé reçoit le premier la communion.

À la fin de la liturgie, on distribue à tous le pain béni. Après la célébration, souvent, toute la communauté et tous les invités de la famille se retrouvent, éventuellement à l'église, pour des agapes, traditionnellement un vin d'honneur.

LE BAPTÊME CIVIL

Dans certaines provinces françaises, un usage qui remonte à la Révolution veut que des familles sans confession fassent donner un baptême civil à leur enfant : il a lieu à la mairie, entre un parrain et une marraine. Le nombre de ces « baptêmes » reste très limité.

CÉRÉMONIES JUIVES LIÉES À LA NAISSANCE

La naissance d'une fille et celle d'un garçon ne se célèbrent pas de la même manière.

La naissance d'une fille. Elle s'accompagne d'usages variés. Dans les communautés de tradition séfarade (rites originaires en particulier d'Espagne, du Portugal ou d'Afrique du Nord), une petite cérémonie a lieu à la synagogue, à l'âge d'un mois : la mère va présenter l'enfant à l'office du samedi, le rabbin la bénit et on lui donne son nom hébreu. Dans les communautés de tradition ashkénaze (rites originaires d'Europe centrale), une petite fête a lieu en général à la maison, sous la direction du père ou du rabbin : on lit les premiers versets de la Torah, on prononce une bénédiction ; et on soulève le berceau trois fois, en donnant le prénom de l'enfant.

Ces cérémonies s'accompagnent en général d'une distribution de dragées et d'une petite fête intime, réunissant la famille et les amis proches.

La circoncision. La naissance d'un garçon est l'occasion de grandes réjouissances. En effet, selon la Loi, le garçon doit être circoncis à l'âge de huit jours, en signe d'alliance entre Dieu et son peuple. Sauf contre-indication médicale, la circoncision a donc lieu huit jours après la naissance, en général à la maison, parfois à la synagogue ou encore à la maternité. La cérémonie s'accompagne d'une grande fête, à laquelle sont conviés la famille et les amis.

Pour la circoncision, on choisit un parrain et une marraine, que l'on veut honorer particulièrement, souvent des membres de la famille proche (grand-père, oncle...). Mais leur rôle se limite à participer à la cérémonie : ils n'ont aucun devoir moral vis-à-vis de l'enfant, ils n'ont pas d'obligations spéciales envers lui.

Pendant la cérémonie, le bébé reçoit son prénom hébreu.

Après la circoncision, une réception a lieu, en général assez élégante. C'est à ce moment que les invités offrent leurs cadeaux de naissance : vêtements, jouets, souvenirs... Si ce sont des intimes, qui ont rendu visite à la mère à la maternité, ils se contentent ce jour-là de lui offrir des fleurs ou un petit cadeau personnel.

CÉRÉMONIES MUSULMANES À LA NAISSANCE

À l'âge de sept jours, l'enfant reçoit son prénom musulman, choisi en général parmi ceux de la famille du Prophète Mahomet, et on lui rase la tête en signe de purification. C'est l'occasion d'une petite fête, qui réunit la famille et les amis proches.

Bien que le Coran n'en fasse pas une obligation stricte, il est de tradition, dans les communautés musulmanes, de faire circoncire les petits garçons dans leur jeune âge, souvent avant cinq ans. De grandes réjouissances accompagnent l'opération, pratiquée à la maison. Tous les amis sont conviés, et on fait appel à des musiciens, la musique étant destinée à couvrir les pleurs de l'enfant et à apaiser les craintes de la mère.

LES CÉRÉMONIES
RELIGIEUSES
DE L'ADOLESCENCE

Toutes les communautés, laïques ou religieuses, connaissent des « rites de passage », où l'adolescent quitte l'enfance et accède à l'âge de raison et à celui de la responsabilité. Quelle que soit son appellation, le rite fait l'objet d'une fête de famille et est entouré d'une certaine solennité.

CÉRÉMONIES CATHOLIQUES

Au cours de sa jeunesse, un catholique vit des étapes importantes pour sa foi, célébrées avec plus ou moins de faste.

D'une part, il reçoit les deux sacrements de l'initiation chrétienne qui font suite au baptême : l'eucharistie et la confirmation. Entre sept et dix ans, il fait sa première communion : pour la première fois, il reçoit le sacrement de l'eucharistie. Au cours de son adolescence, s'il en manifeste le désir, il reçoit le sacrement de confirmation : confirmation du don de l'Esprit de Dieu reçu au baptême et de l'appartenance au peuple des baptisés. La célébration de ces deux sacrements donne lieu en général à une fête intime, réservée aux proches de la famille et de l'adolescent. Il est de tradition, pour les invités, de montrer leur affection en offrant un cadeau d'ordre religieux.

D'autre part, vers douze ou treize ans, dans la tradition française, l'enfant est invité à faire sa profession de foi (ancienne « communion solennelle ») : il reprend à son compte les engagements de foi pris pour lui par ses parents, parrain et marraine, au moment de son baptême. L'usage est d'entourer d'un certain apparat la profession de foi. C'est en quelque sorte une fête du passage à l'âge adulte, une « fête de la foi » comme on l'appelle parfois.

D'autres formules sont possibles ; la famille peut préférer donner davantage de solennité à la première communion ou à la confirmation, en fonction des circonstances. Enfin, lorsque l'enfant reçoit le baptême à l'âge de raison, il fait en même temps sa première communion.

PROFESSION DE FOI

Préparée avec l'aumônier du collège, dans une école privée catholique, ou dans la paroisse, elle se fait entre onze et quatorze ans. C'est une cérémonie collective, qui rassemble tous les enfants ayant suivi la même préparation. La date est fixée par la paroisse ou l'école, ainsi que le déroulement de la célébration.

Préparation de la profession de foi. La cérémonie rassemble à l'église la famille proche, les parents, parrain et marraine de baptême et quelques amis très intimes de la famille ou de l'enfant.

Pour la cérémonie, l'enfant est vêtu d'un vêtement blanc, rappel du vêtement de baptême. Autrefois, la tenue de l'enfant se prêtait à des variantes très luxueuses, robes d'organdi blanc empesées avec coiffe à plis et voile pour la fille, costume et brassard blanc pour le garçon. Depuis le Concile Vatican II, en 1962, l'Église a voulu simplifier et uniformiser ces tenues, dans un esprit d'égalité et de recueillement : garçons et filles portent une aube blanche, serrée à la taille par une cordelière, une croix en bois autour du cou ; c'est le vêtement baptismal par excellence, celui que décrit l'apôtre Jean dans l'Apocalypse. Les filles portent parfois un voile court sur la tête, mais, dans tous les cas, les bijoux sont exclus. Les parents n'achètent pas cette aube mais la louent, le plus souvent, pour la cérémonie. Selon le cas, c'est la paroisse ou l'école qui loue les aubes, ou bien les parents s'adressent à des boutiques spécialisées. Il suffit de se renseigner auprès de l'aumônerie.

Pour cette cérémonie, la famille et les invités doivent être vêtus avec sobriété (costume sombre, tailleur...). Des places sont en général réservées dans la nef de l'église pour les familles des enfants.

À l'issue de la retraite de préparation, ou après la cérémonie, il est d'usage de remettre un cadeau collectif au prêtre qui a accompagné les jeunes dans leur démarche.

Déroulement de la cérémonie. La profession solennelle de foi des enfants peut se faire au cours d'une messe dominicale, mais également un autre jour, souvent un samedi après-midi dans les grandes villes, à cause du grand nombre d'enfants et de fidèles qui y assistent.

Au cours de la messe, avant la célébration de l'eucharistie (communion), les enfants sont regroupés autour de l'autel, revêtus, traditionnellement, de l'aube blanche et tenant un cierge allumé et marqué d'une croix, symbole du Christ ressuscité et rappel du baptême. Ils renouvellent alors, tous ensemble, puis personnellement, la profession de foi de leur baptême. L'assistance est invitée elle aussi à faire acte de foi avec eux, mais chacun participe selon sa foi. Au cours de la célébration eucharistique qui suit, les enfants sont les premiers à recevoir la communion.

Pour ne pas troubler le recueillement de la célébration par des crépitements de flash et une grande agitation, on s'abstient en général de prendre des photos : les amateurs auront tout le temps de le faire à l'issue de celle-ci.

Images pieuses. Chez les catholiques, la coutume d'offrir, le jour de la profession de foi, de la première communion ou de la confirmation, des images pieuses est très ancienne. Il est d'usage, dès le xviie siècle, de donner des images aux enfants des catéchismes. À la fin du xviiie siècle, le « cachet de communion » est une image où un blanc est prévu, réservé à la date et au nom du communiant : ce cachet deviendra au xixe siècle un certificat de communion.

Les enfants choisissent comme image de profession de foi la reproduction d'un tableau, d'une icône, d'un vitrail... ou encore le dessin d'un symbole de foi.

Au dos de l'image, on écrit ou on fait imprimer le nom de l'enfant et la date :

Profession de foi
Adeline Martel
Le 9 mai 1992.

On peut ajouter le nom de la paroisse : église Saint-Léon, Paris.

La simplicité de l'image fait son bon goût. L'enfant distribue ces images-souvenirs aux membres de sa famille, à ses invités, à ses amis, aux animateurs de l'aumônerie, après la cérémonie ou au cours de la réception qui suit. Il pensera à en envoyer une, accompagnée d'un petit mot affectueux, à ceux qui lui sont chers et qui n'ont pu se déplacer ce jour-là.

Invitations. Les parents préviennent leurs proches par un coup de téléphone ou un petit mot rédigé à la main sur une carte de visite :

Monsieur et Madame Pierre Martel

recevront à l'occasion de la profession de foi
de leur fille Adeline
Dimanche 9 mai, de 17 h à 20 h.
La messe aura lieu à l'église Notre-Dame-d'Auteuil à 10 h 30.

ou

La messe de profession de foi d'Adeline
aura lieu le dimanche 9 mai à 10 h 30,
à l'église Notre-Dame-d'Auteuil.
Ses parents recevront à l'issue de la cérémonie.

L'enfant peut écrire lui-même le petit mot d'invitation :

Je fais ma profession de foi le dimanche 9 mai. La messe est à 10 h 30 à Notre-Dame-d'Auteuil.

Je serais heureuse que vous veniez déjeuner à la maison.

Les invités doivent répondre dans les délais les plus courts :

« C'est avec joie que je viendrai embrasser Adeline et que je serai des vôtres le 9 mai. » Ou : « Je m'associerai à vous par la pensée mais je ne serai malheureusement pas à Paris le 9 mai. Embrassez pour moi Adeline. »

Réception et cadeaux. La réception qui suit la profession de foi peut être un déjeuner, un lunch, un buffet froid ou encore un goûter. On y invite généralement la famille proche, les parrain et marraine et les amis intimes de la famille ou de l'enfant. Le prêtre qui a préparé l'enfant ou célébré la cérémonie doit être invité par la famille. Certains parents profitent de l'occasion pour élargir le cercle de leurs invités. Mais le repas ou la réception doivent garder un caractère de sobriété et de simplicité familiale.

Les invités apportent un souvenir à l'enfant, qu'ils lui donneront une fois rentrés à la maison. Autrefois, on était tenu d'offrir un présent de tonalité spirituelle pour bien marquer la fête religieuse ; aujourd'hui, si l'on cherche toujours à éviter les cadeaux frivoles, on peut offrir un cadeau profane, comme une montre, un stylo, un accessoire de bureau, un appareil photo, un livre, un portefeuille, une trousse de voyage, une radio, une gourmette..., qui sont des attributs de l'âge adulte. Mais c'est aussi l'occasion de donner à l'enfant sa première Bible, une belle icône, un crucifix, un disque de musique religieuse, un objet d'art religieux.

Une carte de visite jointe au cadeau permettra à l'enfant et aux parents d'ajouter aux remerciements oraux faits au cours de la réception un mot écrit dans la semaine qui suit : « Merci encore, chers amis, d'avoir tant gâté Adeline. C'est le signe tangible de son entrée dans le monde des « grands » et un merveilleux souvenir. Affectueusement à vous. » Ou bien : « Merci encore de nous avoir accompagnés dans cette fête. Grâce à vous, Adeline va découvrir la photographie... »

La table du repas. Recouverte d'une nappe blanche ou claire, elle est décorée de fleurs blanches. C'en est fini aujourd'hui des repas de communion trop bien arrosés, à quatre ou cinq services successifs, qui duraient des heures et épuisaient l'enfant. Le menu est composé d'une entrée, une viande, un fromage et un dessert, celui-ci restant le traditionnel gâteau de communion, la pièce montée symbole de la fête.

Pour un repas assis, la maîtresse de maison respecte les préséances habituelles à table, en donnant les places d'honneur d'abord au prêtre – à sa droite –, puis aux grands-parents, parrain et marraine, et aux autres invités suivant leur âge et leur importance. L'enfant, toujours en aube, est généralement placé entre son parrain et sa marraine ou à la droite d'un de ses grands-parents. Un bref discours peut être prononcé par un membre de la famille pour clore le repas. Sous aucun prétexte on ne doit danser, ni bridger, ni finir le repas dans les libations.

CÉRÉMONIES PROTESTANTES

Entre quatorze et dix-huit ans, le jeune protestant fait sa confirmation : il renouvelle les vœux de son baptême et fait une profession de foi personnelle. La confirmation est souvent liée à la première admission à la Sainte Cène (communion). Cette cérémonie marque la fin de la formation religieuse et l'entrée du jeune comme adulte dans la communauté.

La célébration est collective, regroupant au temple le groupe des enfants qui ont préparé ensemble leur confirmation. Les jeunes ne portent pas d'aube, sauf dans certaines paroisses luthériennes.

Comme la profession de foi catholique, la confirmation est l'occasion d'une fête de famille.

CÉRÉMONIES JUIVES DE LA MAJORITÉ RELIGIEUSE

À l'âge de douze ans pour les filles, treize ans pour les garçons, les enfants deviennent « fille » ou « fils de la Loi ». Ils doivent dès lors assumer les obligations religieuses de leur sexe. Selon qu'il s'agit d'une fille ou d'un garçon, ce passage à l'âge adulte est célébré avec plus ou moins de faste.

La bar-mitsva. Pour les filles, la majorité religieuse est fixée à douze ans : elles deviennent alors bar-mitsva (« filles de la Loi »). Le rôle religieux de la femme étant lié à sa présence au foyer, traditionnellement, cette majorité religieuse ne donnait lieu à aucune célébration officielle. De plus en plus, aujourd'hui, on célèbre une « initiation religieuse » : les filles de douze ans se retrouvent à la synagogue pour marquer leur majorité religieuse, au cours d'une cérémonie collective, en présence de leur famille et de la communauté religieuse. C'est l'occasion d'une fête intime et familiale, beaucoup plus restreinte que pour un garçon.

Le garçon, le jour anniversaire de ses treize ans, devient bar-mitsva (« fils de la Loi ») : il est désormais soumis aux obligations religieuses des hommes adultes et doit les assumer pleinement. C'est une étape essentielle de sa vie, qu'il a longuement préparée et qui est célébrée avec beaucoup d'éclat.

Pour se préparer à ce passage, l'enfant suit une formation religieuse importante et, surtout, apprend à lire et à prononcer l'hébreu, la langue du culte : il aura l'honneur, ce jour-là, de dire publiquement la prière, de lire un passage de la Thora, le livre saint, et de réciter les bénédictions au cours du repas de fête qui suivra.

Invitations et faire-part. Traditionnellement, les parents envoient à leur famille, à tous leurs amis et relations, un faire-part : les grands-parents, les parents, les frères et sœurs du garçon font part de sa bar-mitsva.

Suivant qu'ils entretiennent avec la famille des liens plus ou moins étroits, les invités sont conviés à trois étapes différentes de la fête. Le jour même de l'anniversaire, à la prière du matin à la synagogue, ne sont conviés que la famille et les amis très proches. Le samedi matin qui suit l'anniversaire, à l'office synagogal, se retrouvent la plupart des invités. Certains, enfin, se contenteront de participer à la réception qui a lieu soit le samedi soir, soit le dimanche.

L'office du samedi matin à la synagogue. Il a lieu le premier samedi après l'anniversaire du garçon. Revêtu du châle de prière, comme les autres hommes adultes, le jeune garçon

233

sera appelé, au cours de l'office, pour la première fois, à réciter les bénédictions et à faire la lecture du jour du livre de la Thora.

L'office est très long et dure souvent plus de trois heures. Mais certains invités, s'ils ne sont pas pratiquants, peuvent arriver avec un peu de retard.

Au cours du service, les femmes et les hommes sont séparés ; les femmes, ne participant pas à la prière, se regroupent dans une galerie ou dans un coin de la synagogue, séparées par un rideau ou une cloison. Les enfants sont très libres et vont et viennent à leur guise.

Pour assister à la cérémonie il est de tradition de mettre une tenue élégante : tailleur ou robe de fête, costume sombre... Les femmes ne doivent pas être en pantalon. Les hommes sont tenus d'avoir la tête couverte : s'ils ne portent pas de chapeau, on leur demandera de mettre une kippa (calotte) pour entrer dans la synagogue. La tradition, pas toujours respectée, veut que les femmes aient également la tête couverte, mais en général seules les femmes de la famille portent un chapeau. Dans certaines synagogues, on distribuera aux femmes invitées des carrés de dentelle pour se couvrir la tête si elles sont nu-tête.

À l'issue de la cérémonie, une collation ou un lunch est servi à la synagogue, dans une pièce prévue à cet effet. Tous les invités et les membres de la communauté y participent.

La réception de la bar-mitsva et les cadeaux. Pour le garçon qui est devenu bar-mitsva, ses parents donnent en général une grande fête, aussi importante que pour un mariage, et invitent beaucoup de monde : toute leur famille, tous leurs amis, ceux du jeune homme.

La réception a lieu le soir, soit le samedi soit le dimanche, à la fin du shabbat, qui est consacré à la prière et à l'étude. C'est une réception très élégante, très habillée, souvent en tenue de soirée. La tenue souhaitée est précisée sur le carton d'invitation, sinon, il faut se renseigner auprès des parents.

La réception a lieu en général dans des salons loués pour la circonstance ou chez les parents s'ils ont assez de place pour tous leurs invités. Le repas de gala s'accompagne de musique, les invités dansent, quelquefois même il y a un lâcher de ballons, un spectacle ou un feu d'artifice.

Les cadeaux sont offerts au jeune homme en arrivant à la fête : celui-ci se tient en général à l'entrée, avec ses parents, pour accueillir les invités, se faire photographier avec eux et recevoir son cadeau.

Traditionnellement, les invités offrent un très joli cadeau au jeune garçon, comme ils le feraient pour un mariage. Ce peut être un cadeau personnel choisi pour la circonstance (beau stylo, livre rare, objet de collection...), mais il n'est pas rare que ce soit un chèque.

Il est bon de joindre au cadeau une carte de visite ou un petit mot. Ainsi, le jeune homme et ses parents pourront-ils envoyer au donateur un petit mot de remerciement, accompagné, souvent, d'une photo de l'enfant en bar-mitsva.

S'il est de tradition de célébrer avec éclat le bar-mitsva, certaines familles décident parfois de donner à cette journée de fête un caractère plus intime et plus religieux. Mais c'est toujours une cause de grande réjouissance.

LES FIANÇAILLES

Autrefois, bien des mariages dits « d'arrangement » subordonnaient les sentiments aux convenances sociales, et « le bonheur des enfants » exigeait parfois, avant les fiançailles, des négociations longues et serrées, car le mariage engageait en même temps que les intéressés leur famille. Les accordailles, cimentées par des intérêts communs, ne donnaient pas toujours de mauvais résultats : que l'on relise *les Mémoires de deux jeunes mariées* de Balzac et l'on verra que le mariage fondé sur la raison reçoit bientôt tous les fruits de l'amour, harmonie, tendresse, enfants et prospérité, alors que le coup de foudre et la passion font des ravages...

Aujourd'hui, les jeunes gens ne laissent plus à leurs parents le choix de leur gendre ou de leur belle-fille. Ils rencontrent l'élu(e) de leur cœur à la faculté, chez des amis, dans un club de vacances ou au cours de leur vie professionnelle. L'amour frappe où il veut, mais il n'exclut pas la raison ; la génération du XXIe siècle, avertie par les statistiques des sociologues et les travaux des émules de Freud, saura peut-être mieux que ses aînés ce que coûte de patience, d'intelligence et de concessions réciproques le fondement durable d'une famille.

LA DEMANDE EN MARIAGE

– Maman, je me fiance !

Que les parents n'espèrent plus trop voir un soir un père compassé ou son fils rougissant, portant des gants couleur beurre frais, sonner à leur porte pour demander au père de la jeune fille la main de celle-ci. Tout se passe bien plus simplement. Le plus souvent, les parents apprendront la nouvelle des fiançailles par un coup de téléphone plein de joie et d'excitation ou par une brève visite des intéressés entre deux courses, ou encore, s'ils n'habitent pas la même ville, par une courte missive. Mais l'émotion, que les conventions cérémonieuses d'autrefois avaient pour but de masquer, est toujours au rendez-vous.

Il est rare que l'élu soit tout à fait un inconnu ; il fait probablement partie du cercle d'amis qui fréquentent la maison ou partagent les vacances de la famille. La séance des présentations en sera d'autant simplifiée.

Certains usages peuvent subsister des coutumes passées : il n'est pas interdit au père de sonder, au cours d'un entretien privé, le sérieux des intentions du jeune homme et son aptitude à assurer la subsistance du foyer ; ce peut être également le jeune homme qui sollicite cet entretien. Si les parents habitent dans une autre ville, les fiancés prendront le temps de se rendre une journée auprès d'eux. Quoi qu'il en soit, ils chercheront l'un et l'autre à introduire l'élu(e) au sein de leur famille en organisant un repas simple, sans cérémonie mais chaleureux.

Chacune des deux familles, dès qu'elle est avertie, souhaite de son côté en savoir un peu plus long sur le nouveau venu, par exemple par le biais de relations communes, mais cette curiosité légitime n'a plus grand-chose à voir avec les pesantes enquêtes du siècle passé.

Le mariage dit « d'arrangement » n'a pas tout à fait disparu ; mais cette rencontre provoquée se situe dans un contexte beaucoup plus moderne, organisée avec naturel et simplicité par des amis ou des parents.

PREMIERS CONTACTS DES FAMILLES

Les fiançailles étant décidées par les intéressés eux-mêmes, les parents entrent officiellement en scène. C'est à la mère du fiancé de prendre contact avec la mère de la fiancée par un coup de téléphone suivi d'une visite, où il est de bon ton d'échanger quelques chaleureuses appréciations sur le choix respectif des enfants.

La mère de la fiancée invite alors les parents du fiancé à un repas destiné à faire connaissance. Le maître de maison place à sa droite la mère du fiancé et la maîtresse de maison le père ; bien sûr, les fiancés sont présents. Cette réunion intime permet de créer des liens et d'aborder quelques-unes des questions qui ne manqueront pas d'être soulevées sur le parcours plus ou moins long des fiançailles : date et lieu du mariage, modalités civile et religieuse, appartement du futur couple, situation professionnelle, financière des intéressés... Bien entendu, ces règles du savoir-vivre, l'ordre des visites par exemple, sont à appliquer avec souplesse, selon les circonstances particulières et les activités de chaque famille, et elles varient en fonction des âges : c'est la mère qui est le plus âgée qui recevra la visite de la plus jeune. Les deux familles s'efforcent, quelles que soient leurs différences de toutes sortes, d'établir l'une avec l'autre des relations cordiales, qui faciliteront ensuite l'intégration des jeunes mariés.

LA BAGUE DE FIANÇAILLES

Traditionnellement, en signe d'engagement, le jeune homme offre à la jeune fille une bague de fiançailles. Cette bague peut être un bijou de famille ou un bijou moderne, auquel cas le fiancé cherche à pressentir les préférences de la fiancée pour telle pierre ou tel style. Il peut alors se rendre une première fois chez un joaillier à qui il demande une sélection de pierres en fonction de son budget, puis il revient accompagné de la jeune fille. Il peut également, dans le cas d'une pierre de famille ou d'une pierre moderne, faire choisir la monture à sa fiancée. Dans bien des cas, les parents du fiancé aident au financement du bijou.

Le fiancé remet la bague à sa fiancée sans témoins, au cours d'un tête-à-tête. Mais la bague peut être offerte officiellement, au cours du repas de fiançailles, ou encore, pour les familles catholiques, au cours d'une messe de fiançailles où la bague est bénie.

S'il s'agit d'un bijou de famille ou si les futurs beaux-parents ont contribué à l'achat de la bague, la jeune fille les remerciera affectueusement. S'ils ne sont pas présents, elle leur écrira quelques lignes chaleureuses :

Chère Madame, Cher Monsieur

Patrick m'a offert hier cette ravissante bague de fiançailles, qui est pour moi le symbole de mon entrée dans votre famille. J'en suis très heureuse et j'ai hâte de vous la montrer à mon doigt.
Je vous embrasse avec mon affectueux respect.

ou

... Je suis très émue et fière de porter un bijou chargé de tant de souvenirs...

La bague de fiançailles n'est jamais qu'un gage symbolique. Elle n'est pas indispensable, et les fiancés peuvent décider de s'en passer ou d'attendre d'être plus confortablement installés dans la vie pour faire l'achat d'un bijou.

ANNONCE DES FIANÇAILLES

Il s'agit d'informer proches, amis et relations. Les premiers sont prévenus par un coup de téléphone ou un petit mot affectueux. Une annonce dans la presse avertira les relations. On peut choisir l'une ou l'autre formule :

Monsieur Pierre Martel et Madame,
née Anne Mangin
le colonel des Pins et Madame,
née Charlotte Milot
sont heureux de vous annoncer
les fiançailles de leurs enfants
Laure et Patrick

ou

On nous prie d'annoncer les fiançailles de
Patrick des Pins
fils du général des Pins et de
Madame, née Charlotte Milot,
avec Laure Martel
fille de Monsieur Pierre Martel
et de Madame, née Anne Mangin

ou, si les fiancés n'ont plus de famille, ou ne sont plus très jeunes :

Mademoiselle Laure Mangin
Monsieur Patrick des Pins
sont heureux de vous faire part de leurs fiançailles.

Les parents peuvent faire suivre leur nom et celui de leurs enfants de leur titre, grade, fonction professionnelle et de leurs diplômes s'ils sont élevés. Ainsi :

On nous prie d'annoncer les fiançailles de Mademoiselle Laure Martel, fille de M. Pierre Martel, directeur de la société ..., et de Mme, née Anne Mangin, avec M. Patrick des Pins, ancien élève de l'École polytechnique, fils du général des Pins et de Mme, née Charlotte Milot.

En principe, les fiancés ne font pas part eux-mêmes de leurs fiançailles et ils laissent ce soin à leurs parents ou, s'ils n'ont plus leurs parents, à leur famille proche. Les fiançailles ne s'annoncent guère lorsque les intéressés ne sont plus des jeunes gens : l'usage est alors de passer cette étape et d'annoncer directement le mariage.

REPAS ET RÉCEPTION DE FAMILLE

Repas intime ou repas élargi, réunion familiale ou grand cocktail : cette réception est destinée à présenter officiellement les fiancés à la famille et aux amis.

Repas de fiançailles.   S'il s'agit d'un repas (déjeuner ou dîner), la maîtresse de maison (en principe, la mère de la fiancée) veillera avec beaucoup d'attention à l'attribution des places d'honneur. Le père et la mère de la jeune fille président l'un en face de l'autre et ils placent à leurs côtés les grands-parents puis les parents du jeune homme, puis les autres invités par rang d'âge et d'importance. Les fiancés sont assis l'un à côté de l'autre à un bout de table : un vieil usage veut qu'on ne sépare pas les fiancés puis les mariés avant la fin de la première année de mariage. Le menu est un menu de cérémonie, accompagné de champagne au dessert.

La « corbeille ». Le fiancé envoie ce jour-là une gerbe de fleurs blanches à la jeune fille, version moderne de ce qu'on appelait autrefois « la corbeille » et qui consistait en une corbeille garnie de fleurs et de petits présents (bijou, soieries, dentelles, éventail), rite aujourd'hui disparu.

La tenue des invités et des maîtres de maison n'obéit qu'aux règles de la sobriété et de l'élégance.

L'invitation. On donne rarement de grandes réceptions pour les fiançailles. Chaque famille aime réunir, séparément, intimes et proches amis. L'invitation se fait par un coup de téléphone ou par une carte de visite rédigée à la main :

Madame Pierre Martel
recevra sa famille et ses amis
à l'occasion des fiançailles de sa fille Laure
avec Patrick des Pins
Le samedi 15 juin, à partir de 18 heures.

Le cocktail de fiançailles. Il obéit aux règles qui sont celles de tous les cocktails ; des bouquets de fleurs blanches ou pâles ornent les pièces et les amis peuvent faire envoyer des fleurs à cette occasion. Comme il est destiné à présenter les fiancés, ceux-ci restent auprès de leurs parents, non loin de l'entrée, pour accueillir les invités ; ils répondent aux félicitations par un mot avenant : « Laure m'a déjà bien souvent parlé de vous. Je suis heureux de faire votre connaissance. » Chacun des deux fiancés a fait pour l'autre au préalable un petit tableau généalogique des membres de la famille et des proches amis et il l'aide à situer les arrivants.

Présentations informelles. On peut parfaitement aussi renoncer à toute réception protocolaire, soit parce qu'un deuil a eu lieu dans la famille, soit pour des raisons de convenance personnelle, ou bien parce que le mariage aura lieu prochainement. En ce cas, les fiancés sont invités simplement à dîner ou à déjeuner par les divers membres de la famille. Ils peuvent également proposer de faire une visite aux parents âgés.

CADEAUX

Le jeune homme a donné à la jeune fille sa bague ; la jeune fille peut avoir envie d'offrir à son tour quelque chose au fiancé : elle ne donne jamais ni bague ni chevalière. Toutes les autres idées sont possibles, du stylo au briquet précieux, aux boutons de manchettes, etc.

Les amis et parents peuvent envoyer des cadeaux durant la période des fiançailles, bien que, de plus en plus, cet usage soit réservé au mariage. Il faut remercier aussitôt.

TROUSSEAU

Autrefois, les parents de la fiancée offraient à celle-ci avant son mariage le linge destiné à son ménage et à durer toute la vie : linge personnel d'abord, linge de maison ensuite, draps brodés, serviettes et nappes ; le trousseau était brodé ou marqué du chiffre (initiales) de la future mariée joint à celui du nom de jeune fille. Cet usage n'existe plus guère ; en outre, les fiancés, bien souvent, ont déjà leur propre installation.

Les parents qui le peuvent offrent à leurs enfants une petite somme qui les aidera à s'installer. Mais, à l'époque où tant de jeunes filles ont leur vie professionnelle comme les garçons, la question ne revêt plus le même caractère ni la même importance qu'autrefois, et elle doit être traitée avec le plus grand tact.

RUPTURE DES FIANÇAILLES

À ce moment particulièrement pénible de la vie qu'est une rupture de fiançailles, délicatesse et courtoisie peuvent atténuer les blessures. Quelles que soient les causes de la rupture, incompatibilités ou irruption d'un nouvel amour, celui qui rompt doit le faire avec tact, en se gardant d'invoquer la présence d'une autre personne dans son cœur, et il cherchera pendant un temps à mettre une certaine distance matérielle pour éviter les rencontres pénibles.

L'entourage est prévenu par téléphone ou par un mot bref : « Pierre et moi avons repris notre liberté, nos fiançailles étaient une erreur, mais nous nous quittons bons amis. » Il n'est pas besoin de donner de longues explications et il suffit de parler de « convenances personnelles ». Parents et amis auront à cœur de ne pas mettre d'huile sur le feu par des questions importunes, des commérages, une curiosité déplacée ou des « je te l'avais bien dit » inutiles et irritants.

La bague. La jeune fille doit rendre à son ex-fiancé la bague qu'elle a reçue. Mais le jeune homme peut la prier de la garder en signe d'estime. S'il s'agit d'un bijou de famille, celui-ci doit être restitué. L'ex-fiancé n'aura pas le mauvais goût d'offrir la même bague à une autre jeune fille, ou alors il en fera changer totalement la monture. Les cadeaux offerts par les amis leur sont également rendus.

Chacun des ex-fiancés doit éviter en public de donner sa version désobligeante de la rupture et s'en tenir à la réserve.

La rupture des fiançailles ne donne lieu à aucune action en justice, les fiançailles étant un engagement privé sans valeur légale.

On n'annonce pas avant un délai décent de quelques mois de nouvelles fiançailles.

Fiançailles entre veufs ou divorcés. La plupart du temps, elles ne s'annoncent pas et ne donnent pas lieu à une réception. Faire-part et réception attendront la célébration du mariage.

LE MARIAGE

La chaleur des sentiments
ne doit pas empêcher de garder la tête froide : lorsque
la cérémonie du mariage déborde le cadre de la stricte
intimité, elle commence à se préparer plusieurs mois avant
la date fixée et exige, pour être réussie, un calendrier, une
stratégie et des mises au point fréquentes.

FAIRE-PART

Le faire-part, comme son nom l'indique, est destiné à informer amis et relations de l'heureux événement, généralement avant, mais parfois après la cérémonie.

Le faire-part classique se compose d'une double feuille de vélin pliée par le milieu (20 × 15 cm) ; au recto de chacune d'elles chaque famille annonce le mariage de son enfant, en commençant par les grands-parents paternels, puis les grands-parents maternels, puis les parents du ou de la mariée. La double feuille est pliée de telle sorte qu'apparaît en premier le nom de la famille qui informe ses propres amis.

À ce modèle usuel on peut préférer le double faire-part, plus luxueux, qui comprend deux doubles feuilles séparées et pliées, une par famille, glissées l'une dans l'autre, la première montrant le nom de la famille qui informe ses amis.

Le caractère d'imprimerie choisi est généralement le caractère dit « à l'anglaise », plus rarement le caractère romain, de couleur noire ou même parfois teintée, sépia ou vert sapin.

Les faire-part gravés d'autrefois, fort coûteux, ont presque totalement disparu.

Le libellé même du faire-part admet peu de variantes. Les titres nobiliaires, les grades militaires y apparaissent, ainsi que certaines décorations (Légion d'honneur, ordre national du Mérite, médaille militaire, croix de guerre et principaux ordres étrangers). Les professions n'y figurent pas ; mais on peut mentionner un titre prestigieux, par exemple lorsque l'un des fiancés est issu d'une grande école.

Au cas où les grands-parents et parents sont décédés, un frère aîné ou un oncle fera part du mariage de sa « sœur » ou « nièce » (ou « frère », « neveu »), car les jeunes gens ne font pas part de leur propre mariage. Voici quelques exemples classiques de faire-part :

Madame Charles Mangin,
Monsieur et Madame Jacques Mangin
ont l'honneur de vous faire part du mariage
de Monsieur Patrick Mangin,
leur petit-fils et fils,
avec Mademoiselle Laure des Pins,

Et vous prient d'assister ou de vous unir d'intention
à la bénédiction nuptiale qui leur sera donnée
le samedi 9 juin, à 16 h 30, en l'église
Notre-Dame-du-Roc de Dinard (Ille-et-Vilaine).

17, rue de la Gare, Dinard 35800
22, boulevard de Beauséjour, Paris 75016

LE MARIAGE

Diverses formules sont possibles :

Et vous prient d'assister à la messe célébrée par le Père Alain des Pins, le samedi 9 juin 1992 à 16 h 30 en l'église Notre-Dame-du-Roc de Dinard (Ille-et-Vilaine), au cours de laquelle les époux se donneront le sacrement de mariage.

ou

Et vous prient d'assister à la cérémonie religieuse qui aura lieu...

Lorsqu'il y a des titres et des décorations :

---

*Le général Pierre Martel,
commandeur de la Légion d'honneur,
croix de guerre, et Madame Pierre Martel,
le comte et la comtesse Alain des Pins
sont heureux de vous faire part du mariage
de leur petit-fils et fils Laurent des Pins,
ancien élève de l'École polytechnique,
avec Mademoiselle Laure Mangin.*

*Et vous prient d'assister ou de vous unir par la prière
à la messe de mariage qui sera célébrée
le samedi 9 juin, à 16 h 30, en l'église
Notre-Dame-du-Roc de Dinard (Ille-et-Vilaine).*

*17, rue de la Gare, Dinard 35800
22, boulevard de Beauséjour, Paris 75016*

246

Certains jeunes gens souhaitent aujourd'hui un faire-part plus original et personnalisé. Si les familles désirent cependant une annonce plus traditionnelle, il est toujours possible de prévoir deux sortes de faire-part : l'un traditionnel envoyé à la famille et aux amis des parents, l'autre élaboré par les jeunes fiancés et envoyé à leurs amis.

Veuvage ou remariage des parents des mariés. Dans ce cas, le beau-père ou la belle-mère fait part : *Monsieur et Madame Pierre Martel font part du mariage de leur beau-fils et fils Laurent...*

Divorce des parents. Généralement, les deux parents font part séparément : Monsieur et Madame Pierre Martel, Monsieur et Madame Jean des Pins font part du mariage de leur fille et belle-fille Laure...

Date d'envoi. Les faire-part sont généralement envoyés six semaines avant la date du mariage – au maximum deux mois, au minimum trois semaines.

La stricte intimité. Dans le cas d'un deuil récent ou si le mariage a lieu dans la plus stricte intimité, les faire-part peuvent être envoyés dans les quinze jours qui suivent la cérémonie. En ce cas, le faire-part est rédigé ainsi :

Monsieur et Madame Pierre Martel
ont l'honneur de vous faire part...

Le mariage a été célébré dans la plus stricte intimité, le 20 juillet 1992, en l'église de...

LES INVITATIONS

Lorsqu'une réception suit la cérémonie, un carton d'invitation imprimé, d'un format plus petit (15 × 10,5 cm), est glissé à l'intérieur de la double feuille. Les deux familles invitent conjointement, mais le nom de la mère de la mariée précède le nom de la mère du marié :

Madame Pierre Martel
Madame Alain des Pins

recevront après la cérémonie religieuse

Réponse souhaitée   « La Bergerie »
avant le 15 mai   Route du Port, Dinard, 35800

Madame Pierre Martel
Madame Alain des Pins

recevront dans les salons de l'hôtel Lutétia
entre 17 heures et 20 heures
43, boulevard Raspail

r.s.v.p.

12, rue des Plantes   8, rue de Saxe
75014 Paris   75015 Paris

Si l'une des mères est divorcée, le carton sera rédigé ainsi :

Madame Pierre Martel
Madame Claire Favre

La formule « réponse souhaitée avant le » (environ quinze jours avant la cérémonie) permet une bonne organisation de la réception. Si la réception a lieu à la campagne, un plan simplifié de la région peut être imprimé au verso ou joint au carton d'invitation. Les maîtres de maison peuvent également ajouter une feuille volante avec les principaux horaires des trains et les hôtels, et même proposer de retenir les chambres.

ANNONCES DANS LA PRESSE

On peut annoncer le mariage dans un quotidien une quinzaine de jours avant la cérémonie, mais cette annonce est facultative lorsque sont envoyés les faire-part ; en revanche, elle s'impose lorsque les familles renoncent au faire-part ou lorsque le mariage a lieu dans la stricte intimité. Plusieurs formules sont possibles :

On nous prie d'annoncer le mariage de Mademoiselle Laure Mangin, fille de Monsieur Pierre Mangin, officier de la Légion d'honneur, et de Madame, née Anne Martel, avec Monsieur Laurent des Pins, ancien élève de l'École polytechnique, fils du comte Alain des Pins et de la comtesse, née Claire Favre, qui aura lieu dans l'intimité en l'église Notre-Dame-du-Roc de Dinard, le 9 juin 1992.

ou

Monsieur et Madame Pierre Mangin,
Monsieur et Madame Alain des Pins sont heureux de vous faire part du mariage de leurs enfants Laure et Laurent, qui aura lieu en l'église Notre-Dame-du-Roc de Dinard, le 9 juin 1992.

Le mariage peut être annoncé après sa célébration ; en ce cas, on remplace la formule « qui aura lieu » par « qui a eu lieu... ».

Remariage. Dans le cas d'un remariage après un veuvage ou un divorce, on renonce au faire-part et on se contente d'une annonce dans la presse :

On nous prie d'annoncer (ou « Nous apprenons ») le mariage de Monsieur Alain des Pins et de Madame Anne Martel, qui a eu lieu dans la plus stricte intimité le samedi 9 juin 1992 à Saint-Enogat (Ille-et-Vilaine).

Les amis et relations ont été prévenus par une lettre ou un coup de téléphone. Les mariés peuvent alors aussi faire part eux-mêmes de leur mariage : « Alain des Pins et Laure Martel font part de leur mariage célébré dans l'intimité le 9 juin, à Dinard (Ille-et-Vilaine). »

REMISE DE MARIAGE OU ANNULATION

Il peut arriver que le mariage soit remis ou annulé dans le cas d'un deuil proche ou pour convenances personnelles. L'usage est alors d'en faire une annonce dans les journaux (parfois même deux jours de suite pour être bien sûr que les invités liront la nouvelle) :

En raison d'un deuil récent, le mariage de Monsieur Alain des Pins et de Mademoiselle Laure Martel a été reporté à une date ultérieure.

Il est cependant préférable que chacune des deux familles avertisse personnellement ses invités.

CADEAUX ET LISTE DE MARIAGE

Il est toujours délicat d'énoncer les règles de ce qui doit venir du cœur. L'importance d'un cadeau varie selon le degré d'intimité avec la famille et les moyens de chacun. Ce peut être un présent personnel destiné à manifester un lien particulier ou, en cas de relations vraiment intimes (par exemple famille, parrain et marraine), un chèque qui aidera au départ dans la vie des jeunes mariés ; le plus souvent, aujourd'hui, le cadeau se choisit sur une « liste de mariage » établie par les fiancés, au moment de l'envoi des faire-part. Les amis demandent alors aux fiancés ou à leurs parents où la liste a été déposée. Le cadeau est adressé à celui des deux mariés que l'on connaît.

Composer une liste. Quel que soit le magasin choisi – grand magasin, boutique spécialisée –, établir une liste de mariage demande du soin et du temps : au moins plusieurs heures, car la liste doit non seulement convenir aux goûts des mariés mais comprendre une gamme très variée de prix (pour petits et gros budgets) et d'objets (utilitaires et décoratifs), pour que le donateur puisse exprimer au mieux, à travers son choix, les nuances d'une intention personnelle. Il est recommandé aux fiancés de sélectionner les objets en privilégiant les tranches de prix modestes, car rien n'est plus irritant pour un donateur que de découvrir qu'il ne peut offrir que la moitié d'une carafe en cristal ! L'éclectisme est en revanche tout à fait admis ; la liste peut comprendre des objets de première nécessité tels que des casseroles et des robots ménagers, ou des bibelots plus luxueux. Une coutume pratiquée par certains magasins consiste à permettre au jeune couple de remanier sa liste après le mariage pour regrouper un certain nombre de cadeaux et utiliser autrement la somme équivalente dans l'achat d'autres objets à l'intérieur du magasin.

Remercier. De nombreux magasins spécialisés dans les listes de mariage sont aujourd'hui informatisés : le choix de l'objet se fait par Minitel et se paie par carte de crédit. De toute manière, la démarche a été simplifiée : il suffit de téléphoner en donnant les noms des fiancés et la date de leur mariage, puis d'envoyer un chèque correspondant au prix de l'objet choisi, avec les références indiquées par le magasin. Le donateur accompagne son chèque d'une carte de visite où il peut inscrire quelques mots de félicitation. À intervalles réguliers, le magasin signale l'état de la liste et les nouveaux cadeaux aux fiancés, auxquels il renvoie les cartes de visite pour qu'ils puissent remercier dans les plus brefs délais.

Les fiancés se doivent de répondre rapidement en mentionnant toujours l'objet offert dans leur lettre ou carte de remerciement (ils peuvent tenir une liste des noms de chaque donateur en inscrivant en face le cadeau et en rayant les noms au fur et à mesure qu'ils auront remercié) : « Chère tante Jeanne, J'espère que vous viendrez déjeuner bientôt chez nous : vous y verrez ce merveilleux plateau que vous nous avez offert. Merci de nous avoir tant gâtés. Laure se joint à moi pour vous dire toute notre affection. » Si leurs activités ou leur vie professionnelle ne leur laissent aucun loisir, ils regrouperont leurs remerciements après le mariage, mais, en aucun cas, ne se contenteront de quelques mots de remerciements au cours de la cérémonie. La liste de mariage est généralement retirée du magasin deux à trois semaines après la célébration.

Apporter un cadeau le jour du mariage. On peut encore apporter le cadeau le jour de la cérémonie. Cet usage n'a rien d'incorrect. Il complique seulement un peu la tâche des mariés et de leurs parents, car, bien souvent, la réception a lieu dans un salon loué et il faut plier bagages à une heure déterminée ; dans la hâte des rangements, les cartes de visite risquent toujours de se mélanger ou de disparaître. Il est donc préférable de faire livrer ou de déposer le cadeau quelques jours avant la cérémonie.

Quant à l'exposition des cadeaux, coutume des temps jadis, elle ne se pratique plus.

LE CONTRAT DE MARIAGE

Bien que la question d'argent demeure toujours « délicate » en France, il est indispensable de prévoir le régime juridique selon lequel les mariés seront unis et disposeront de leurs biens dans le cas du décès de l'un d'eux ou d'une séparation.

Plusieurs formules sont possibles : la séparation de biens, la communauté de biens, la communauté réduite aux acquêts. Sans contrat, le couple se trouve marié sous ce dernier régime, c'est-à-dire que les biens personnels de chacun des époux avant le mariage demeurent sa propriété propre ; sont en commun les biens acquis pendant les années de vie commune au nom des deux conjoints ou même au nom d'un seul.

Il est possible, en cours de mariage, de demander, par jugement, de changer de régime matrimonial.

LE MARIAGE CIVIL

Célébré à la mairie, seul le mariage civil a valeur légale : en France, il doit obligatoirement précéder toute cérémonie religieuse. Le marié doit avoir 18 ans révolus et la mariée 15 ans au moins. Le président de la République peut accorder une dispense pour raison sérieuse (généralement pour cause de maternité). Un « Guide des futurs et jeunes époux » est distribué gratuitement dans toutes les mairies.

Lorsqu'un mariage religieux le suit, le mariage civil ne rassemble que les parents des mariés et leurs témoins – un témoin pour chacun –, et il a lieu sans parade ni cortège. Mais, si les époux ne veulent pas d'engagement religieux, la cérémonie civile prend davantage de solennité et peut réunir une assistance plus étendue. L'entrée se fait dans l'ordre suivant : la fiancée et son père, le fiancé et sa mère, les témoins, les parents, la famille, les proches amis.

La cérémonie à la mairie. Le mariage civil est célébré publiquement : les portes de la salle des mariages doivent rester ouvertes pour permettre théoriquement à un tiers d'entrer et d'énoncer des motifs d'empêchement légaux (par exemple : bigamie). Le fiancé se tient à la gauche de la jeune fille. L'officier d'état civil décline les identités des futurs époux, lit à haute voix les articles du Code civil relatifs à leurs devoirs et pose la question rituelle à chacun d'eux : « Acceptez-vous de prendre pour époux... ? » « Acceptez-vous de prendre pour épouse... ? » Les deux « oui » scellent le mariage. Le maire peut faire une courte allocution. Les mariés, auxquels est remis le livret de famille, et les témoins signent alors tour à tour le registre. Une quête est faite pour les œuvres sociales de la mairie.

Quel jour ? La date du mariage civil doit être retenue assez longtemps à l'avance, surtout lors des mois d'affluence, au printemps par exemple, afin d'obtenir un mariage « en particulier », faute de quoi, dans les grandes villes surtout, les fiancés devront se contenter de « cérémonies groupées ». On ne se marie jamais le dimanche.

En cas de mariage religieux, la formalité civile peut avoir lieu quelques jours avant la cérémonie religieuse, ou la veille, au plus tard le matin ou au début de l'après-midi, juste avant la célébration religieuse.

Tenue. Les fiancés s'habillent avec sobriété – tailleur classique et costume sombre –, à moins qu'ils ne revêtent déjà la tenue qu'ils porteront pour la cérémonie religieuse, lorsque l'intervalle entre les deux cérémonies ne laisse pas le temps de se changer. En cas de seule cérémonie civile, les fiancés portent une tenue en fonction du style de mariage qu'ils ont choisi.

LE MARIAGE CATHOLIQUE

La date. La date du mariage religieux doit être également retenue longtemps à l'avance. Autrefois, on évitait la période de l'avent, celle du carême et le mois de mai, consacré à Marie. On choisissait les fins de matinée ; sous l'Ancien Régime, la mariage avait lieu le soir – dans l'aristocratie, vers minuit. Aujourd'hui, toutes les dates sont possibles hormis les vendredi et samedi saints. Mais on préfère le samedi, jour de plus grande disponibilité, et l'après-midi, entre 15 h 30 et 17 h 30, en accord avec le curé de la paroisse. En principe, la paroisse est celle de la mariée, mais on peut tout à fait choisir une autre église : la correction veut alors que la paroisse d'origine soit prévenue. Il n'y a plus aujourd'hui de « classes » de mariage.

La préparation religieuse. Le mariage religieux se prépare plusieurs semaines à l'avance par des entretiens avec des couples catholiques et un prêtre, qui n'est pas forcément celui qui célébrera le mariage. La liturgie permet aux futurs époux de choisir l'Épître, l'Évangile et les prières qui seront lus au cours de la messe. Ils peuvent aussi préférer un office plus bref, qui comprendra seulement la bénédiction nuptiale accompagnée de lectures et de prières. Les futurs mariés décident également des chants et de la musique, en faisant appel à la chorale locale ou au concours d'amis.

Les familles veilleront à la décoration florale de l'église et du lieu de réception, choisie avec un délai suffisant (cinq ou six semaines) ; il était autrefois d'usage que la famille du marié prenne en charge les fleurs dans l'église et la famille de la mariée les fleurs des salons de réception. Aujourd'hui, le plus souvent, charges et dépenses sont divisées par moitié.

TENUE DES MARIÉS

La mariée. La tenue des mariés dépend du degré d'apparat donné à la cérémonie. La jeune fille porte une robe longue et blanche, signe de pureté, et un voile sur les cheveux, selon une coutume traditionnelle, mais qui ne remonte pas aussi loin qu'on pourrait le penser : on se mariait en robe de couleur sous l'Ancien Régime. Longue ou courte, coupée dans un tissu habillé pour la ville ou plus simple pour la campagne, moderne ou romantique, la robe doit être sobre, sans décolleté provocant, et « tenir » sans se défraîchir ni entraver les mouvements. Son modèle est généralement un petit secret d'où le fiancé est exclu.

Le marié. Si la jeune fille porte une robe longue, le marié doit adapter sa tenue en conséquence · une jaquette gris clair ou gris foncé, avec une chemise blanche simple ou à col cassé, un gilet gris, un chapeau « haut-de-forme », des gants gris, des chaussures et chaussettes noires ; il peut porter aussi l'habit, mais le smoking est interdit. (Certaines maisons sont spécialisées dans la location d'habits, jaquettes et spencers.) Si la jeune fille est en robe courte, et simple, le marié portera un costume sombre, avec chemise blanche, cravate de soie. En toutes circonstances, l'officier portera son uniforme.

Bague, bijoux. La mariée ne met pas de bijoux. Elle porte sa bague de fiançailles à la main droite pour faciliter la remise de l'alliance – la bague de fiançailles sera replacée à l'annulaire gauche pour la réception. Le fiancé offre à la fiancée le petit bouquet de fleurs qu'elle portera à la main, lors de l'entrée dans l'église, et qu'elle déposera, en fin de cérémonie, sur l'autel de la Vierge.

PARENTS, ENFANTS D'HONNEUR, TÉMOINS

Un joli mariage est un mariage harmonieux où le cortège, parents, témoins et enfants d'honneur sont au diapason.

Pour un grand mariage, les pères revêtent en principe la jaquette avec le haut-de-forme – ou leur uniforme s'ils sont militaires – et ils portent leurs décorations. Le costume sombre est également admis. Les mères préfèrent à la robe longue d'autrefois une très élégante tenue courte, robe de cocktail ou tailleur très habillé avec un chapeau ou une voilette (la mode dicte le choix). Quant aux petits garçons et demoiselles d'honneur (2, 4 ou plus), choisis le plus souvent parmi les petits enfants des deux familles, leur tenue est laissée au goût de la mariée et admet beaucoup de fantaisie ; autrefois, c'était la mère de la mariée qui offrait le vêtement des enfants d'honneur, rubans et bouquets, aujourd'hui elle se contente d'acheter l'étoffe, qu'elle remet à chaque famille concernée avec un dessin du modèle choisi.

Les témoins – deux pour chacun des fiancés – sont choisis par les mariés, parmi leurs amis intimes ; ils peuvent porter, comme les parents, une jaquette ou un costume sombre et une robe très habillée.

LES PHOTOS ET LA VIDÉO

Il faut naturellement immortaliser ce jour exceptionnel et faire appel aux services d'un photographe, amateur ou professionnel. Il est nécessaire de prévoir un laps de temps assez long avant le départ pour l'église afin d'éviter bousculade et énervement :

en particulier, la séance photos qui réclame la présence de tous les acteurs de la fête, mariés, parents, témoins et enfants d'honneur, peut être une épreuve redoutable si elle se déroule dans la précipitation. Les photographes sont donc conviés très à l'avance pour qu'ils puissent choisir l'endroit adéquat et la bonne lumière. Le mariage ne dure que quelques heures, mais les photos sont regardées par une succession de générations. Le photographe fera encore des photos à l'église, lors de l'entrée et de la sortie du cortège, au moment de l'échange des alliances, à la signature du registre. On peut avoir aussi un « reporter vidéo » professionnel, qui réalisera un véritable long-métrage en suivant les mariés et leurs invités toute la journée.

L'ARRIVÉE À L'ÉGLISE

Deux formules sont admises pour entrer dans l'église. Selon la première, toute l'assistance a pris place dans l'église, y compris le futur marié qui se tient debout devant le prie-Dieu de droite placé au centre de la nef ; parents, familles et amis sont installés de part et d'autre de l'allée centrale, les parents du marié se regroupant du côté du marié et ceux de la mariée de l'autre. À l'heure dite, la mariée, une partie du voile baissée sur son visage, avance dans l'allée centrale au bras de son père, qui la conduit à son prie-Dieu.

Selon la seconde formule, moins fréquente et surtout pratiquée lors de mariages à la campagne, le cortège se forme dehors, sur le parvis de l'église, et entre solennellement dans la nef : la mariée au bras de son père, suivie des enfants d'honneur, le marié au bras de sa mère, la mère de la mariée au bras du père du marié, les grands-parents, les témoins. Quelquefois, l'ordre est inversé et la mariée entre en dernier au bras de son père, suivie des petits enfants d'honneur.

Lorsque la jeune fille a perdu son père, elle est conduite à l'autel par un oncle maternel ou par un frère, ou encore par son parrain. Elle s'installe à la gauche de son futur époux, sauf dans le cas où celui-ci porte l'uniforme militaire : en ce cas seulement, elle se place à sa droite (en souvenir de l'épée que les militaires portent à leur flanc gauche).

LES ALLIANCES

Les alliances sont offertes par le fiancé ; elles sont généralement en or fin et, à l'intérieur, ont été gravées les initiales des époux et la date de leur mariage. Le fiancé les place dans la poche de son gilet et il les sortira à la demande du prêtre.

LA CÉRÉMONIE RELIGIEUSE

Elle a été préparée les jours qui précèdent en accord avec le prêtre qui officie – ce peut être un prêtre ami de la famille ou le curé de la paroisse, ou les deux conjointement. Le sacrement est donné tantôt au début de l'office avant que ne commence la messe, tantôt après la lecture de l'Évangile. Les témoins s'approchent. Le prêtre reçoit le consentement des époux, bénit les mains jointes et l'échange des alliances. L'époux passe le premier l'anneau au doigt de sa femme, puis celle-ci fait de même avec son mari. Le prêtre prononce alors une brève allocution, et la cérémonie se poursuit.

Puis les enfants d'honneur passent dans les rangs et tendent la bourse ou la corbeille pour la quête sous la direction d'un bedeau ou d'un adulte bénévole, qui oriente leur marche.

FÉLICITATIONS ET SORTIE DE L'ÉGLISE

La messe achevée, les nouveaux mariés doivent signer l'acte de mariage en compagnie de leurs témoins. Il y a peu de temps encore, ils se rendaient à la sacristie, mais, à présent, la signature du registre se fait plutôt à côté de l'autel. Puis, s'ils le désirent, les nouveaux mariés vont faire une courte prière jusqu'à l'autel de la Vierge, où la jeune femme dépose son bouquet.

C'est le moment alors des félicitations. Les assistants traversent en rang ordonné l'église pour échanger quelques mots avec les mariés et leurs parents qui se sont alignés sur un côté de la nef. En fait, ce défilé long et fatigant ne se fait pratiquement plus, car les félicitations ont lieu au début de la réception qui suit la cérémonie.

Le cortège. Il se forme donc pour la sortie solennelle, tandis que résonnent les orgues, et selon l'ordre suivant : un couple de petits enfants d'honneur (s'ils sont au moins quatre), la mariée au bras de son mari suivie des petits enfants d'honneur, la mère de la mariée au bras du père du marié, la mère du marié au bras du père de la mariée (symbole de l'union des familles), les grands-parents, témoins et famille, les hommes donnant le bras gauche aux femmes. Le cortège avance lentement pour que les photographes puissent opérer. Un usage ancien veut qu'on jette des grains de riz sur les mariés en guise de porte-bonheur. Selon la distance du lieu où ils se rendent, les mariés s'installent dans une voiture qui les attend devant le parvis ou gagnent à pied les salons de réception.

Si le marié est un officier, ses compagnons d'armes peuvent faire une haie d'honneur sur le parvis.

MARIAGE PROTESTANT

Il ressemble à un mariage catholique, à ceci près qu'il ne s'agit pas d'un sacrement (les protestants ne reçoivent que deux sacrements : le baptême et la Sainte Cène). Le mariage est avant tout une affaire civile, mais il est reconnu comme d'institution divine, et il est l'élément fondateur d'une famille. Aussi les nouveaux époux demandent-ils à Dieu de bénir leur union, au cours d'un culte présidé par le pasteur, pendant lequel on prie pour les mariés. La célébration comprend donc des lectures, des chants, une homélie et la bénédiction nuptiale donnée par le pasteur, sans célébration de la communion.

Les usages sont les mêmes que pour un mariage catholique.

MARIAGE ORTHODOXE

Dans la tradition orthodoxe, on se marie le dimanche après-midi. Mais le mariage est possible tous les jours de l'année, sauf entre Noël et l'Épiphanie, pendant le carême, les veilles de fête, les mercredis et les vendredis.

Les mariages orthodoxes sont toujours entourés de beaucoup de faste. Les églises sont très richement décorées de fleurs, de lumières..., et tous les invités sont en habits de fête. La mariée est vêtue de la traditionnelle robe blanche, symbole de pureté.

Le mariage doit normalement avoir lieu pendant une liturgie, mais ce n'est plus toujours le cas aujourd'hui. Hors liturgie, la cérémonie ne dure pas plus d'une heure.

Autrefois, les fiançailles se célébraient à l'église à une date antérieure au mariage ; aujourd'hui, la cérémonie de fiançailles a lieu juste avant le mariage et n'en est jamais séparée. Le prêtre vérifie que les futurs époux se fiancent librement, puis les bénit et les encense.

Le prêtre célèbre ensuite le sacrement de mariage, la cérémonie du « couronnement ». Il conduit les fiancés dans le chœur. Ils se tiennent devant lui, avec chacun un cierge allumé, qui symbolise la lumière de la foi dans les épreuves de la vie. Les deux cierges peuvent être tenus par deux enfants et sont reliés par un ruban, symbole d'union du couple. Après une prière, le prêtre pose une couronne sur la tête de chaque fiancé, les bénit et fait avec eux trois fois le tour de la table d'autel où sont déposés la Bible et les objets nécessaires à la cérémonie, pour les accompagner ainsi symboliquement sur le chemin de la vie ; il lit ensuite des passages de la Bible et récite une prière. Enfin, il bénit un verre de vin et fait boire les deux nouveaux mariés.

Pour recevoir les félicitations de leurs invités, les jeunes mariés restent dans l'église, devant l'iconostase (qui sépare l'église en deux). Pour les féliciter, il faut les embrasser trois fois, suivant la tradition orthodoxe.

À la sortie de l'église, traditionnellement, un vin d'honneur rassemble la communauté, les familles et les invités. Par la suite a lieu la réception traditionnelle.

MARIAGE MIXTE

Autrefois interdit par les différentes Églises, il est aujourd'hui possible, entre chrétiens de confessions différentes, et entre un chrétien et un non-baptisé. L'Église catholique, notamment, accepte de célébrer ces mariages mixtes, selon la tradition catholique, à condition que le non-catholique soit informé des obligations religieuses de son conjoint et les accepte. Par contre, il n'y a qu'une cérémonie, célébrée selon le rite d'une seule religion ; il n'y a pas deux cérémonies simultanées ou consécutives.

MARIAGE JUIF

Le mariage a lieu en général à la synagogue, bien que ce ne soit pas obligatoire : en effet, il suffit de dresser un dais nuptial, sous lequel les mariés prennent place.

Traditionnellement, le mariage juif a lieu le dimanche après-midi, mais il peut être célébré tous les jours sauf le samedi, jour du shabbat, réservé à la prière et à l'étude.

La mariée est vêtue de la traditionnelle robe blanche, les hommes de l'assistance ont la tête couverte, les femmes également (mais ce n'est pas toujours obligatoire). Suivant les communautés, hommes et femmes sont séparés ou non, mais les deux familles sont regroupées autour du dais nuptial. La synagogue est décorée de fleurs. La cérémonie dure un peu plus d'une heure ; elle est accompagnée de chants et de musique.

La cérémonie est présidée par le rabbin, qui fait d'abord signer aux époux et aux témoins l'acte de mariage (ketouba), qu'il a lui-même rédigé et qui énumère les engagements d'ordre moral et matériel que vont prendre les mariés. Puis les fiancés se rendent en cortège sous le dais nuptial, où la fiancée prend place à droite de son futur mari. Le rabbin prononce alors la bénédiction nuptiale, après avoir rappelé leurs devoirs aux époux. Il bénit la coupe de vin où vont boire les mariés après la remise de l'alliance à la jeune mariée (la femme seule en principe porte une alliance) et la lecture des « sept bénédictions ». À la fin de la cérémonie, l'usage veut que le marié brise un verre, pour rappeler, en ce jour de grande joie, le souvenir douloureux de la destruction du Temple de Jérusalem.

La réception de mariage, les cadeaux se font suivant les traditions mondaines habituelles.

MARIAGE MUSULMAN

Ce n'est pas une cérémonie religieuse, bien qu'elle ait lieu en général en présence d'un imam. Il peut avoir lieu à la mosquée. En fait, il se déroule souvent au domicile de la fiancée, le matin, en présence d'un religieux et de dix ou douze témoins, de la famille, des amis ; les hommes sont installés d'un côté et les femmes de l'autre ; le contrat est dressé et l'épousée entre en dernier dans la salle. Un religieux lit des versets du Coran et demande à la jeune fille si elle accepte l'homme pour époux. Quelques-uns des invités lisent à leur tour un verset du Coran pour éloigner le mal. Puis c'est la fête, qui peut se dérouler de 11 heures du matin à 4 heures du matin suivant, au son des chants et de l'orchestre. (On ne boit pas d'alcool – prohibé par la religion – pendant la fête.)

COMPORTEMENT

Le recueillement. Quel que soit le rite, ou la foi des mariés, les invités sont toujours priés de garder le recueillement lors d'une cérémonie religieuse – même mondaine –, qui n'est pas un spectacle. On ne chuchote pas durant l'office ; on ne hèle pas quelque participant reconnu et, même si l'on ne partage pas les convictions religieuses des intéressés, on s'efforce de modeler son attitude sur celle de l'assemblée. Les amis des familles qui ne peuvent venir à la cérémonie religieuse (ni à la réception) peuvent manifester leur union de pensée en adressant aux mariés un télégramme le jour même : « Pensons à vous et partageons votre joie » ou « Tous nos vœux de bonheur et notre affection. »

LA RÉCEPTION

La réception se déroule, généralement, à l'issue de la cérémonie civile lorsqu'il n'y a pas de mariage religieux, ou à l'issue de l'office religieux. C'est, selon l'heure et le degré d'apparat, un déjeuner-lunch, un cocktail, un buffet dinatoire, qui peut être debout ou assis, suivis d'une soirée dansante.

Vin d'honneur. Lorsqu'il s'agit d'un mariage à la campagne, dans un village où la famille est implantée depuis longtemps, un vin d'honneur peut être offert aux habitants, après la cérémonie religieuse.

Défilé. Les mariés se tiennent à l'entrée, aux côtés de leurs parents pour accueillir les invités et recevoir les félicitations. Chacun présente à l'autre les nouveaux venus, ne s'attardant pas trop cependant pour permettre aux invités suivants d'avancer et de saluer. À ce défilé de type traditionnel on peut préférer des félicitations informelles, au cours de la réception.

Cocktail, dîner. Les invités venus de loin pour participer à la cérémonie doivent être retenus au dîner.

La salle de réception, quand elle n'est pas la demeure des parents des mariés, doit être louée plusieurs mois à l'avance. On peut aussi faire monter une grande tente dans un jardin, mais il faut alors prévoir un salon pour que les invités âgés puissent se reposer, ainsi qu'un coin toilette pour réparer tenue et maquillage. La mère de la mariée doit veiller à la décoration florale et aux éclairages de la salle, de l'appartement ou de la tente, la confection des mets étant confiée à un traiteur.

Lunch. Le lunch est un buffet où chacun se sert. Pour un déjeuner ou un dîner, les buffets sont installés de part et d'autre de la pièce de réception, en fonction du nombre d'invités. Maîtres d'hôtel et serveurs passent des plateaux dans l'assistance pour éviter l'afflux devant le buffet. Le gâteau de mariage et le champagne sont de rigueur.

Lorsqu'il s'agit d'un repas assis, des cartons avec le nom des invités ont été posés sur la ou les tables d'honneur, que président les mariés et leurs parents (dans le cas de plusieurs tables) et où prennent place les témoins et les amis que l'on veut spécialement honorer. Le plus souvent, le reste des convives se répartit chacun à sa convenance, autour de petites tables. Si l'on dispose d'une table en U ou en T, les mariés occupent le centre, les places attribuées devant respecter les préséances.

Avant le commencement du dîner, un cocktail-apéritif doit être servi pour permettre d'attendre l'arrivée de tous les invités. Lorsqu'il s'agit d'un dîner de famille, certains invités peuvent n'avoir été conviés qu'au cocktail, tandis que les plus intimes demeurent ; en ce cas, le dîner doit être prévu assez tard et le cocktail être assez fourni pour la satisfaction des premiers : cette formule est assez délicate à aménager car elle ne doit vexer personne.

Toasts, discours. Les menus d'autrefois à plusieurs services ont été remplacés par des menus plus simples comprenant une entrée, un poisson (facultatif), une viande et ses légumes, des plateaux de fromage et des pâtisseries. Au milieu ou à la fin du repas, des toasts peuvent être portés et, si discours il y a, ils doivent être brefs car le brouhaha des conversations et le bruit des couverts ne facilitent pas l'attention.

Une soirée dansante suit généralement le repas et se prolonge tard dans la nuit. La mariée a ôté son voile et ouvre le bal avec son père.

Le lendemain. Les mariés choisissent le moment qu'ils veulent pour s'éclipser, mais ils peuvent aussi attendre la fin de la soirée. De toute manière, la discrétion est de mise. Un hôtel est retenu dans les environs, car, compte tenu des fatigues de la journée, on ne songe guère à prendre l'avion aussitôt.

Il n'est pas rare, lorsque le mariage a lieu à la campagne, qu'un petit nombre d'intimes se réunissent à nouveau le lendemain et que les mariés eux-mêmes viennent embrasser leur famille. Aucune règle ne décide ce que seuls les caractères et les circonstances dictent.

UNE NOUVELLE FAMILLE

Les nouveaux rapports familiaux des époux avec leur belle-famille commencent par des questions de noms et d'appellations. L'épouse change d'état civil et prend le nom de son mari ; mais elle peut tout à fait, pour convenances personnelles ou pour des raisons professionnelles, garder son nom de jeune fille – toujours indiqué sur ses papiers d'identité – et l'accoler à son nom de femme mariée : Laure Mangin-Martel.

Appellations. L'appellation donnée aux beaux-parents permet beaucoup plus de variantes qu'autrefois où seules étaient admises les classiques formules « mon père », « ma mère » ou encore « père », « mère ». Tout dépend de l'âge des beaux-parents, de l'intimité, du style de rapports ; si les beaux-parents ont déjà d'autres gendres et belles-filles, il suffit au nouveau venu de s'aligner sur ceux-ci.

REMARIAGE

En cas de remariage à la suite d'un veuvage ou d'un divorce, la cérémonie se déroule dans l'intimité, le plus souvent sans grande réception, celle-ci étant reportée à plus tard lorsque le mariage a eu lieu. Seuls les parents et amis proches sont conviés à la bénédiction nuptiale ou à la cérémonie civile, suivie d'un déjeuner ou d'un dîner de famille. Pas de faire-part non plus : les amis sont prévenus par un mot ou un coup de téléphone ; en revanche, une annonce peut être faite dans la presse.

Une veuve n'a légalement le droit de se remarier que 300 jours après la mort de son époux : c'est le « délai de viduité ». Le veuf n'est tenu à aucun délai, mais, par décence, il attend six mois pour se remarier.

Si un veuf épouse une jeune fille, la cérémonie peut être la même que dans le cas d'un jeune homme et d'une jeune fille, bien que souvent les familles choisissent une formule discrète, afin de ne pas heurter la famille de la disparue.

LES FRAIS DU MARIAGE

Ils sont équitablement partagés entre les deux familles. Un tarif propre à chaque paroisse fixe le coût du mariage religieux. Généralement, les familles donnent au prêtre qui a officié une enveloppe en supplément, destinée à ses œuvres.

Les frais de la réception sont partagés, en principe, au prorata du nombre d'invités.

VOYAGE DE NOCES

Que le voyage ait lieu dans un paradis touristique ou dans un coin perdu de la France profonde, la « lune de miel » offre cette parenthèse hors du temps qui permet au jeune couple d'échapper aux contraintes de la vie quotidienne et de rêver leur « avenir radieux ». Autrefois, le marié pouvait faire la surprise à la jeune épousée du lieu de destination, et celle-ci empilait dans de beaux bagages tout neufs toutes sortes de tenues élégantes. Aujourd'hui, les fiancés étudient à l'avance leur voyage. De plus en plus souvent, des listes de mariage comprennent le voyage de noces, qui est alors offert par plusieurs donateurs.

Toutes les formules sont possibles ; mais les mariés évitent tout de même de séjourner dans le giron de leur famille ou trop près de leurs amis. Ils peuvent même repousser à plus tard le grand voyage idyllique, lorsque les obligations professionnelles ou leur budget ne leur permettent pas de disposer d'un temps suffisant.

Autrefois, il était d'usage qu'au retour du voyage de noces les mariés fassent des « visites de retour » : cette coutume est passée de mode. Mais le couple peut annoncer son retour dans la vie active en invitant ses proches à la pendaison de crémaillère.

ANNIVERSAIRES DE MARIAGE

L'anniversaire de mariage est une manière délicate de confirmer le premier engagement dans la vie conjugale. Un repas fin entre époux, un cadeau, un petit voyage sont autant d'attentions appréciées. Dans les foyers catholiques, l'anniversaire de mariage se célèbre par une messe d'action de grâces.

Certains anniversaires prennent davantage d'éclat. Après les noces de coton (un an), de papier (2 ans), de laine (7 ans), d'étain (10 ans) et de cristal (15 ans), on fête surtout les noces d'argent (25 ans) puis les noces d'or (50 ans), de diamant (60 ans) et de platine (70 ans). Les noces d'or donnent lieu, bien souvent, à une petite réception où les époux réunissent autour d'eux leurs enfants, petits-enfants, arrière-petits-enfants et amis proches, qui montrent leur joie de participer à l'événement familial en envoyant des fleurs ou un cadeau. Certains foyers font part de leurs noces d'or dans les journaux et font célébrer un service religieux.

LE DIVORCE

La rupture du mariage, sanctionnée par une séparation juridique ou par le divorce devant les tribunaux, est une épreuve difficile, que les intéressés et leurs proches doivent s'efforcer de vivre sans l'aggraver par l'étalage public de leurs griefs.

Le divorce peut ne pas détruire tous les liens avec l'autre famille et un consensus doit être recherché pour protéger les enfants. L'entourage est prévenu par un mot. Le partage des biens se fait selon le régime juridique sous lequel a eu lieu le mariage. Il est de mauvais goût de la part des ex-conjoints de se réclamer leurs cadeaux personnels.

La bague. L'épouse doit proposer de rendre la bague de fiançailles, mais l'époux doit refuser en souvenir d'un passé commun.

Les témoins et confidents doivent garder autant que possible équité et neutralité, même s'ils conservent des liens privilégiés avec l'un ou l'autre des ex-conjoints.

LE DEUIL

Lorsque le décès survient au domicile,
et si douloureuse que soit l'épreuve, la famille du défunt
doit faire face à un certain nombre de problèmes
matériels. Les services des pompes funèbres, prévenus
dès le décès, indiquent les démarches à suivre. Les
usages modernes ont allégé le rituel des funérailles
qui accablait de ses conventions et astreintes la
famille éprouvée.

LA CHAMBRE MORTUAIRE

Rites catholiques. Le défunt repose dans une pièce
assez grande (chambre ou autre), dont on a fermé les volets
ou les rideaux pour qu'y règne une certaine pénombre. Il faut
couper les sources de chauffage et éclairer la pièce d'une
veilleuse ou d'une lumière tamisée.

Le plus tôt possible, après le dernier soupir, pour éviter que
le corps ne raidisse, une infirmière ou une femme de la famille
fait la toilette du mort en lui fermant les yeux, en soutenant
la bouche fermée avec un mouchoir noué autour du visage,
et en habillant le corps, suivant les traditions familiales, d'un
vêtement civil – ou de son uniforme pour un militaire ; une
femme peut être revêtue d'une toilette de nuit qui couvre les
bras, et le drap du dessus est monté jusqu'au menton ; il n'y
a pas de couverture ; le drap du dessous servira de linceul.
Les mains sont croisées sur la poitrine. Les catholiques placent
un chapelet entre les doigts.

Dans la chambre brûle une bougie. Deux fauteuils ou
deux chaises sont installés à côté du lit. Dans les familles
catholiques, il faut prévoir sur une table un bénitier
et un brin de buis avec lequel les visiteurs béniront la
dépouille.

Le mort doit être veillé durant la journée et la nuit par ses
proches ou par un religieux qui prend le relais.

LES VISITES

L'usage est que les parents et amis intimes puissent voir une dernière fois le défunt. La porte de l'appartement reste en principe ouverte et ils entrent donc sans sonner ; ils embrassent ou entourent les personnes présentes et demandent à se recueillir un instant dans la chambre. On ne reste pas longtemps ; on s'incline devant le lit et on fait éventuellement une courte prière et un signe de croix si l'on est croyant et si le défunt est chrétien, puis on retourne auprès des proches auxquels on exprime sa sympathie. Il n'est pas nécessaire de parler et il faut éviter les gestes bruyants. La visite sera brève et discrète.

Le veuf, la veuve peuvent faire dire par un proche qu'ils désirent ne voir personne. Chez les Juifs, il n'y a pas de visite entre le décès et l'enterrement.

On ne téléphone pas chez quelqu'un qui a perdu un être cher.

Les amis un peu moins proches attendent deux jours pour se rendre au domicile du défunt ; celui-ci sera alors dans le cercueil.

FAIRE-PART, ANNONCES

La famille du défunt prévient les amis par un mot écrit ou un coup de téléphone.

Sous l'Ancien Régime, des « crieurs » arpentaient les rues de la ville avec une clochette à la main et claironnaient le décès en indiquant le jour, l'heure et l'église où avait lieu le service pour l'enterrement. Aujourd'hui, on fait passer une insertion dans les journaux qui peut être rédigée de plusieurs manières :

On nous prie d'annoncer la mort de M. Pierre Martel, officier de l'ordre du Mérite, décédé à Bordeaux dans sa quatre-vingt-neuvième année. Les obsèques auront lieu le jeudi 22 mars, à 16 heures en la cathédrale.

Et on ajoute la liste des membres de la famille du défunt.

De la part de Madame Pierre Martel, son épouse, de M. Alain des Pins, chirurgien des Hôpitaux de Paris, et de Mme Alain des Pins et de leurs enfants, de Mademoiselle Laure Martel, des familles Mangin et Pilot.

Cet avis tient lieu de faire-part.

Autre formule également correcte :

Monsieur et Madame Alain des Pins et leurs enfants,
Madame Jacques Pilot,
Mademoiselle Laure Martel
ont la douleur de faire part du décès de Madame Pierre Martel née Anne Mangin, leur belle-mère, mère et grand-mère.
La cérémonie religieuse aura lieu le 22 février, à 15 heures, en la cathédrale, et sera suivie de l'inhumation dans le caveau de famille.

Cet avis tient lieu de faire-part.
Ni fleurs ni couronnes.

Si la famille est catholique, elle peut préférer cette formule :

Monsieur et Madame Alain des Pins font part du rappel à Dieu de Madame Pierre Martel, née Anne Mangin, leur mère et belle-mère, à l'âge de quatre-vingt-dix-neuf ans, munie des sacrements de l'Église.

Et, si l'enterrement a déjà eu lieu dans l'intimité :
Les obsèques ont eu lieu dans la plus stricte intimité à Annecy, le 22 février. Une messe sera dite ultérieurement à Paris.

Ce peut être encore :

Nous apprenons la mort de Madame Pierre Martel, née Anne Mangin...
De la part de...

Personnes qui annoncent le décès

On cite les proches dans l'ordre suivant :

1. Le conjoint.
2. Les enfants et beaux-enfants.
3. Les petits-enfants et leurs conjoints, et tous les autres descendants.
4. Les parents et les beaux-parents.
5. Le fiancé ou la fiancée de la personne défunte célibataire.
6. Les autres ascendants de la personne défunte et de son conjoint.
7. Les frères, sœurs, beaux-frères, belles-sœurs.
8. Les neveux et nièces, tant du côté de la personne défunte que de son conjoint.
9. Les oncles et tantes.
10. Les cousins germains

On arrête généralement l'énumération aux frères, sœurs, beaux-frères et belles-sœurs si la liste est déjà longue. Les enfants adoptifs figurent au rang des enfants. À chaque degré, le nom du parent de la personne défunte précède celui de son conjoint. À degré égal, les frères, avec leurs épouses, précèdent les sœurs, les uns et les autres étant nommés suivant l'ordre de leur naissance. Les personnes qui, par suite de divorce, perdent leur lien avec la personne défunte ne figurent pas sur le faire-part (sauf en raison d'une autre parenté). Les titres de noblesse sont mentionnés. Si le titre de noblesse doit se transmettre à l'une des personnes qui annoncent, celle-ci n'en fait pas usage avant les funérailles ni sur le faire-part. Dans la presse, on ne mentionne que rarement les fonctions officielles des personnes qui annoncent, mais on indique le grade pour les officiers supérieurs.

Une société peut également faire part du décès d'un de ses membres, son annonce suivant celle de la famille :

La direction et le personnel de la société SBN ont la douleur de faire part du décès de Monsieur..., survenu le...

L'usage de l'envoi de faire-part imprimés avant les funérailles tend à se perdre.

Il ne faut jamais adresser ses condoléances par téléphone mais par écrit. Les lettres de condoléances doivent être envoyées dans le délai le plus court possible.

LA MISE EN BIÈRE

La mise en bière s'effectue en présence de la seule famille ou de quelques amis très intimes.

LES FLEURS

À moins que la famille du défunt n'ait expressément indiqué « sans fleurs ni couronnes » dans l'annonce insérée dans la presse, les amis peuvent se concerter pour offrir une gerbe ou une couronne de fleurs ; celle-ci est envoyée au domicile du défunt ou à l'église où a lieu l'enterrement. Pour le décès d'un enfant ou d'un adolescent, les fleurs seront de couleur pâle ou blanches. Une carte de visite est jointe à l'envoi.

FUNÉRAILLES CIVILES

Les employés des pompes funèbres portent le cercueil dans le fourgon mortuaire, où prennent place les plus proches parents. Les proches et amis se réunissent autour de la tombe et, là, un membre de la famille ou un ami peut prononcer une brève allocution, où il évoque la mémoire du disparu avant que la tombe soit refermée. Les assistants s'inclinent une dernière fois, déposant parfois une fleur sur le cercueil. La cérémonie se déroule dans le silence.

OFFICES CATHOLIQUES

Les derniers sacrements. Lorsque le malade est proche de sa fin, la famille fait venir un prêtre pour qu'il lui administre le sacrement des malades (extrême-onction) : sur une table recouverte d'une nappe, on place un crucifix et une bougie allumée ; le prêtre apporte de l'eau bénite, de l'huile sainte et il procède aux onctions avec un tampon d'ouate appliqué sur les pieds et les mains du malade ; la famille réunie l'accompagne dans ses prières.

Levée du corps et enterrement. Lors de la levée du corps, le prêtre bénit la dépouille. L'enterrement se déroule dans l'église. La famille accompagne le cercueil dans le fourgon mortuaire. À la campagne, lorsque le domicile du défunt est très proche de l'église, il arrive encore que la famille et les amis, les plus proches parents en tête, suivent à pied le corbillard.

Les cordons du poêle. Cette coutume ne se pratique plus guère : durant la procession du cortège, les amis du défunt (et non les membres de la famille) encadrent le cercueil et tiennent par les bords le drap noir qui le recouvre.

À l'église. Le cercueil est placé dans la travée centrale de la nef, près de l'autel ; sur le catafalque, on peut placer sur un coussin les décorations du défunt.

La famille proche se place juste derrière le catafalque, les hommes d'un côté et les femmes de l'autre (mais, aujourd'hui, le plus souvent, on ne tient pas compte de cet usage) ; un bedeau place les autres membres de la famille. L'enterrement est la seule cérémonie où tous peuvent venir sans y avoir été conviés.

La cérémonie comprend une messe et une bénédiction ; les participants, qu'ils partagent ou non la même foi, sont recueillis et se taisent. Ils portent une tenue sombre et évitent en tout cas les couleurs vives.

Le défilé. À la fin de l'office, les parents du défunt se placent sur un côté de la nef, les hommes d'abord puis les femmes par ordre de parenté décroissant ; dans certains cas, la perte d'un enfant par exemple, on ne sépare pas le couple. Tous les participants, sous la direction du bedeau, processionnent dans le plus grand silence, sans chercher à gagner des places pour hâter le défilé. En passant devant le catafalque, on prend le goupillon que tend le bedeau ou la personne précédente et on asperge le catafalque d'un signe de croix, puis on remet le goupillon à la personne qui suit.

Condoléances. Le défilé devant la famille ne se prête pas à de longues condoléances. Les assistants passent devant la famille en s'inclinant devant ceux qu'ils ne connaissent pas, serrent les mains ou embrassent les proches. Quelques mots suffisent : « nous aimions votre mère comme quelqu'un de notre propre famille », ou « je partage profondément votre peine ».

Signatures. Pour toutes sortes de raisons, la famille éprouvée préfère parfois renoncer au défilé. Le prêtre qui officie, ou bien le bedeau, prévient que la famille ne recevra pas les condoléances ou qu'il n'y aura pas de défilé ; en ce cas, les personnes présentes signent le registre qui a été placé à l'entrée de l'église (on signe à l'arrivée dans l'église), en indiquant leur adresse – pour les remerciements.

On ne demande pas à des amis de signer à votre place : ce genre de service ne peut se rendre qu'entre époux.

La conduite au cimetière. Seuls les proches accompagnent la famille. Tous se regroupent autour de la tombe, où le prêtre prononce les dernières prières et les dernières bénédictions. Les assistants défilent encore une fois en s'inclinant, dans le silence.

Inscriptions funéraires. Sur la plaque tombale sont gravés le nom du défunt, les dates de sa naissance et de sa mort ; on peut inscrire également un verset de l'Évangile, mais on évite toutes formules telles que « regrets éternels » ou autres. À la formule désuète « Ci-gît » on préférera « Ici repose ».

Images mortuaires. Autrefois on imprimait de petits bristols où était reproduite la photographie du défunt et où on inscrivait quelques versets de l'Évangile, une prière, une pensée pieuse. Ces « mémentos » glissés dans les livres de messe ont à peu près disparu.

Messe d'enterrement sans le cercueil. Lorsque l'enterrement a eu lieu loin du domicile habituel du défunt, la famille fait souvent célébrer un office ultérieurement, dans la paroisse habituelle. Cette messe a lieu assez vite après le décès et elle est annoncée dans les journaux : « Une messe sera célébrée à la mémoire de Madame : Pierre Martel, née Anne Mangin, le 22 février 1993, à 16 heures, en l'église Notre-Dame-du-Roc de Dinard ». En ce cas, l'office revêt la même solennité que les obsèques et peut comporter un défilé et une signature de registre.

Messe du « bout de l'an ». Passé un an, une cérémonie religieuse peut être célébrée pour l'anniversaire de la mort et être aussi annoncée dans la presse :

« Il y a un an, le 2 janvier 1992, mourait Madame : Pierre Martel, née Anne Mangin. Une messe sera dite à son souvenir le 5 janvier 1993, en l'église Notre-Dame-du-Roc de Dinard à 19 heures. »

FUNÉRAILLES PROTESTANTES

Le pasteur se rend au domicile du défunt pour donner une bénédiction. Le culte au temple n'est pas obligatoire, et il peut avoir lieu en présence ou non du cercueil, parfois même après l'inhumation.

Lorsque la famille est à moitié protestante et à moitié catholique, la cérémonie religieuse est célébrée conjointement par un prêtre et par un pasteur ; cette cérémonie œcuménique peut avoir lieu au temple, où le prêtre est invité, ou à l'église, où le pasteur vient prononcer une bénédiction.

FUNÉRAILLES ORTHODOXES

Après le décès, parents et amis proches obéissent à la tradition de la visite et des condoléances au domicile du défunt, sauf si la famille ne souhaite pas recevoir. Il est d'usage, sauf désir contraire de la famille, d'envoyer des fleurs et des couronnes mortuaires avant la cérémonie.

La célébration a lieu à l'église, en présence du corps du défunt. Pendant la cérémonie religieuse, dans certaines communautés, il est d'usage de laisser le cercueil ouvert, et ce jusqu'au moment de la mise en terre.

La famille reçoit traditionnellement les condoléances après la cérémonie ou un registre de signatures est ouvert.

Un office spécial a lieu quarante jours après le décès, mais n'y assistent que la famille et les proches.

FUNÉRAILLES JUIVES

Après le décès, la famille ne reçoit pas de visites ni de condoléances avant l'enterrement. La mise en terre doit être très simple, sans fleurs ni couronnes. L'incinération est interdite. Il n'y a pas de service à la synagogue, sauf pour quelques très grands rabbins.

La famille et les amis accompagnent le corps au cimetière. Le défunt est revêtu d'une pièce de coton, un drap lui couvre la tête, et les hommes sont recouverts du châle de prière. Dans le cercueil, la tête repose sur une poignée de terre d'Israël. Près de la tombe, les enfants ou les proches récitent une prière solennelle de louange à Dieu : le kaddish. Parfois, des amis ou des proches prononcent une allocution. En signe de deuil, les proches parents font une déchirure à leurs vêtements. À l'issue de la cérémonie, la famille reçoit les condoléances.

Pendant sept jours, la famille observe un deuil intense ; elle reste au domicile et prie pour le défunt.

FUNÉRAILLES MUSULMANES

Après le décès, le corps est lavé rituellement, puis enveloppé d'une pièce d'étoffe blanche (celle du pèlerinage à La Mecque si le défunt l'a accompli). L'incinération est interdite pour les musulmans. Les prières pour le défunt ont lieu au domicile, quelquefois à la mosquée, en présence de l'imam. La famille et les amis accompagnent le corps au cimetière, mais les femmes n'assistent pas toujours à l'enterrement. Le défunt est mis en terre la tête tournée vers La Mecque, dans l'attente de la résurrection.

La famille reçoit les condoléances au cimetière, à la fin de la cérémonie.

INCINÉRATION

La loi civile et les confessions catholique et protestante tolèrent la pratique de l'incinération. La famille attend dans la chapelle ou une pièce du columbarium ; les cendres lui sont remises dans une urne scellée que l'on place, en général, dans une niche où sont inscrits le nom du défunt et la date de son décès. Un membre de la famille ou un ami prononce quelques mots.

COMPORTEMENT

Toute cérémonie d'enterrement doit se dérouler dans le silence et le respect. Pas de chuchotement dans l'église ni de manifestation ostentatoire : le souci de réserve et de dignité aide la famille éprouvée à contenir son chagrin.

Au retour du cimetière, la famille proche se réunit autour du veuf ou de la veuve. Lorsque les obsèques ont lieu à la campagne, l'usage est d'offrir un repas à ceux qui ont fait la démarche de venir. À la ville, la famille a surtout besoin de se retrouver entre elle, et sans témoins.

PORTER LE DEUIL

Le deuil n'implique plus les mêmes prescriptions vestimentaires qu'autrefois ; il demande surtout la décence. Le jour de l'enterrement, les parents proches du défunt portent un vêtement noir ou sombre et les assistants évitent les couleurs vives.

À la fin de l'Ancien Régime, les règles étaient très strictes : Mme de Genlis raconte que le deuil d'un mari se portait « un an et six semaines, et six mois de laine, le deuil d'épouse sept mois et demi et six semaines de pleureuses ». On interdisait certains tissus, on en exigeait d'autres et on ne pouvait se rendre à un mariage que le deuil fini.

Jusqu'à une date récente, la durée du deuil était codifiée : dix-huit mois pour une veuve, un an pour un veuf ; puis le demi-deuil prenait le relais : le gris et le violet remplaçaient les couleurs du grand deuil (le noir ou le blanc) ; mais ces règles tendent à disparaître, comme disparaissent également le brassard et le ruban de crêpe noir placé au revers du manteau ou du veston.

Aujourd'hui, chacun agit et s'habille comme il veut, la seule règle étant d'éviter les vêtements tapageurs et de choquer son entourage. On admet de plus en plus que le deuil est d'abord intérieur. S'il vaut mieux ne pas s'exhiber dans des soirées frivoles, comme des bals ou des réceptions mondaines, il est légitime de chercher des dérivatifs à sa peine en voyant des amis, et personne ne doit y trouver à redire.

Les réceptions prévues avant le deuil devront être annulées. Un carton doit être imprimé et envoyé dans les plus brefs délais aux invités : « En raison d'un deuil récent, M. et Mme Mangin ont le regret de ne pouvoir recevoir leurs amis le mardi 12 juin. » En cas d'une cérémonie familiale non reportée (fiançailles, mariage), celle-ci se déroulera sans faste, dans l'intimité.

CARTES ET REMERCIEMENTS

L'usage est d'imprimer un carton, collectif ou non. Ce carton peut être bordé de noir, comme autrefois, mais ce n'est plus une règle. Il est adressé à tous ceux qui ont manifesté leur sympathie au moment du deuil, soit qu'ils aient écrit, soit qu'ils aient participé à la messe d'enterrement et inscrit leur nom sur le registre. Ce carton peut être rédigé ainsi :

Madame Pierre Mangin,
très touchée des témoignages de sympathie que vous lui avez adressés à l'occasion de son grand deuil, vous prie d'accepter l'expression de ses remerciements émus.

Dans le cas de relations un peu plus personnelles, le veuf ou la veuve ajoute sur cette carte imprimée quelques mots à la main : « Cher ami, merci de votre présence qui m'a été droit au cœur. » Enfin, pour les amis, il faut écrire une vraie lettre. Le papier à lettres bordé d'un filet noir est tombé en désuétude.

Le carton imprimé peut aussi porter les noms des plus proches parents du défunt, ainsi que la formule « Avec leurs remerciements ».

LA VIE
DANS
LE MONDE

PROTOCOLE OFFICIEL
ET PROTOCOLE PRIVÉ

Le protocole national qui régit les rapports entre personnalités officielles ne s'applique que lors de cérémonies de la vie publique ; il se distingue donc du protocole privé des réunions mondaines, bien que beaucoup de leurs règles se recoupent. Mis en place par décret, le protocole national règle le déroulement des réceptions en respectant les honneurs dus à une fonction, et non à un homme, et, dans la mesure où ces égards sont codifiés, il permet d'éviter les froissements de susceptibilité qu'entraînerait une appréciation personnelle des mérites de chacun. D'une certaine manière, le protocole se substitue à la politesse !

PROTOCOLE OFFICIEL

C'est sous le premier Empire que, pour la première fois, fut édicté le décret qui rassemblait les règles relatives aux cérémonies publiques, préséances, honneurs civils et militaires, et qui prévoyait une hiérarchie de 24 rangs succédant à la personne de l'empereur et se cédant le pas. Cette hiérarchie donnait une place importante aux piliers de l'empire, l'armée et l'Église ; le texte (1804) réglementait jusqu'aux tapis et coussins des prie-Dieu. Au cours du congrès de Vienne, en 1815, véritable casse-tête pour les préséances puisqu'il rassemblait toutes les têtes couronnées d'Europe et leurs ambassadeurs, le protocole diplomatique fut mis à l'épreuve et reçut la confirmation de ses règles.

La République, bien sûr, ne pouvait conserver le vieux protocole impérial et la IIIe République s'y reprit à plusieurs fois pour faire la part des nouveaux corps constitutionnels et, après la séparation de l'Église et de l'État, pour établir un nouvel ordre hiérarchique : les dignitaires ecclésiastiques furent considérés comme des princes étrangers, ayant droit comme tels à une « place de courtoisie ».

Les règles actuelles remontent au décret du 13 septembre 1989. Elles reprennent beaucoup des règles antérieures mais tiennent compte des modifications de la vie politique du pays, c'est-à-dire des rouages économiques dont l'importance va grandissant, et des nouvelles instances européennes. Une place importante est donnée aux anciens chefs de l'État et Premiers ministres, aux personnalités élues, au personnel du monde culturel et éducatif. C'est le chef du protocole qui assume les problèmes délicats concernant une cérémonie ou un dîner officiel. Bien qu'il soit destiné à la République française et aux rapports diplomatiques avec les gouvernements étrangers, le protocole édicté sous la IVe République a été diffusé à l'étranger, au point de devenir le manuel officiel de divers États (Israël, Japon, etc.) désireux de s'aligner sur les traditions françaises au lendemain de la Seconde Guerre mondiale.

À Paris, lorsque des personnalités sont convoquées à une cérémonie, voici l'ordre des préséances qu'il faut respecter :

1. Le président de la République
2. Le Premier ministre
3. Le président du Sénat
4. Le président de l'Assemblée nationale
5. Les anciens présidents de la République selon l'ancienneté de leurs prises de fonctions
6. Les membres du gouvernement dans l'ordre de préséance arrêté par le président de la République
7. Les anciens présidents du Conseil et les anciens Premiers ministres, selon l'ancienneté de leurs prises de fonctions
8. Le président du Conseil constitutionnel
9. Le vice-président du Conseil d'État
10. Le président du Conseil économique et social
11. Les députés
12. Les sénateurs
13. Le grand chancelier de la Légion d'honneur, chancelier de l'ordre national du Mérite et les membres des conseils de ces ordres.

14. Le chancelier de l'ordre de la Libération et les membres du conseil de cet ordre

15. Le premier président de la Cour de cassation et le procureur général près de cette cour

16. Le premier président de la Cour des comptes et le procureur général près de cette cour

17. Le chef d'état-major des armées

18. Le médiateur de la République

19. Le préfet de la Région Île-de-France, préfet de Paris

20. Le préfet de police

21. Le maire de Paris

22. Le président du conseil régional d'Île-de-France

23. Les représentants au Parlement européen

24. Le chancelier de l'Institut de France, le secrétaire perpétuel de l'Académie française, les secrétaires perpétuels des Académies des inscriptions et belles-lettres, des sciences, des beaux-arts, des sciences morales et politiques.

Dans les départements, l'ordre protocolaire est alors le suivant :

1. Le préfet

2. Les députés

3. Les sénateurs

4. Le président du conseil régional

5. Le président du conseil général

6. Le maire de la commune où se déroule la cérémonie

7. Les représentants au Parlement européen

8. Le général qui commande la région militaire, le préfet maritime qui commande la région maritime

9. Les dignitaires de la Légion d'honneur, compagnons de la Libération et dignitaires de l'ordre national du Mérite

10. Le président du Comité économique et social de la région

11. Le président de la cour administrative d'appel

12. Le premier président de la cour d'appel et le procureur général près de ladite cour

13. Le président du tribunal administratif

14. Le président de la chambre régionale des comptes

15. Les membres du conseil régional

16. Les membres du conseil général
17. Les membres du Conseil économique et social
18. Le recteur d'académie.

La réalité des faits. Cet ordre officiel est certes valable dans les réceptions privées, mais il doit être modulé selon d'autres considérations de circonstances et de courtoisie. Les personnalités revêtues d'une charge de haute valeur spirituelle – les ecclésiastiques, par exemple –, bien qu'elles n'aient pas de rang dans la hiérarchie officielle, continuent de recevoir en France une des premières – ou la première – places d'honneur. De la même façon, les autorités étrangères ont droit à la place d'honneur. Les simples étrangers recevront, dans la mesure du possible, des égards particuliers, ainsi que toute personne invitée pour la première fois.

En outre, la hiérarchie est modulée par des considérations d'âge, de distinctions, de services rendus au pays, de notoriété sociale ou culturelle – mais jamais par des raisons d'argent. D'une façon générale, les hautes fonctions politiques et administratives, avec responsabilité de commandement, passent avant les autres.

À rang égal, des personnalités sont toujours placées par ordre d'ancienneté, et quel que soit leur âge respectif : ainsi, entre deux membres de l'Académie française, on honorera davantage non pas le plus âgé mais le plus anciennement élu. Un membre honoraire est placé juste après son homologue en fonction.

Les ambassadeurs, qui représentent le gouvernement de leur pays, ont droit à la place d'honneur. Le ministre des Affaires étrangères, dans son pays et chez un particulier, passe après les ambassadeurs étrangers (mais avant les ministres plénipotentiaires).

Les étrangers, à égalité de rang, passent en France avant leurs homologues français.

Les ducs ont droit à la place d'honneur.

Il faut éviter de placer à la même table des personnalités d'égale importance, de peur de ne pas rendre assez d'égards à certains. Une table ronde peut être présidée en croix (quatre places d'honneur). Dans certains cas, le maître de maison peut laisser sa place à un invité de particulière importance qu'il veut honorer : il le place en face de sa femme et se place lui-même en dernière place. Par exemple, un souverain ou une altesse royale sont toujours considérés comme chez eux et la présidence de table leur appartient.

Dans une table en « fer à cheval », le maître et la maîtresse de maison se placent en vis-à-vis au milieu du fer à cheval tandis que les invités sont répartis de part et d'autre de la table ; ils peuvent être également placés côte à côte s'ils n'ont pas de vis-à-vis. Lorsque les hôtes de marque sont importants, mieux vaut multiplier les tables, et donc les présidences de table, plutôt qu'organiser une grande table qui oblige à des « bouts de table » ; si c'est le cas, on adopte souvent en France l'usage anglais : les maîtres de maison se placent eux-mêmes en bout de table. Lorsque deux tables sont organisées, l'une est présidée par le maître de maison, l'autre par la maîtresse de maison et, dans ce cas, il est d'usage de séparer les ménages invités.

Lorsque l'épouse du maître de maison assiste au repas, il est d'usage de convier les épouses des personnes invitées.

Si le maître de maison est veuf, ou divorcé, ou célibataire, ou si son épouse est absente, il préside avec la personne du plus haut rang, homme ou femme.

LA NOBLESSE

La France vit en république et, en 1975, il a été décrété que les titres nobiliaires ne seraient plus annoncés par les aboyeurs dans les réceptions officielles. Mais la société respecte la noblesse. Il faut donc connaître les principaux titres nobiliaires, qui sont un élément de l'état civil, à condition d'avoir été homologués, c'est-à-dire inscrits sur les registres et vérifiés par une juridiction administrative. Cette homologation doit être demandée à chaque génération, mais nul n'y est contraint. Quelques titres de noblesse remontent au Moyen Âge, d'autres à l'Ancien Régime ; certains ont été créés par l'Empire ; d'autres encore peuvent avoir été conférés par une cour étrangère ou par le pape.

– L'adoption permet de joindre à son nom celui de l'adoptant, mais en aucun cas le titre.

- La possibilité est ouverte, au terme d'une procédure, de relever le nom d'une famille éteinte.

- Leur hiérarchie :

« Pour moi, disait le prince de Metternich, l'homme commence au baron ! » En France, si l'on excepte les membres des familles royales et impériales, le titre le plus important est celui de duc, qu'il soit d'Ancien Régime ou d'Empire. Puis viennent les marquis, comte, vicomte, baron. Le titre de prince est un titre étranger, même s'il s'agit d'un prince d'Empire (accordé aux membres de la famille impériale et à certains dignitaires) : leur titulaire prend place après le duc. À rang égal, c'est l'ancienneté du titre qui indique la préséance ; compte tenu des susceptibilités dans ce domaine, il est opportun de s'informer et consulter au besoin les annuaires de l'Association de la noblesse française ; il faut prendre en considération autant la famille que le titre : le fils aîné d'un duc prend le titre de marquis jusqu'à la mort de son père et ses frères demeurent comtes, à moins que l'aîné meure à son tour, auquel cas c'est le frère qui le suit immédiatement qui prend le titre de marquis.

Particule et armoiries. La particule n'est pas un titre de noblesse ; elle indique la possession d'une terre. Certains titres n'ont pas de particule et inversement.

- Les armoiries ne sont pas le privilège de la noblesse. La bourgeoisie roturière, n'importe quel corps social peut posséder un blason ; ce blason est composé de couleurs et d'un dessin qu'étudie la science héraldique et qui caractérise la famille, en se transmettant de génération en génération. Aucune législation particulière ne réglemente le port des armoiries, mais il faut éviter, bien sûr, de se donner des armoiries factices.

- Titres de courtoisie et titres de fantaisie : certains titres, certaines particules relèvent de la fantaisie ou du bon plaisir et ont été consacrés par l'usage bien qu'ils soient sans valeur officielle. Ils peuvent cependant faire l'objet d'une poursuite devant les tribunaux lorsqu'ils lèsent une famille. Mais ce n'est pas à vous de vous ériger en juge, répertoire des titres authentiques à la main ! Il faut donc s'en tenir à l'usage. Si l'on en croit certains généalogistes, seulement un peu plus de trois mille familles, pour quinze mille douteuses, auraient droit à de vrais titres. Entre les deux guerres, des cours princières d'Europe accordèrent d'assez nombreux titres nouveaux. L'almanach du Gotha, où étaient recensés les souverains, leurs familles et alliés, ne comptait, au moment de sa création en 1764, que vingt pages ; au lendemain de la Seconde Guerre mondiale, il formait un volume de plus de mille pages...

LES GRADES MILITAIRES

Il convient de connaître la hiérarchie des principaux grades des armées.

Armée de terre.

Maréchal de France : ce titre est une dignité de l'État et non un grade.

1. Général d'armée (cinq étoiles)
2. Général de corps d'armée (quatre étoiles)
3. Général de division (trois étoiles)
4. Général de brigade (deux étoiles)
5. Colonel (cinq galons)
6. Lieutenant-colonel (cinq galons)
7. Chef de bataillon ou d'escadron (quatre galons)
8. Puis viennent capitaine (trois galons), lieutenant, sous-lieutenant, aspirant et ensuite les sous-officiers, adjudant, sergent-major ou maréchal des logis ; enfin caporal-chef ou brigadier-chef.

L'armée de l'air comporte les mêmes grades, à partir du général d'armée aérienne.

Marine.

1. Amiral (cinq étoiles)
2. Vice-amiral d'escadre (quatre étoiles)
2. Vice-amiral (trois étoiles)
3. Contre-amiral (deux étoiles)
4. Capitaine de vaisseau (cinq galons)
5. Capitaine de frégate (cinq galons)
6. Capitaine de corvette (quatre galons)

7. Lieutenant de vaisseau (trois galons)
8. Enseigne de vaisseau première classe (deux galons)
9. Enseigne de vaisseau deuxième classe (un galon).

Puis viennent les officiers mariniers, quartiers-maîtres et marins.

(Pour les appellations, voir le chapitre : « S'adresser aux personnalités ».)

LES GRANDS CORPS DE L'ÉTAT

1. Le Conseil constitutionnel ;
2. Le Conseil d'État et l'Inspection des finances ;
3. Le Conseil économique et social ;
4. La Cour de cassation ;
5. La Cour des comptes ;
6. La magistrature (juges, membres du parquet, ministère public).

HIÉRARCHIE ECCLÉSIASTIQUE

– Au sommet de l'Église catholique, le pape ;
– Les cardinaux composent le Sacré Collège et élisent le pape ;
– L'Église de France est divisée en dix-sept provinces ecclésiastiques et neuf régions apostoliques ; l'archevêque est le premier évêque d'une province ecclésiastique qui réunit plusieurs diocèses ; il n'a pas de pouvoir d'ordre plus étendu que l'évêque, mais sa juridiction est plus vaste. Les diocèses sont subdivisés en paroisses, à la tête desquelles se trouve le curé.

Le représentant du pape en France s'appelle le nonce apostolique ; la nonciature est assimilée à un corps diplomatique.

Église réformée de France. L'Église réformée de France a à sa tête un pasteur président et deux vice-présidents. Elle est divisée en Églises, organisées autour du pasteur et d'un conseil presbytéral. Les pasteurs se réunissent en synodes, national et régional, assemblées de délégués des paroisses (pasteurs et laïcs) qui formulent des motions.

Culte orthodoxe. Il se divise en Église de rite grec et en Église de rite russe qui ont chacune à leur tête un archevêque, sous la juridiction du patriarcat de Constantinople.

Culte israélite. À la tête de la communauté israélite, se trouve le grand rabbin de France. Le Consistoire central israélite de France a à sa tête le grand rabbin du Consistoire central et le Consistoire israélite de Paris, le grand rabbin de Paris.

Culte musulman. L'Institut musulman de la mosquée de Paris a à sa tête le recteur de la mosquée de Paris. Les différentes mosquées de France sont dirigées par des recteurs.

S'ADRESSER
AUX PERSONNALITÉS

Pour la correspondance
ou dans la conversation avec de hauts dignitaires de la vie
publique, la forme a presque autant d'importance que le
fond. C'est pourquoi il faut peser ses mots avant de parler
et réfléchir aux termes choisis avant d'écrire.

LA CONVERSATION

L'usage est de donner leur titre aux différentes personnalités
politiques, administratives et religieuses.

Politique et administration. On dira « Sire » à un
souverain, « Madame » à une souveraine

« Monseigneur » à un prétendant au trône, à un prince
souverain (prince de Monaco, du Liechtenstein, grand-duc du
Luxembourg)

« Monsieur le président de la République » au chef de l'État
français

« Monsieur le Premier ministre » au Premier ministre

« Monsieur le préfet », « Monsieur le sous-préfet » au préfet
et au sous-préfet

« Monsieur le maire » (« Madame » à son épouse)

« Madame le maire » si le maire est une femme

« Monsieur le grand chancelier » au chancelier d'un ordre

« Maître » pour certaines personnalités du monde culturel
(artistes et écrivains de grande notoriété), et pour quelques
professions (avocats, officiers ministériels...)

« Monsieur le recteur », « Monsieur le professeur » à un
recteur et aux professeurs de l'enseignement supérieur.

Lorsqu'on s'adresse à un ministre qui n'est plus en exercice,
il faut néanmoins lui conserver son titre : « Monsieur le Premier
ministre », « Monsieur le ministre. »

Les femmes. Une commission a été créée en 1984 pour étudier la féminisation des titres et fonctions. Cette commission estime que le genre masculin ne qualifie pas spécifiquement un homme, mais qu'il est un genre « non marqué » qui englobe hommes et femmes. On dira donc « Madame le ministre », « Madame le maire », « Madame le chancelier ».

Lorsqu'un titre comporte une forme féminine, celle-ci est utilisée : « Madame la présidente », « Madame la conseillère ».

Mais une femme ambassadeur est appelée « Madame l'ambassadeur », pour la distinguer de l'épouse d'un ambassadeur.

Les Églises.
« Très Saint-Père » au pape
« Éminence » à un cardinal
« Monseigneur » à un évêque

Les prêtres. Ils se font appeler Père, mon Père, monsieur le curé, monsieur l'abbé. Autrefois, « mon Père » était réservé aux membres des congrégations, mais l'usage s'est élargi à tous les membres du clergé. Il est même admis d'appeler un évêque « mon Père » au cours d'une conversation privée.

« Monseigneur » aux patriarches orientaux
« Monsieur le grand rabbin » au grand rabbin, ou
« Monsieur le rabbin » à un rabbin
« Monsieur le recteur » (culte musulman)
« Monsieur le pasteur », « Madame le pasteur » (culte protestant)

Corps diplomatique et consulaire.
Le nonce : « Monseigneur » ou « Monsieur le nonce »
Les ambassadeurs : « Monsieur l'ambassadeur »
Le consul et le vice-consul : « Monsieur le consul »
Le chargé d'affaires : « Monsieur le chargé d'affaires »
Le président et le vice-président de la Commission euro-péenne : « Monsieur le président »
Un membre de la Commission : « Monsieur le commissaire »
Le secrétaire général de la Commission européenne : « Monsieur le secrétaire général ».

La noblesse.   On ne donne jamais son titre à un noble en lui parlant ; on dit seulement « Monsieur ». Une exception : le duc ; on dit « Monsieur le duc », « Madame la duchesse ».

On ne parle jamais de quelqu'un en mentionnant sa particule, sauf si celle-ci est précédée du prénom et du titre. Il faut dire : « les Courcelle », Jacques de Courcelle ou le marquis de Courcelle.

L'armée.   La formule « mon général » ou « mon colonel » est exclusivement employée par les hommes ; les femmes disent simplement : « général » ou « colonel ».

Un lieutenant-colonel est appelé « mon colonel ».

Il faut dire « Monsieur le maréchal » à un maréchal de France.

Les titres et honneurs d'un mari ne se délèguent pas à son épouse. La femme d'un ministre est nommée « Madame ». Deux exceptions : l'épouse d'un ambassadeur est appelée « Madame l'ambassadrice » et l'épouse d'un maréchal « Madame la maréchale ».

Lorsque des femmes s'adressent à une personnalité, elles lui donnent son titre de la même manière que les hommes ; mais elles peuvent également se contenter, selon un usage ancien, en voie de disparition, de dire seulement « Monsieur » ou « Madame ».

Il ne faut pas confondre les usages de la conversation et de la correspondance. Par exemple, si vous vous adressez à un évêque, vous pouvez lui dire : « comment allez-vous, Monseigneur ? » ou « comment va votre Excellence ? », mais ne dites pas « comment allez-vous, Excellence ? ». Idem pour un ambassadeur : « comment allez-vous, Monsieur l'ambassadeur ? » ou « Monsieur l'ambassadeur, comment va votre Excellence ? ».

LA CORRESPONDANCE

Le manuel pratique du protocole compte plus de dix pages de formules diverses avec toutes sortes de subtilités et de nuances. Quatre rubriques doivent être envisagées :

Comment s'adresser en tête de la missive
Le traitement au cours de la lettre
La formule finale
L'enveloppe.

La formule d'appel. Chefs d'État et de gouvernement, souverains et prétendants au trône : les occasions de leur écrire sont, bien sûr, très rares et il faut, la plupart du temps, s'adresser à leur secrétariat particulier, au directeur du cabinet civil (au secrétariat général de l'Élysée, par exemple, pour le président de la République), au prélat de la secrétairerie d'État pour le pape, à la personnalité responsable de leur maison pour les souverains.
« Monsieur le Président de la République »
« Sire »
« Très Saint-Père » (le pape)
« Monseigneur » (princes régnants et prétendants au trône)
« Madame   », pour les souveraines ou princesses
« Monsieur le Nonce »
« Monsieur le Cardinal »
« Monsieur l'Archevêque » (ou « Excellence », dans la correspondance privée)

Pour les supérieurs d'ordre :
« Monsieur l'Abbé » (Bénédictins)
« Monsieur le Ministre général » (Chartreux)
« Monsieur le Préposé général » (supérieur des Jésuites)
« Mon Père », « Révérend Père » (pour les membres des ordres).

Les membres du corps diplomatique :
« Monsieur l'Ambassadeur », « Madame l'Ambassadeur »
« Monsieur le Ministre plénipotentiaire »
« Monsieur le Conseiller d'ambassade »
« Monsieur le Premier Secrétaire d'ambassade ».

Les hautes autorités administratives :
« Monsieur le Procureur général », « Monsieur l'Avocat général », « Monsieur l'Administrateur », « Monsieur le Préfet »...

Les anciens ministres ont droit à leur titre : « Monsieur le Premier Ministre », « Monsieur le Ministre ».

Le traitement. Dans quelques cas, il faut savoir manier la troisième personne, en particulier lorsqu'on écrit à un souverain ou à un prétendant au trône, à un haut dignitaire de l'Église. Mais on peut, dans le corps de la lettre, retrouver la deuxième personne du pluriel si l'on connaît assez intimement le haut dignitaire, à condition toutefois d'achever à la troisième personne.

Monsieur le Cardinal
    Votre Éminence a bien voulu me manifester sa sollicitude à l'occasion du deuil qui me touche. Je vous en suis très reconnaissant.

Il faut s'adresser par écrit en ces termes aux :
Roi et reine : « Votre Majesté »
Pape : Votre Sainteté
Princes : Votre Altesse
Cardinal : Votre Éminence
Évêque : Votre Excellence
Patriarche : Votre Béatitude.

La formule finale. Quelle que soit la formule choisie, il faut exprimer du respect, de la déférence ou de la considération. « Daignez agréer » est plus respectueux que « veuillez agréer », lui-même plus respectueux que « veuillez recevoir » ou « veuillez accepter ». Ainsi :

Je prie Votre Altesse Royale de daigner agréer l'expression de ma respectueuse considération (ou : Votre Altesse Royale voudra bien agréer l'expression de mon profond respect).

Je vous prie d'agréer, Monsieur l'Ambassadeur, l'assurance de ma haute considération.

Un catholique écrivant à une personnalité religieuse catholique exprimera du « respect » plutôt que de la considération.

La rédaction de l'adresse sur l'enveloppe. Pour un souverain (ou de maison souveraine) :
S.M. (abréviation de Sa Majesté)

S.A.R. (Son Altesse Royale)
S.A.S. (Son Altesse Sérénissime) le Prince Rainier III de Monaco
S.A.I. (Son Altesse Impériale)
S.A. (Son Altesse)
Mgr (Monseigneur) le Comte de Paris (Madame la Comtesse de Paris)
S. Exc. (Son Excellence) Monsieur l'Ambassadeur des Pays-Bas et Madame Van Oven
Son Éminence Monsieur le Cardinal Frioli
Son Excellence Monseigneur Frioli, évêque de...

Un certain nombre de titres sont mentionnés sur l'enveloppe : Ministre, garde des Sceaux, préfet, maire, sénateur, député, président du conseil régional, etc.

À un ancien Premier ministre, on continue d'écrire : « Monsieur le Premier Ministre ».

Certaines dignités sont mentionnées telles que celles de l'Institut :

Monsieur François Deroux
de l'Institut

ou de l'Académie française.

Dans la correspondance administrative ou professionnelle, les titres sont mentionnés :

Monsieur François Deroux,
sous-directeur de...

Le prénom peut être mentionné par une simple initiale. Monsieur, Madame, Mademoiselle figurent en toutes lettres.

DISCOURS, TOASTS

Clarté et concision sont les qualités essentielles d'un discours ; trivialité et affectation, les défauts majeurs. À ceux qui n'ont pas le talent ou l'expérience de s'exprimer seulement à l'aide de quelques notes, il est tout à fait permis de lire un texte, mais en sachant qu'on capte alors plus difficilement l'attention : le discours doit en être d'autant mieux préparé, et court. On ne prend la parole qu'à la condition d'y avoir été invité. L'improvisation ne donne que rarement de bons résultats.

Aussi faut-il préparer quelques mots dans sa poche, qu'il s'agisse de remerciements ou de félicitations, si on pense qu'il va falloir prendre la parole.

Celui qui prononce le discours doit en principe se lever pour faciliter l'audition ; il saluera d'abord les personnalités présentes suivant l'ordre des préséances, puis il remerciera ceux qui l'invitent à prendre la parole ; au besoin, il fera une allusion louangeuse à l'orateur qui l'a précédé. Puis il abordera le thème de son discours. Il faut s'efforcer de parler lentement et de varier ses intonations, tout en gardant de la simplicité et du naturel.

L'ordre des discours obéit aux règles des préséances, mais à l'envers : la personne la plus importante parle en dernier. Il est incorrect de reprendre la parole après elle.

Les assistants peuvent applaudir à la fin d'une allocution.

« Porter un toast », cette formule courante dans certains pays, ne se pratique que plus rarement en France : il s'agit, au terme d'un discours, de boire à la santé d'une personne, d'une famille, d'une communauté qu'on veut honorer, au succès ou à la prospérité d'une entreprise. Un discours qui a lieu après un repas peut s'achever ainsi par ces quelques mots : « Nous lèverons ensemble notre verre à la réussite de ce projet qui nous trouve aujourd'hui réunis »... Le geste lui-même se fait avec discrétion, sans choquer ni faire tinter son verre. Dès que le toast est porté, le verre éventuellement levé en direction de la personne qu'on nomme, on boit une gorgée et on repose sans bruit le verre sur la table, quitte à l'achever quelques instants plus tard.

LES AUDIENCES

Du côté de celui qui reçoit, comme de celui qui est reçu, l'exactitude s'impose. Celui qui accorde une audience fait introduire son visiteur et le prie de s'asseoir, en s'efforçant par quelques mots d'accueil de le mettre à l'aise. Il s'abstient de répondre aux communications téléphoniques pendant le temps de l'audience.

Celui qui demande une audience revêt une tenue correcte. Il expose le plus brièvement qu'il le peut l'objet de sa demande ou de sa visite. C'est en principe à lui de prendre congé ; il doit savoir mesurer le temps et mettre un terme à l'entretien.

Lorsque le visiteur ne sait pas partir, celui qui accorde l'audience donne le signal de la fin de l'entretien en regardant sa montre et en alléguant un rendez-vous. Il raccompagne toujours son hôte jusqu'à la porte, qu'il lui ouvre, en le laissant passer. L'hôte de marque est raccompagné jusqu'au vestibule et même jusqu'à sa voiture.

Les audiences pontificales revêtent un caractère solennel et des règles très strictes concernant l'habillement. Il convient encore de s'abstenir de toute fantaisie : les femmes portent une robe sombre, assez longue, non décolletée ; les bras sont couverts et mieux vaut mettre un chapeau. Les hommes portent un costume sombre.

Les audiences accordées par un chef d'État, un souverain, un prétendant au trône se déroulent suivant un protocole établi. Il est tout à fait normal de demander à leur secrétariat privé des précisions sur la tenue à porter et l'organisation de l'entretien.

DÉCORATIONS
ET
DISTINCTIONS

Les décorations recouvrent une gamme
variée de récompenses et de mérites ; elles reconnaissent
des services rendus, des faits d'armes individuels ou
collectifs, des actes d'héroïsme... En 1920, un texte a fixé
l'ordre dans lequel elles doivent être portées.

LISTE ET ORDRE
DES PRINCIPALES DÉCORATIONS FRANÇAISES

La Légion d'honneur. Elle a été créée par Bonaparte et
les régimes successifs l'ont reconnue. Il existe cinq classes dans
l'ordre de la Légion d'honneur : chevalier, officier, commandeur, grand officier, grand-croix.

La décoration est une étoile émaillée à cinq rayons doubles,
surmontée d'une couronne de chêne et de laurier ; au centre,
l'inscription République française, ainsi que deux drapeaux
tricolores. L'étoile est attachée à un ruban rouge moiré.

L'ordre est doté d'un conseil de l'ordre. Le président de la
République est le grand maître de l'ordre et il est assisté d'un
grand chancelier, choisi parmi les grands-croix ; celui-ci
demeure six ans en fonction. C'est le président de la République
qui fixe les contingents annuels à titre civil et militaire.

La première décoration reçue est celle de chevalier ; pour
être admis dans l'ordre de la Légion d'honneur, il faut justifier
de mérites éminents liés au service public ou à des activités
professionnelles ou culturelles, pendant vingt ans au moins.
Au bout de trois nouvelles années – ces délais de principe
souffrent des dérogations –, on est promu officier, puis
commandeur, puis élevé à la dignité de grand officier et enfin

de grand-croix avec un intervalle minimal de trois ans dans le même grade, en justifiant de mérites nouveaux.

Certaines nominations ou promotions se font à titre exceptionnel, par décret, en conseil des ministres.

Les ministres adressent leurs propositions de nominations ou de promotions au chancelier deux fois par an.

La qualité de membre de la Légion d'honneur doit être mentionnée par les officiers d'état civil dans les actes officiels.

Comment procède-t-on pour obtenir la Légion d'honneur ? Nul ne demande pour soi une décoration. Un ami ou plusieurs amis décident, lorsqu'une personnalité s'est distinguée par des mérites particuliers, de proposer au ministère correspondant à ses activités (par exemple le ministère de la Culture), qu'elle soit décorée ou promue ; lorsque l'accord est donné, la chancellerie envoie un dossier à remplir à l'intéressé, qui comprend alors que son nom a été retenu. La nomination – ou la promotion – fait l'objet d'un décret ou d'un arrêté publié au *Journal officiel* ou au *Bulletin officiel des décorations :* « Ministère de la Culture. Par décret du président de la République en date du…, pris sur le rapport du Premier ministre et du ministre de la Culture et visé pour son exécution par le grand chancelier de la Légion d'honneur [...], sont promus au grade de commandeur [...], au grade d'officier [...], sont nommés au grade de chevalier (liste des nommés). »

Ordre de la Libération (ruban vert).   Cet ordre a été créé en novembre 1940. Ses membres portent le titre de compagnons de la Libération et l'insigne est la croix de la Libération. Celle-ci prend rang immédiatement après la Légion d'honneur. Un grand chancelier préside l'ordre.

Médaille militaire (ruban vert et jaune).   Elle a été créée par Louis Napoléon, président de la République française, en récompense d'une belle conduite devant l'ennemi. Son insigne se porte après la Légion d'honneur et la croix de la Libération.

Ordre national du Mérite (ruban bleu et étoile à six branches).   Il est destiné à récompenser mérites et services éminents et à remplacer les différents ordres ministériels. Sa création date de 1963. L'ordre est doté, comme celui de la Légion d'honneur, d'un conseil de l'ordre, présidé par un grand chancelier qui est en même temps le grand chancelier de la Légion d'honneur. Comme pour la Légion d'honneur, il faut être, en principe, de nationalité française pour y être admis, mais, en fait, certains étrangers éminents reçoivent cette distinction. La procédure qui précède la nomination ou la promotion est la même que pour la Légion d'honneur. Les contingents sont fixés deux fois par an.

Croix de guerre 1914-1918 et 1939-1945 (ruban vert et rouge). Elle récompense les faits d'armes individuels ou collectifs ayant fait l'objet d'une citation pendant les deux guerres.

Croix de la valeur militaire (ruban rouge et blanc). Elle récompense les faits d'armes pendant des opérations menées en temps de paix, sur un théâtre extérieur.

Médaille de la Résistance (ruban rouge et marine). Cette décoration a été créée à Alger en 1943 pour les services rendus dans la Résistance pendant la Seconde Guerre mondiale.

Médailles et décorations diverses. Octroyées par le gouvernement en raison d'un mérite particulier : par exemple le Mérite agricole, le Mérite et l'ordre des Arts et Lettres, les Palmes académiques ou encore des médailles commémoratives : médaille de la Déportation et de l'Internement, croix du Combattant volontaire, médaille de la France libérée.

Certaines décorations ont cessé d'être attribuées, par décret, lors de la création de l'ordre national du Mérite ; elles peuvent cependant être portées par le titulaire. Il s'agit principalement du Mérite social, de la Santé publique, du Mérite commercial, du Mérite artisanal, du Mérite touristique, du Mérite combattant, du Mérite postal, de l'Économie nationale, du Mérite sportif, du Mérite militaire, du Mérite civil, du Mérite saharien, de l'Étoile noire.

LES DÉCORATIONS ÉTRANGÈRES

Les Français peuvent également porter des décorations étrangères, à condition d'y avoir été autorisés par la grande chancellerie de la Légion d'honneur ; la demande doit être faite par écrit.

Parmi les distinctions étrangères célèbres, deux le sont particulièrement : l'ordre des Chevaliers de Malte, dont le grand magistère se situe au palais de Malte, à Rome, et qui comprend une Association française des membres de l'ordre, ainsi que des œuvres hospitalières ; l'ordre du Saint-Sépulcre de Jérusalem, fondé en 1099 par Godefroy de Bouillon après la conquête de Jérusalem, et qui a charge aujourd'hui d'aider les missions catholiques en Terre sainte. Ces décorations reconnaissent un grand dévouement, un rayonnement, une notoriété souvent internationale : un ou plusieurs membres de l'ordre pressentent une personnalité et lui proposent de faire partie de l'ordre ; en aucun cas, l'intéressé n'adresse sa demande lui-même. D'autres ordres étrangers sont célèbres, tels l'ordre de la Jarretière et du British Empire ou l'ordre de Léopold (1832).

Certaines décorations peuvent être décernées à titre posthume.

Il est perçu des droits pour certaines décorations.

LA REMISE DE LA DÉCORATION

La remise de la décoration peut donner lieu à une cérémonie, mais ce n'est nullement obligatoire : elle peut se faire aussi dans la plus stricte intimité, avec la seule présence de celui qui remet et de celui qui reçoit.

Celui qui remet la décoration doit être lui-même membre de l'ordre, à un grade semblable ou plus élevé. Il le fait au nom du président de la République, dans ces termes : « Alain des Pins, au nom du président de la République, et en vertu des pouvoirs qui nous sont conférés, nous vous faisons chevalier de la Légion d'honneur (ou de l'ordre du Mérite) ». Puis il épingle la croix sur le côté gauche du veston et donne l'accolade au récipiendaire (celui qui est reçu dans l'ordre).

Lorsqu'une cérémonie plus importante est prévue et réunit famille et amis, celui qui remet la décoration prononce une petite allocution où il retrace la carrière et les activités du récipiendaire, mais il s'abstient d'adresser des compliments ; par courtoisie, il associe l'épouse aux mérites de son mari. Puis il prononce la formule d'usage et épingle la croix. La personne honorée répond par quelques mots où elle exprime fierté et joie. La réception suit la cérémonie.

La cérémonie peut se dérouler avant un repas ou en fin de journée. Elle peut avoir lieu dans un domicile privé ou dans un lieu public (mairie, ministère...). Elle s'achève par un vin d'honneur.

Les amis invités peuvent envoyer des fleurs ou un cadeau à l'occasion de la cérémonie.

Lorsque la décoration est remise à une femme, celle-ci porte de préférence un tailleur pour faciliter l'épinglage.

PORTER SES DÉCORATIONS

Tout port de décoration illégal est puni par la loi.

Considérations générales. Les décorations reçues pour fait de guerre ou de résistance ont, à grade égal, préséance sur les distinctions accordées à titre civil, les ordres nationaux passant avant les ordres étrangers.

Il n'y a pas de règles impératives en ce qui concerne le nombre de décorations que l'on peut porter sur l'habit, l'uniforme ou la tenue de cérémonie. Le bon goût commande cependant d'éviter l'exagération dans ce domaine.

On ne porte pas de décorations, même en réduction, sur la jaquette, le smoking ou le veston. Mais on peut garnir le revers gauche de rubans ou d'une rosette, signes distinctifs de ces décorations.

À une réception chez un diplomate étranger, il est d'usage de porter en priorité l'insigne d'une décoration du pays qu'il représente.

Les décorations se portent aux dîners et soirées données par les ambassadeurs étrangers, les ministres, les présidents de chambre, lorsque ces réceptions ont un caractère officiel : dans ce cas la mention « décoration » figure sur la carte d'invitation.

Avec l'habit. Les décorations se portent sur le côté gauche de la poitrine, en format réduit, et, si elles sont nombreuses, en brochette ou en barrette, les plus importantes en partant du milieu de la poitrine et les moins importantes placées vers l'extérieur.

Avec la tenue de cérémonie ou l'uniforme militaire. Ces mêmes décorations se portent aux dimensions réglementaires.

Le chevalier de la Légion d'honneur et le chevalier de l'ordre du Mérite portent leur décoration attachée par un ruban moiré sur le côté gauche. L'insigne des officiers comporte sur le ruban une rosette. Les commandeurs portent l'insigne en sautoir. Les grands officiers portent, en plus de la croix d'officier, une plaque en étoile sur le côté droit de la poitrine. Les grands-croix portent un ruban moiré, ou cordon, en écharpe par-dessus l'épaule droite.

Les formes des insignes et couleurs du ruban, rouge pour la Légion d'honneur et bleu pour le Mérite, ainsi que les rosettes sont réglementées.

On ne porte qu'un seul grand cordon. Les insignes d'autres cordons dont on serait titulaire se portent en réduction dans la brochette ou la barrette de décorations. Les croix de commandeur peuvent se porter l'une au-dessous de l'autre, suspendues à leur ruban.

Tenue de ville. L'insigne est remplacé par un ruban (rouge, bleu, vert suivant la distinction) ou par un ruban avec rosette, à la boutonnière, sur le revers gauche du veston. Des magasins spécialisés vendent rubans et médailles. Rubans et rosettes devront être de taille moyenne, ni ostentatoire ni trop discrète (attention à la fausse modestie). Les décorations ne se portent pas sur une tenue de sport ou un vêtement fantaisie. Il n'est pas usuel de porter plusieurs rubans côte à côte à la boutonnière de son veston.

Les femmes portent également leurs décorations : elles préfèrent pour les cérémonies officielles l'insigne de dimension réduite porté sur le côté gauche de la poitrine ou le ruban au revers du tailleur.

Nominations et promotions. Les nominations dans l'ordre de la Légion d'honneur ou à l'ordre du Mérite sont publiées au *Journal officiel* et par les quotidiens. L'usage est d'adresser aux élus des félicitations rédigées sur une carte de visite :

Monsieur et Madame Jean Martel
adressent leurs plus vives félicitations
à Monsieur Jean des Pins pour sa nomination
dans l'ordre de la Légion d'honneur
et le prient d'accepter l'expression de leurs sentiments
distingués.

Vous pouvez également écrire une lettre plus personnelle.

On est *nommé* chevalier de la Légion d'honneur, *promu* officier et commandeur et *élevé à la dignité* de grand officier et de grand-croix.

Exemple de carte d'invitation à l'occasion d'une remise de décoration

---

M. et Mme GRANGER

seraient heureux de votre présence
lors de la remise
à Pierre de la médaille du
Mérite, le 23 octobre, à 18 h 30.

R.S.V.P.   adresse

PETIT LEXIQUE
DE LA POLITESSE

ARGENT

Il est normal et courant, dans certains pays, de parler d'argent ; en France, le sujet reste tabou : on juge de mauvais goût de demander à quelqu'un ce qu'il gagne (sauf en cas de liens très proches). On n'exhibe pas sa fortune, au point que certaines familles fortunées de la vieille bourgeoisie affichent un train de vie des plus modestes et méprisent ostensiblement les signes extérieurs de richesse tels que nourriture, vêtements, etc.

Ne donnez pas le prix de ce que vous achetez, ou de ce que vous possédez, et quand vous faites des achats en compagnie de quelqu'un que vous connaissez peu, ne l'entraînez pas dans les magasins les plus chics et les plus chers. Agissez de même lorsque vous choisissez un restaurant où chacun partage l'addition. Chaque fois que vous le pouvez, utilisez une carte de crédit, plus discrète que les manipulations de billets et les chéquiers ; ne sortez pas des liasses de vos poches et ne léchez pas vos doigts pour compter vos billets. Ne les comptez pas en public.

Enfin, si vous empruntez de l'argent à un ami, rendez-le, dans une enveloppe, le plus rapidement possible ou à la date prévue, avant qu'il ne vous le réclame. Si vous prêtez de l'argent à un ami et qu'il omet de vous le rendre, vous êtes en droit de le lui demander avec gentillesse en expliquant que vous avez des charges lourdes précisément ce mois-là.

CADEAUX

Quels que soient les sentiments qui vous motivent, amitié, amour, politesse, reconnaissance, le cadeau doit être approprié aux circonstances et le donateur doit agir avec discernement.

La tentation est forte d'offrir ce qu'on a envie soi-même de recevoir. Mieux vaut réfléchir aux goûts de celui auquel vous voulez faire plaisir et s'informer par le biais d'amis communs de ce dont il a besoin.

Il faut éviter les cadeaux trop personnels si vous ne connaissez pas bien quelqu'un et choisir un cadeau passe-partout : livre, chocolats, bouteille d'alcool, fleurs.

À l'occasion d'un mariage, on demande de préférence aux futurs mariés où ils ont déposé leur liste ; mais on peut très bien offrir un cadeau « hors liste ».

Il faut parfois savoir renoncer à offrir un cadeau trop important, lorsque cela peut blesser la sensibilité, ressembler à de l'ostentation, donner l'impression qu'on achète des droits à la reconnaissance, embarrasser celui qui sera dans l'impossibilité de « rendre la politesse ». Personne n'aime être le débiteur de l'autre et il faut se souvenir qu'il est parfois plus facile de donner que de recevoir.

Certaines dates, certaines occasions réclament qu'on se fasse des cadeaux : on n'échappe guère à ce genre d'usages, au moins dans des milieux traditionalistes. Mais le cadeau improvisé, donné sans motif, est toujours la meilleure des surprises et il exprime une attention particulière.

Renoncez à offrir des cadeaux inutiles, dont vous ne voudriez pas chez vous ; évitez d'offrir à un autre un cadeau que vous avez vous-même reçu, même s'il n'est jamais sorti de son emballage ; et, si vous n'avez pas d'autre solution, vérifiez au moins qu'il ne traîne pas quelque carte de visite à l'intérieur du paquet. Évitez que celui qui reçoit le cadeau en connaisse le prix : vérifiez que toute étiquette ou ticket de caisse ont été retirés. Si vous donnez des cadeaux usagés, par exemple des vêtements, veillez à ce qu'ils soient de la plus parfaite propreté et que tous les boutons y figurent.

Le cadeau collectif, qui permet de rassembler plusieurs contributions, est souvent une bonne solution pour les petits budgets.

Remercier d'un cadeau. Lorsqu'on a reçu un cadeau, il est impératif de remercier au plus vite le donateur, en décrochant son téléphone (si on est intime) ou en écrivant une lettre.

Parfois le cadeau est apporté par un livreur et le donateur a glissé sa carte de visite à l'intérieur. S'il est remis en main propre, le cadeau doit être ouvert aussitôt, en présence du donateur qui peut apprécier ainsi le plaisir qu'il vous fait. Cependant, si le cadeau est remis devant un tiers arrivé les mains vides, la discrétion demande d'attendre que ce tiers soit parti ou éloigné afin qu'il ne soit pas gêné.

Si un cadeau présente quelque malfaçon, la discrétion veut qu'on n'y fasse pas allusion ; on peut toujours rapporter au magasin l'objet défectueux et demander un échange.

EXCUSES

Sachez présenter des excuses chaque fois que c'est nécessaire. La formule « je m'excuse » doit être remplacée par « excusez-moi » ou « je vous prie de m'excuser ». Il faut présenter ses excuses, par exemple, lorsqu'on dérange quelqu'un en passant devant lui, lorsqu'on le bouscule, lorsqu'on arrive en retard, et cette habitude doit se prendre très jeune.

FLEURS

Vous enverrez des fleurs à quelqu'un que vous voulez remercier, féliciter, dont vous voulez souhaiter l'anniversaire, ou encore à qui vous voulez exprimer des sentiments choisis. Vous pouvez adresser des fleurs en signe de bienvenue. Cette attention est toujours appréciée et se prête à toutes sortes de situations, à condition de respecter quelques usages.

Une femme n'envoie pas de fleurs à un homme ; elle les envoie - pour remercier d'un repas par exemple - à son épouse ; il n'y a que quelques rares cas où une femme peut faire porter des fleurs à un homme, s'il est très âgé par exemple.

Si vous êtes invité à dîner pour la première fois, vous enverrez des fleurs le lendemain de la réception, mais n'attendez pas plus de vingt-quatre heures. Préférez les fleurs coupées aux fleurs en pot ; si vous choisissez les fleurs en pot, offrez de préférence une azalée ou une composition du fleuriste.

Les fleurs s'offrent en nombre impair et, si elles sont livrées, accompagnées d'une carte de visite !

Connaissez le langage des fleurs : œillets et chrysanthèmes sont des fleurs mortuaires et ne s'envoient pas. La marguerite symbolise l'adieu ; les roses rouges expriment la passion - on évite de les envoyer à une femme mariée. L'orchidée est de tout temps une fleur précieuse, particulièrement adaptée aux hommages galants d'un homme à une femme.

Si vous offrez des fleurs à une malade ou à une accouchée, choisissez des fleurs sans parfum ou préférez les parfums légers. Attention, la plupart des hôpitaux et presque toutes les maternités interdisent les fleurs. Envoyez-les donc plutôt lorsque le malade (ou l'accouchée) est rentré à la maison.

Si un ami vous apporte des fleurs, mettez-les aussitôt dans un vase et apportez le vase au salon. Si on vous livre des fleurs avant une réception, posez le vase dans un lieu bien en vue pour que le donateur puisse juger de l'effet de son cadeau. Ne laissez pas la carte de visite dans le bouquet !

GALANTERIE

Pour ou contre la galanterie ? Héritée d'une vieille tradition française de bonnes manières, elle marque encore le savoir-vivre d'un homme auprès d'une femme, à condition de ne pas être pesante ni hors de propos. Il est galant de tenir une porte pour laisser passer une femme, de lui ouvrir la portière lorsqu'elle descend de voiture, de l'aider à mettre son manteau, de lui porter sa valise, de se baisser pour ramasser ce qu'elle a laissé tomber.

JOURNAL, LIVRE

On ne tourne pas les pages d'un livre ou d'un journal en se léchant l'index ou le pouce. On ne lit pas dans son coin lorsqu'on est en compagnie d'amis, dans un restaurant ou un salon.

Lorsqu'on vous prête un livre, respectez-le en le manipulant avec précaution, sans écorner les pages, griffonner dans les marges, casser la reliure ni salir des doigts les feuillets. Avant de couper les pages, vérifiez qu'il ne s'agit pas d'une édition rare qui perdrait sa valeur à être coupée. Rendez les livres qu'on vous

prête, et, si vous en prêtez beaucoup, il n'est nullement offensant pour vos amis de marquer sur un carnet la liste de ceux que vous prêtez. Vous les réclamerez sans agressivité.

MERCI

Tout ne vous est pas dû, et ce simple petit mot exprime une élémentaire politesse : on dit merci dans un magasin, à un livreur, à un facteur, quand on vous tient une porte, etc. Dire merci s'apprend dès l'enfance.

SNOBISME

« Snob » est une abréviation de *sine nobilitate*, sans noblesse : le snobisme feint le raffinement aristocratique, dont il est la parodie ; la vraie noblesse, celle du cœur, exige la simplicité, la modestie, la courtoisie à l'égard de tous. Le snobisme au contraire procède par exclusion et ostentation. Il revêt toutes sortes de formes, snobisme de l'argent, du nom, de l'esprit, et il se fait remarquer par son affectation et sa prétention. Le snob croit ou veut croire qu'il appartient à une élite, dont il mime les attitudes extérieures. L'ostentation contredit toutes les règles de savoir-vivre et le « petit quelque chose de trop » (dans le vêtement, le langage, les gestes, l'ameublement, etc.) trahit la faute de goût.

TABAC

La première règle, élémentaire, est, avant de fumer, de s'assurer qu'on se trouve dans un endroit où le tabac est autorisé et, si oui, de demander la permission à son entourage.

Par décence, on ne fume pas dans certains lieux : dans une chambre de malade, dans un lieu de culte, en suivant un corbillard, dans un cimetière.

Le fumeur doit éviter de rejeter sa fumée sous le nez de son voisin, de laisser une cigarette ou une pipe se consumer sur un cendrier, de fumer à table (sauf si des cendriers ont été prévus à cet effet, et en tout cas pas avant le fromage et sans avoir demandé la permission à ses voisins), d'utiliser dans un lieu public ou à une réception privée une pipe au tabac à odeur forte ou un gros cigare ; dans un salon, à un repas, il attend que les maîtres de maison l'invitent à fumer.

Il y a une manière élégante, pour un homme comme pour une femme, de fumer. L'homme range son paquet de cigarettes dans un étui ou dans sa poche, la femme dans son sac, et, avant de se servir, il ou elle commence par en offrir à son entourage, en tirant une cigarette à demi du paquet ; puis il présente du feu en tenant l'allumette, ou le briquet, assez loin et assez haut pour ne pas brûler le bout du nez de son vis-à-vis ; une femme n'allume pas la cigarette d'un homme et, lorsqu'elle tire son briquet pour allumer sa cigarette, l'homme la devance. Un vieil usage veut qu'on n'allume pas trois cigarettes avec la même allumette. On n'allume pas une cigarette avec celle qu'on vient d'achever et on n'offre pas de feu (sauf impossibilité de faire autrement) avec sa cigarette. On n'éteint pas une allumette en l'agitant en tous sens mais en soufflant dessus. Lorsqu'on offre du feu, on ne garde pas une cigarette aux lèvres, on ne parle évidemment pas avec la cigarette à la bouche, pas plus qu'on n'entre dans un salon ou dans un restaurant en fumant. On n'écrase pas sa cigarette dans un objet autre qu'un cendrier (soucoupe de tasse à café, verre par exemple) et on ne la fume pas jusqu'au dernier centimètre.

Fumer le cigare implique le respect de quelques rites : enlever la bague de papier, coupez l'extrémité avec un instrument spécial ou un petit couteau, mais ne vous servez pas de vos ongles ou de vos dents. Le cigare s'allume lentement, avec une allumette plutôt qu'avec un briquet à essence qui lui donnerait mauvais goût. Un cigare éteint ne se rallume pas et on ne fume pas le cigare jusqu'au bout. Une femme s'abstient de fumer de gros cigares, elle leur préfère les petits « cigarillos ».

Le fumeur de pipe prendra lui aussi certaines précautions pour ne pas importuner ses voisins par l'odeur de son tabac. Enfin, il ne secouera pas les cendres de sa pipe dans un cendrier, l'odeur de tabac froid étant souvent insupportable.

Si l'on fume chez vous, prenez le soin de vider souvent les cendriers, d'aérer les pièces, de faire nettoyer les vêtements, car l'odeur de tabac imprègne tout très vite. Si vous faites partie de ceux qui ne supportent pas l'odeur du tabac, éloignez-vous du fumeur en expliquant que le tabac vous donne des allergies respiratoires : s'il est poli, il éteindra sa cigarette.

TÉLÉPHONE

Du bon usage du téléphone ! Le téléphone vous introduit, sans préalable, au domicile ou au bureau de quelqu'un et cette intrusion réclame des précautions pour ne pas ressembler à un coup de force. En fait, peu de gens savent téléphoner, même s'ils utilisent ce moyen de communication plusieurs fois par jour.

À quelle heure téléphoner ? Les appels privés doivent respecter les horaires de la vie privée : on ne téléphone pas avant 9 heures le matin et après 22 heures, sauf si l'on a affaire à un correspondant qui vous spécifie qu'il travaille tôt et se couche tard. Il faut être plus prudent encore pour appeler les personnes âgées, en évitant les heures trop matinales et trop tardives ou les heures de sieste. On doit respecter également les heures de repas, et, autant que possible, les heures des informations radio-télévisées. Il faut éviter de laisser sonner le téléphone pendant plusieurs minutes.

Se présenter. Celui qui appelle se présente dès que l'appareil a été décroché : « Ici Claude Bernard, puis-je parler à monsieur Martel ? » En aucun cas, il ne commencera par demander : « Qui est à l'appareil ? ». Un jeune, pour se présenter, ne dit pas : « Ici monsieur Pierre Mangin » ou « mademoiselle Marie Favre », mais « Pierre Mangin » ou « Marie Favre ». Un homme dit son prénom et son nom – il évite le « monsieur » –, mais une femme mariée dit « Ici madame Martel ».

Parler brièvement. À moins de cas exceptionnels, le téléphone ne se substitue pas à une visite. Il est d'ailleurs recommandé de s'assurer qu'on ne dérange pas : « Allo, ici Pierre Mangin. Puis-je parler à madame Martel si je ne la dérange pas ? » ou « Ma chère Marie, dites-moi si je vous dérange, je peux rappeler plus tard », ou, si elle n'est pas là : « À quelle heure puis-je la rappeler sans la déranger ? » Mais ne demandez pas (sauf exception) à quelqu'un de vous rappeler : c'est au demandeur de rappeler. Si vous avez été interrompu, si la ligne a été coupée, c'est à celui qui a demandé la communication de renouveler l'appel.

Le correspondant a également des devoirs : s'il ne peut prendre la communication, il doit se faire excuser soit par un pieux mensonge, soit plus simplement en disant la vérité : « Je suis occupé pour l'instant (je ne suis pas seul pour l'instant), à quelle heure puis-je vous rappeler ? » En tout cas, s'il n'est pas seul, il doit s'efforcer d'en avertir son correspondant pour qu'il sache qu'il n'a pas toute sa liberté de parole, et il doit éviter de prendre son entourage à témoin de ce qui était destiné à une conversation privée.

Si vous êtes reçu chez des amis en séjour, demandez-leur gentiment l'autorisation avant d'utiliser leur téléphone et soyez bref.

Ne téléphonez pas à l'autre bout du monde – ou offrez de rembourser la communication en surveillant sa durée.

Le répondeur téléphonique. Merveilleuse invention à condition de l'utiliser à bon escient ! On peut s'en servir comme d'un filtre pour enregistrer les appels ; mais il faut alors penser à rappeler ceux qui ont laissé un message : rien n'est plus irritant pour un correspondant que de se heurter dix fois de suite à l'écran d'un répondeur.

Si vous êtes détenteur d'un répondeur, choisissez une formule assez concise et méfiez-vous de la fantaisie, l'humour n'est pas toujours goûté : « Vous êtes chez Pierre et Marie Martel ; nous sommes absents pour l'instant. Veuillez laisser un message et votre numéro de téléphone après le bip sonore. Nous vous rappellerons dès notre retour. » Si vous devez laisser un message, soyez également simple et bref : « Ici, Florence Mangin. Je voudrais vous avoir à dîner le 8 mars. Je vous rappellerai ce soir à 21 heures. Si je ne peux pas vous joindre, ayez la gentillesse de me rappeler quand vous pourrez. Amitié. »

Si vous avez branché, bien que présent chez vous, votre répondeur pour ne pas être dérangé, ne changez pas d'avis et ne décrochez pas votre téléphone sous prétexte que vous avez brusquement envie de parler à l'interlocuteur qui vous appelle. Ce procédé risque d'introduire le doute parmi vos correspondants.

Ne branchez pas un haut-parleur à l'insu de votre correspondant, de telle sorte que la conversation soit entendue de plusieurs ; mais demandez-lui la permission.

Téléphones professionnels. Si vous vous adressez à un secrétariat, nommez-vous et donnez l'objet de votre appel : on vous passera le correspondant désiré ou on vous dira à quelle heure vous pouvez rappeler. Il est incorrect de laisser quelqu'un au bout du fil de longues minutes après lui avoir dit « ne quittez pas » ; prévenez-le plutôt : « M. Martel est en communication, patientez quelques instants ou rappelez-le dans un quart d'heure. » Si vous avez un problème difficile et long à exposer, il peut être plus judicieux de l'exprimer par lettre et de faire suivre votre missive d'un coup de téléphone. En tout cas, mieux vaut avertir son correspondant : « Je voudrais avoir votre avis sur ce dossier délicat ; à quelle heure puis-je vous appeler sans vous déranger ?

VOUVOYER

La langue française dispose de deux pronoms pour adresser la parole à un interlocuteur. La jeunesse tutoie très vite mais le « vous » doit rester la norme auprès des personnes qu'on ne connaît pas ; le vouvoiement s'apprend dès la petite enfance. C'est à la personne la plus âgée ou la plus respectable de proposer le tutoiement. Un adulte peut tutoyer un enfant qu'il ne connaît pas, mais il s'abstient dès qu'il s'adresse à un adolescent. En fait, le « tu » et le « vous » sont surtout affaire d'habitude : le respect s'accorde fort bien avec le tutoiement et l'intimité peut s'accommoder du vouvoiement.

Dans les milieux professionnels, chaque société a ses habitudes. Dans certaines, rares aujourd'hui, on s'appelle toujours « monsieur », « madame », dans d'autres les prénoms sont utilisés, enfin dans les milieux du spectacle, de la publicité, etc., c'est le tutoiement qui est de rigueur. Là encore, il faut se conformer à l'usage général.

INDEX

V – W

Verre, 40, 50, 51, 65, 66, 69
Vêtement, 10-14
  Deuil, 277
  Mariage, 215
  Profession de foi, 228
VOIR AUSSI tenue
Veuf (veuve), 265
VOIR AUSSI signature
Vie professionnelle, 161, 165
Vin, 55-56
Vin d'honneur, 263
Visite, 93-95

D'amis, 27
De fiançailles, 238
De naissance, 216
Voisin, 32-36
  Dans un hôtel, 123
Volaille, 63
Voix, 154
Vouvoyer, 311
Voyage, 107-108
  Voyage de noces, 266
  Voyage organisé, 124-125
Walkman, 107
Week-end, 95

Composition MAURY, Malesherbes
Impression MAME IMPRIMEURS, Tours
Dépôt légal : avril 1992 – N° éditeur : 17239
Imprimé en France *(Printed in France)* – 507120 A février 1993

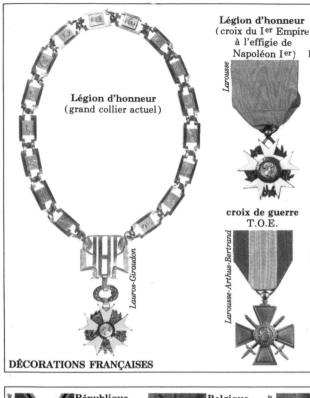

Légion d'honneur
(grand collier actuel)

Lauros-Giraudon

Légion d'honneur
(croix du Ier Empire
à l'effigie de
Napoléon Ier)

Larousse

Légion d'honneur
(croix de la
Restauration à
l'effigie d'Henri IV)

Larousse

**Légion
d'honneur**
(croix de
chevalier)

Larousse

**croix de guerre
T.O.E.**

Larousse-Arthus-Bertrand

**croix de la
Valeur militaire**

Larousse-Arthus-Bertrand

**médaille de
la Résistance**

Larousse-Arthus-Bertrand

DÉCORATIONS FRANÇAISES

Larousse

**République
fédérale
d'Allemagne**
ordre du Mérite
(cravate de
grand-croix
du Mérite)

Belgique
ordre de
Léopold
(officier)

Larousse

Larousse

Espagne
ordre de
Charles III
(commandeur)

États-Unis
Légion du Mérite

Larousse

Danemark
ordre du
Danebrog
(chevalier)

Larousse

États-Unis
Bronze Star
Medal

États-Unis
médaille
d'honneur
du Congrès

OG
GUD KON
GEN

DÉCORATIONS ÉTRANGÈRES